Die monistische Unternehmensführung in der Societas Europaea (SE)
im Spannungsfeld von Mitbestimmung, Eigentumsgarantie
und Corporate Governance

Europäische Hochschulschriften
Publications Universitaires Européennes
European University Studies

Reihe II
Rechtswissenschaft

Série II   Series II
Droit
Law

Bd./Vol. 5170

PETER LANG
Frankfurt am Main · Berlin · Bern · Bruxelles · New York · Oxford · Wien

Johannes Gruber

Die monistische Unternehmensführung in der Societas Europaea (SE) im Spannungsfeld von Mitbestimmung, Eigentumsgarantie und Corporate Governance

PETER LANG
Internationaler Verlag der Wissenschaften

Bibliografische Information der Deutschen Nationalbibliothek
Die Deutsche Nationalbibliothek verzeichnet diese Publikation in
der Deutschen Nationalbibliografie; detaillierte bibliografische Daten
sind im Internet über http://dnb.d-nb.de abrufbar.

Zugl.: Heidelberg, Univ., Diss., 2010

Gedruckt auf alterungsbeständigem,
säurefreiem Papier.

D 16
ISSN 0531-7312
ISBN 978-3-631-61516-4
© Peter Lang GmbH
Internationaler Verlag der Wissenschaften
Frankfurt am Main 2011
Alle Rechte vorbehalten.

Das Werk einschließlich aller seiner Teile ist urheberrechtlich
geschützt. Jede Verwertung außerhalb der engen Grenzen des
Urheberrechtsgesetzes ist ohne Zustimmung des Verlages
unzulässig und strafbar. Das gilt insbesondere für
Vervielfältigungen, Übersetzungen, Mikroverfilmungen und die
Einspeicherung und Verarbeitung in elektronischen Systemen.

www.peterlang.de

Die monistische Unternehmensführung in der Societas Europaea (SE) im Spannungsfeld von Mitbestimmung, Eigentumsgarantie und Corporate Governance

Inauguraldissertation

zur Erlangung der Doktorwürde
der Juristischen Fakultät der Ruprecht-Karls-Universität Heidelberg

vorgelegt von

Johannes Gruber

Rechtsanwalt aus München

2010

Berichterstatter: Prof. Dr. Dr. h.c. mult. Peter Hommelhoff
Prof. Dr. Dres. h.c. Peter-Christian Müller-Graff

Meiner Familie

Vorwort

Die vorliegende Arbeit wurde im November 2010 von der Juristischen Fakultät der Ruprecht-Karls-Universität Heidelberg als Dissertation angenommen und für die Veröffentlichung soweit wie möglich aktualisiert.
Meinem Doktorvater, *Prof. Dr. Dr. h.c. mult. Peter Hommelhoff,* habe ich zu danken, ebenfalls dem Zweitkorrektor, *Prof. Dr. Dres. h.c. Peter-Christian Müller-Graff.* Außerdem gilt mein Dank der *Friedrich-Naumann-Stiftung,* die meine Arbeit mit Mitteln des Bundesministeriums für Bildung und Forschung gefördert hat und deren Stipendiat ich auch während des Studiums sein durfte.
Sodann danke ich meinen Eltern sowie Freunden und Kollegen, die mich mitunter ermutigt und in vielfältiger Weise unterstützt haben. Mein größter Dank gilt schließlich meiner geliebten Frau Christina: Danke!

München, im Januar 2011

Johannes Gruber

Inhaltsverzeichnis

Literaturverzeichnis XV
Abkürzungsverzeichnis XXXIX
Einleitung 1
I. Der Gang der Untersuchung 5
   1. Die Fragestellung der Untersuchung 5
   2. Die Gliederung der Untersuchung 6
II. Zur Bedeutung der SE 9
   1. Die allgemeine Bedeutung 10
   2. Das Image der Rechtsform SE 13
   3. Leitungsoption und Mitbestimmung 13
      a) Die Option des monistischen Systems 13
      b) Die Option, Mitbestimmung zu gestalten 15
      c) Immer noch rar: Die mitbestimmte monistische SE 16
   4. Zwischenergebnis 17
III. Die monistische Unternehmensverwaltung 19
   1. Zur Abgrenzung: Die dualistische Verwaltung 19
      a) Die Geschichte des dualistischen Systems 20
      b) Zwingende Trennung von Vorstand und Aufsichtsrat ... 21
      c) Überragende Stellung des Vorstands 22
         aa) Die Binnenorganisation des Vorstands 22
         bb) Die Leitung durch den Vorstand 23
            i. Die Bestimmung der Unternehmenspolitik 23
            ii. Die systemprägende Oberleitung des Vorstands ... 24
            iii. Die Leitung als Kollegialkompetenz 25
            iv. Das Verhältnis zu Drittorganen 25
      d) Der Aufsichtsrat im dualistischen System 26
         aa) Der Aufsichtsrat zwischen Teilhabe und Kontrolle ... 27
         bb) Die Binnenorganisation des Aufsichtsrats 31
            i. Der Verfahrensablauf im Aufsichtsrat 31
            ii. Die Beschlussfassung im Aufsichtsrat 32
            iii. Die Aufsichtsratsausschüsse 33
            iv. Der Aufsichtsratsvorsitzende 36
            v. Zur Unternehmenspraxis 38
      e) Vorstand und Aufsichtsrat in der Praxis 38
   2. Die monistische Verwaltung 39
      a) Die Variantenvielfalt monistischer Verwaltung 40

- b) Der Gang der rechtsvergleichenden Untersuchung 41
- c) Die Verwaltung in Frankreich 41
  - aa) Die Geschäftsführung 42
  - bb) Die Oberleitung 43
- d) Die Vereinigten Staaten 43
  - aa) Die Relevanz amerikanischen Rechts 43
  - bb) Das Recht der Bundesstaaten 44
  - cc) Das *„Board"* 44
  - dd) Das Verhältnis von *„Board"* und *„Officers"* 48
  - ee) Die faktische Oberleitung des Managements 50
  - ff) Sarbanes-Oxley Act 51
- e) Großbritannien 52
- f) Die Schweiz 53
  - aa) Die Aufgaben des Verwaltungsrats 54
  - bb) Die Kernkompetenzen des Verwaltungsrats 54
    - i. Die Oberleitung 55
    - ii. Die Organisationsverantwortung 55
  - cc) Die Delegation der Geschäftsleitung 56
    - i. Die duale Exekutive im monistischen System 57
    - ii. Die Oberleitung des Verwaltungsrats 57
    - iii. Die bestehende Divergenz der Systeme 58
  - dd) Die Ausschüsse im Verwaltungsrat 58
  - ee) Die Kritik am monistischen Modell 59
3. Kernmerkmal des Monismus: Monoorganschaft 59
   - a) Die Zuständigkeit für die Unternehmensleitung 60
   - b) Die Zuständigkeit für die Überwachung 61
4. Die Verwaltungssysteme im Vergleich 61
   - a) Die Konvergenz zweier inkongruenter Systeme 62
   - b) Die Defizite des monistischen Systems 62
     - aa) Die konzeptionellen Schwächen 63
     - bb) Die praktische Trägheit des Systems 63
     - cc) Die Kritik an der Personalunion an der Spitze 64
     - dd) Die Verbesserungsüberlegungen 66
   - c) Die Vorteile des monistischen Systems 67
     - aa) Die Bekanntheit 67
     - bb) Die Flexibilität des Management 68
     - cc) Der pyramidale Aufbau 68
   - d) Die Defizite des dualistischen Systems 69
     - aa) Der prinzipielle Vorwurf: Trennung bedeute Isolation 69
     - bb) Der Mangel an Professionalität und Effizienz 71
     - cc) Die mögliche Besserung durch das BilMoG 72
   - e) Die Vorteile des dualistischen Systems 73

f) Zwischenergebnis 73
5. Die Verwaltung der SE 74
   a) Die Verwaltung nach der SE-Verordnung 75
   b) Das Optionsmodell 75
   c) Die Legaldefinition des monistischen Systems 76
   d) Einzelne Charakteristika des monistischen Systems 77
   e) Die Geschäftsführung 78
   f) Die Oberleitung durch den Verwaltungsrat 79
   g) Zum Vergleich: Oberleitung im dualistischen System 79
IV. Die Mitbestimmung 81
  1. Einleitung: Mitbestimmung der deutschen AG 82
    a) Geschichte der Mitbestimmung in Deutschland 83
    b) Zur Praxis paritätischer mitbestimmter Aufsichtsräte 85
      aa) Die Vorberatung nach Aufsichtsratsbänken 85
      bb) Die tendenziell geringe Beratungsintensität im Plenum 86
      cc) Die ritualisierte Kompromissfindung 87
  2. Mitbestimmung nach SE-Richtlinie allgemein 88
    a) Das Vorher-Nachher-Prinzip 89
    b) Die Verhandlungslösung 89
    c) Die Auffangregelung 91
  3. Speziell: Mitbestimmter SE-Verwaltungsrat 92
    a) Anzahl der Arbeitnehmer im Verwaltungsrat 93
    b) Stellung der Arbeitnehmer im Verwaltungsrat 93
V. Mitbestimmung und Monismus im Konflikt 95
  1. Potentiell konfliktträchtige Rechtsquellen 95
    a) Das SE-Unionsrecht: Verordnung und Richtlinie 96
    b) Die Vorschriften in nationalem Gewand 97
      aa) Das SE-Ausführungsgesetz 98
      bb) Das SE-Beteiligungsgesetz 98
    c) Die Satzung der SE 99
    d) Zur Rechtsquellenhierarchie 99
  2. Potentiell konfliktauslösenden Einzelnormen 100
    a) Die Wahl des monistischen Systems in der Satzung 100
    b) Das Wahlrecht in Art. 38 Buchst. b SE- Verordnung 100
    c) Die Auffangregelung der SE-Richtlinie 102
    d) Die Mitbestimmung kraft SE-Beteiligungsgesetz 103
  3. Auslegung konfliktauslösender Bestimmungen 103
    a) Die Wortlautauslegung von § 35 Abs. 2 Satz 2 SEBG 104
    b) Die Wortlautauslegung von § 38 Abs. 1 SEBG 105
    c) Die richtlinienkonforme Auslegung des SEBG 106

  aa) Die Auslegung der Richtlinie nach dem Wortlaut............ 107
    i. Die uneingeschränkte nominale Parität.................... 108
    ii. Die materielle Gleichstellung................................... 108
  bb) Die Auslegung der Richtlinie nach Sinn- und Zweck........ 109
    i. Der Zweck: Bestandssicherung der Mitbestimmung. 109
    ii. Aber: Mitbestimmungsausweitung nicht verboten 110
    iii. Verbleibende Zweifel an der Rechtsverträglichkeit... 113
    iv. Der Hebel: Das Primärrecht....................................... 115
 4. Zwischenergebnis.. 117
VI. Eigentumsgarantie der Europäischen Union.................................... 119
 1. Der Grundrechtsschutz im Unionsrecht...................................... 119
  a) Die Anerkennung von Unionsgrundrechten............................ 121
  b) Die Einschränkung europäischer Grundrechte........................ 123
 2. Das Eigentumsgrundrecht im Unionsrecht.................................. 123
  a) Der Schutzbereich des Eigentumsrechts.................................. 127
  b) Das Schutzgut Mitgliedschaftsrecht.. 127
 3. Der Eingriff in das Eigentumsgrundrecht................................... 130
  a) Die Eingriffsform der Ausübungsbeschränkung..................... 130
  b) Eingriff: einschränkungslos paritätische Oberleitung.............. 131
   aa) Das Letztentscheidungsrecht der Anteilseigner............. 132
   bb) Die eigene Auswahl der Unternehmensführung............ 134
 4. Die Rechtfertigung des Eingriffs 136
  a) Die Prüfung anhand des Allgemeinwohls................................ 138
   aa) Die Zielbestimmung nach dem Sekundärrecht............. 139
   bb) Die Zielbestimmung nach dem Primärrecht.................. 141
   cc) Die fehlende Allgemeinwohlrechtfertigung.................. 145
  b) Die Verhältnismäßigkeitsprüfung.. 147
   aa) Die Mitbestimmungsausweitung ist nicht erforderlich...... 147
   bb) Die Zweifel auch an der Angemessenheit..................... 148
 5. Richtlinien- und Primärrechtskonformität 148
  a) Die primärrechtskonforme SE-Richtlinie................................ 149
  b) Die richtlinienkonformen §§ 35, 38 SEBG 150
VII. Die Corporate Governance im mitbestimmten Verwaltungsrat............ 153
 1. Zur Corporate Governance im Allgemeinen............................... 153
 2. Die wesentlichen Umsetzungsvorgaben...................................... 155
  a) Monorgane Leitung der Gesellschaft....................................... 155
  b) Sichere Durchsetzung der Anteilseigner.................................. 155
  c) Die exklusive Vorbereitung der Oberleitung 156
   aa) Die Delegierbarkeit des Tagesgeschäfts........................ 156
   bb) Die Vorbereitung und Vorberatung der Oberleitung........ 157

		d) Sicherung der bisherigen Mitbestimmung 157

- d) Sicherung der bisherigen Mitbestimmung 157
- 3. Eine mögliche rechtspraktische Umsetzung 158
  - a) Die Absicherung der Durchsetzungsmacht 158
    - aa) Vorschläge im Schrifttum 158
    - bb) Eigener Vorschlag: Qualifizierte Mehrheit 160
  - b) Einschränkungen bei Leitungsvorbereitung 162
    - aa) Vorschläge im Schrifttum 162
    - bb) Eigener Vorschlag: Vorbereitender Leitungsausschuss 164
    - cc) Ausschluss von Arbeitnehmern keine Diskriminierung 165
  - c) Gesamtschau der Vorschläge 166
- VIII. Zusammenfassung und Ergebnis 169

Literaturverzeichnis

Abmeier, Klaus	Die Europäische wirtschaftliche Interessenvereinigung und nationales Recht, in: NJW 1986, S. 2987.
Alber, Siegbert	Die Selbstbindung der europäischen Organe an die Europäische Charta der Grundrechte, in: EuGRZ 2001, S. 349.
Anweiler, Jochen	Die Auslegungsmethoden des Gerichtshofs der Europäischen Gemeinschaften, in: Common Market Law Review 1999, S. 497.
Assmann, Heinz-Dieter	Einleitung zu: Schwerpunktheft zu Corporate Governance und Modernisierung der Mitbestimmung, in: AG 2004, S. 165.
Badura, Peter	Mitbestimmung und Gesellschaftsrecht – verfassungsrechtliches Korollarium zur Rolle des Privatrechts in der Rechtsordnung, in: Festschrift für Fritz Rittner, München 1991, S. 1.
Basedow, Jürgen	Grundlagen des europäischen Privatrechts, in: JuS 2004, S. 89.
Basedow, Jürgen	Von der deutschen zur europäischen Wirtschaftsverfassung, Walter Eucken Institut, Vorträge und Aufsätze 137, 1992.
Baumbach, Adolf/ Hueck, Alfred/ Hueck, Götz	Aktiengesetz, 13. Auflage, München 1968.
Baums, Theodor (Hrsg.)	Bericht der Regierungskommission Corporate Governance, Unternehmensführung, Unternehmenskontrolle, Modernisierung des Aktienrechts, 2001.
Baums, Theodor	Der Aufsichtsrat – Aufgaben und Reformfragen, in: ZIP 1995, S. 11.
Bayer, Walter	Auswirkungen der Niederlassungsfreiheit nach den EuGH-Entscheidungen Inspire Art und Überseering auf die deutsche Unternehmensmitbestimmung, in: AG 2004, S. 534.
Bayer, Walter/ Hoffmann, Thomas/ Schmidt, Jessica	Ein Blick in die deutsche SE-Landschaft fünf Jahre nach Inkrafttreten der SE-VO, in: AG-Report 2009, S. 480.

Bertelsmann Stiftung (Hrsg.)	Zeitgemäße Gestaltung der Führungsspitze von Unternehmen, Gütersloh 1983.
Bertelsmann Stiftung/ Hans-Böckler-Stiftung (Hrsg.)	Mitbestimmung und neue Unternehmenskulturen – Bilanz und Perspektiven. Bericht der Kommission Mitbestimmung. Gütersloh 1998.
Bettermann, Karl August	Die verfassungskonforme Auslegung – Grenzen und Gefahren, Heidelberg 1986.
Bezzenberger, Tilmann	Der Vorstandsvorsitzende der Aktiengesellschaft, in: ZGR 1996, S. 661.
Blanquet, Françoise	Das Statut der Europäischen Aktiengesellschaft (Societas Europaea „SE") – Ein Gemeinschaftsinstrument für die grenzüberschreitende Zusammenarbeit im Dienste der Unternehmen, in ZGR 2002, S. 20.
Bleckmann, Albert	Die Grundrechte im Europäischen Gemeinschaftsrecht – Ein Beitrag zu den Methoden des EG-Rechts, in: EuGRZ Heft 9/10 (1981).
Bleckmann, Albert	Europarecht: Das Recht der Europäischen Union und der Europäischen Gemeinschaften, 6. Auflage, 1997.
Bleckmann, Albert	Probleme der allgemeinen Rechtsgrundsätze im Europäischen Gemeinschaftsrecht, in: Bleckmann (Hrsg.), Studien zum Europäischen Gemeinschaftsrecht, Köln 1986, S. 83.
Bleckmann, Albert	Probleme der Auslegung europäischer Richtlinien, in: ZGR 1992, S. 364.
Bleckmann, Albert	Zu den Auslegungsmethoden des Europäischen Gerichtshofs, in: NJW 1982, S. 1177 ff.
Bleicher, Knut	Der Aufsichtsrat im Wandel, eine repräsentative Studie über Aufsichtsräte in bundesdeutschen Aktiengesellschaften, Gütersloh 1987.
Bleicher, Knut	Unternehmensverfassung und Spitzenorganisation in internationaler Sicht, in: Vorträge N 396, Rheinisch-Westfälische Akademie der Wissenschaften, Düsseldorf 1992.
Bleicher, Knut/ Paul, Herbert	Das amerikanische Board-Modell im Vergleich zur deutschen Vorstands-/Aufsichtsratsverfassung – Stand und Entwicklungstendenzen, in: DBW 1986, S. 263.

v. Bogdandy, Armin (Hrsg.)	Europäisches Verfassungsrecht – Theoretische und dogmatische Grundzüge, Berlin 2002.
Böckli, Peter	Verwaltungsrat oder Aufsichtsrat? Konvergenz der Systeme in der Spitzenverfassung der Aktiengesellschaft, in: Festschrift für Walter Reist, Zürich 1992, 337 ff.
Böckli, Peter	Die unentziehbaren Kernkompetenzen des Verwaltungsrates, Zürich 1994.
Böckli, Peter	Schweizer Aktienrecht mit Fusionsgesetz, Börsengesellschaftsrecht, Konzernrecht, Corporate Governance, Recht der Revisionsstelle und der Abschlussprüfung in neuer Fassung, 4. Aufl., Zürich 2009.
Brachvogel, Gerrit	Aktiengesellschaft und Gesellschaftsgruppe im französischen Recht, Stuttgart 1971.
Brandt, Ulrich/ Scheifele Matthias	Die Europäische Aktiengesellschaft und das anwendbare Recht, in: DStR 2002, S. 547.
Braun, Silvia	Die Sicherung der Unternehmensmitbestimmung im Lichte des europäischen Rechts, Freiburg i. Br., Univ., Diss. 2005.
Buck, Carsten,	Über die Auslegungsmethoden des Gerichtshofs der Europäischen Gemeinschaft, Frankfurt/M. u. a. 1998.
Bungert, Hartwin/Beier, Constantin H.	Die Europäische Aktiengesellschaft – Das Statut und seine Umsetzung in der Praxis, in: EWS 2002, S. 1.
Cadbury-Report	The Cadbury Committee Report: Financial Aspects of Corporate Governance, London 1992.
Calliess, Christian	in: Ehlers, Dirk (Hrsg.), Europäische Grundrechte und Grundfreiheiten, Berlin 2003.
Calliess, Christian/ Ruffert, Matthias (Hrsg.)	Kommentar des Vertrages über die Europäische Union und des Vertrages zur Gründung der Europäischen Gemeinschaft, 2. Auflage, Neuwied 2002.
Canaris, Claus-Wilhelm	Die richtlinienkonforme Auslegung und Rechtsfortbildung im System der juristischen Methodenlehre, in: Im Dienste der Gerechtigkeit, Festschrift für Franz Bydlinski, Wien 2001, S. 47.

Casper, Matthias	Der Lückenschluss im Statut der Europäischen Aktiengesellschaft, in: Festschrift für Peter Ulmer, Berlin 2003, S. 51.
Charkham, J.	Keeping Good Company, A Study of Corporate Governance in Five Countries. Oxford/New York 1994.
Chmielewicz, Klaus	Organisationsverfassung und Innovation, in: Unternehmen und Unternehmensführung im Recht, Festschrift für Johannes Semler, Berlin 1993, S. 689.
Conard, Alfred F.	Die Überwachung des Unternehmensmanagements – Ein Vergleich der Entwicklungen im Recht der Europäischen Gemeinschaft und der Vereinigten Staaten, in: ZGR 1987, S. 180.
Cozian, Maurice/ Viandier, Alain/ Deboissy, Florence	Droit des Sociétés, 17. Auflage, 2004.
Dauses, Manfred	Braucht die Europäische Gemeinschaft Grundrechte? – Stand und Bedeutung des Grundrechtsschutzes im Europäischen Gemeinschaftsrecht, in: Dauses/Mevissen/Verny/von der Heide (Hrsg.), Zur Umsetzung von EG-Recht, Wiesbaden 1994, S. 13.
Davis, Paul	Struktur der Unternehmensführung in Großbritannien und Deutschland: Konvergenz oder fortbestehende Divergenz? in: ZGR 2001, S. 268.
Demp, Ada/ Neubauer, F.-Friedrich	The Corporate Board: confronting the paradoxes, New York, Oxford, University Press 1992.
Depenheuer, Otto	Der Wortlaut als Grenze – Thesen zu einem Topos der Verfassungsinterpretation, Heidelberg 1988.
Di Fabio, Udo	Richtlinienkonformität als ranghöchstes Normauslegungsprinzip? Überlegungen zum Einfluss des indirekten Gemeinschaftsrechts auf die nationale Rechtsordnung, in: NJW 1990, Heft 15, S. 947.
Dolzer, Rudolf/Waldhoff, Christian/ Graßhof, Karin (Hrsg.)	Bonner Kommentar zum Grundgesetz, 143. Aktualisierung, Heidelberg 2009 (zitiert: BEARBEITER, in Bonner Komm.).

Eder, Cajetan J.	Die monistisch verfasste Societas Europaea – Überlegungen zur Umsetzung eines CEO-Modells, in: NZG 2004, S. 544.
Ehlers, Dirk	Eigentumsschutz, Sozialbindung und Enteignung bei der Nutzung von Boden und Umwelt, in: VVDStRL 1992, S. 211.
Eidenmüller, Horst/ Engert, Andreas/ Hornuf, Axel	Die Societas Europaea: Empirische Bestandsaufnahme und Entwicklungslinien einer neuen Rechtsform, in: AG 2008, S. 721.
Eidenmüller, Horst/ Engert, Andreas/ Hornuf, Axel	Vom Wert der Wahlfreiheit: Eine empirische Analyse der Societas Europaea als Rechtsformalternative, in: AG 2009, S. 845.
Eucken, Walter	Grundsätze der Wirtschaftspolitik, Neudruck 1990.
Everling, Ulrich	Zur Auslegung des durch EG-Richtlinie angeglichenen nationalen Rechts, in: ZGR 1992, S. 376.
Eyles, Uwe	Das Niederlassungsrecht der Kapitalgesellschaften in der Europäischen Gemeinschaft – die Überlagerung des deutschen Gesellschaftsrechts und Unternehmenssteuerrechts durch europäisches Gemeinschaftsrecht, Univ., Diss. 1990.
Fleischer, Holger	Der Einfluss der Societas Europaea auf die Dogmatik des deutschen Gesellschaftsrechts, in: AcP 2004, S. 502.
Fleischer, Holger	Zur Leitungsaufgabe des Vorstands im Aktienrecht, in: ZIP 2003, S. 1.
Forstmoser, Peter	Monistische oder dualistische Unternehmensverfassung? Das Schweizer Konzept, in: ZGR 2003, S. 688.
Frühauf, Martin	Geschäftsleitung in der Unternehmenspraxis, in: ZGR 1998, S. 407.
Geitner, Dirk	Offene Fragen im Mitbestimmungsgesetz, in: AG 1976, S. 210.
Geßler, Ernst/ Hefermehl, Wolfgang/ Eckard, Ulrich/ Kropff, Bruno (Hrsg.)	Aktiengesetz. Kommentar, München 1973 ff. (zitiert: BEARBEITER, in: Geßler/Hefermehl (Hrsg.)).

Goette, Wulf/ Habersack, Mathias (Hrsg.)	Münchener Kommentar zum Aktiengesetz, Band 2, §§ 76–117, MitbestG und DrittelbG, 3. Auflage, München 2008 (zitiert: BEARBEITER, in: Münchener Kommentar Aktiengesetz).
v. Godin, Reinhard/ Wilhelmi, Hans	Aktiengesetz. Kommentar, 4. Auflage 1971.
Götz, Heinrich	Die Überwachung der Aktiengesellschaft im Lichte jüngerer Unternehmenskrisen, in: AG 1995, S. 337.
Götz, Heinrich	Rechte und Pflichten des Aufsichtsrats nach dem Transparenz- und Publizitätsgesetz, in: NZG 2002, S. 599.
Götz, Jürgen	Ist die Europäische Aktiengesellschaft eine überzeugende Option für die Praxis?, in: ZIP 2003, S. 1067.
Götz, Volkmar	Europäische Gesetzgebung durch Richtlinien – Zusammenwirken von Gemeinschaft und Staat, in: NJW 1992, S. 1849.
Grabitz, Eberhard	Gemeinschaftsrecht bricht nationales Recht, Hamburg 1966.
Grabitz, Eberhard/ Hilf, Meinhard (Hrsg.)	Das Recht der Europäischen Union, 22. Ergänzungslieferung, München 2003.
Grimm, Dieter	Vertrag oder Verfassung. Die Rechtsgrundlage der Europäischen Union im Reformprozess Maastricht II, in: Grimm, Dieter, u.a. (Hrsg.). Zur Neuordnung der Europäischen Union, Baden-Baden 1997, S. 9.
Grote, Ralf	Das neue Statut der Europäischen Aktiengesellschaft zwischen europäischem und nationalem Recht, Univ., Diss. Göttingen, 1991.
Gruber, Johannes	Der unabhängige Finanzexperte im Aufsichtsrat nach dem Referentenentwurf des BilMoG, in: NZG 2008, S. 12.
Gruber, Johannes/ Weller, Marc-Philippe	Societas Europaea: Mitbestimmung ohne Aufsichtsrat?, in: NZG 2003, S. 297.
Grundmann, Stefan	Die Auslegung des Gemeinschaftsrechts durch den Europäischen Gerichtshof, Konstanz 1997.
Grundmann, Stefan/ Riesenhuber, Karl	Die Auslegung des Europäischen Privat- und Schuldvertragsrechts, in: JuS 2001, S. 529.

Habersack, Mathias	Europäisches Gesellschaftsrecht im Wandel, Bemerkungen zum Aktionsplan der EG-Kommission betreffend die Modernisierung des Gesellschaftsrechts und die Verbesserung der Corporate Governance, in: NZG 2004, S. 1.
Habersack, Mathias	Europäisches Gesellschaftsrecht, 3. Auflage, München 2006.
Hampel Report	Final Report of the Committee on Corporate Governance, London 1998.
v. Hein, Jan	Vom Vorstandsvorsitzenden zum CEO, in: ZHR 2002, S. 464.
Heinze, Christian	Grundrechtsschutz des Eigentums nach dem Mitbestimmungsurteil des Bundesverfassungsgerichts, in: BB 1979, S. 1796.
Heinze, Meinhard	Die Europäische Aktiengesellschaft, in: ZGR 2002, S. 66.
Henn, Harry G./ Alexander, John R.	Laws of Corporations, 3. Auflage, St. Paul, Minn. 1983.
Henssler, Martin	Unternehmerische Mitbestimmung in der Societas Europaea – Neue Denkanstöße für die „Corporate-Governance"-Diskussion, in: Habersack, Matthias u.a. (Hrsg.), Festschrift für Peter Ulmer, Berlin 2003, S. 193 ff. (zitiert: FS Ulmer 2003)
Henssler, Martin	Mitbestimmungsrechtliche Konsequenzen einer Sitzverlegung innerhalb der Europäischen Union – Inspirationen durch „Inspire Art", in Söllner, Alfred u.a. (Hrsg.) Gedächtnisschrift für Meinhard Heinze, München 2005, S. 333 ff. (zitiert: GS Heinze 2005)
Henze, Hartwig	Entscheidungen und Kompetenzen der Organe in der AG: Vorgaben der höchstrichterlichen Rechtsprechung, in: BB 2001, S. 53.
Henze, Hartwig	Leitungsverantwortung des Vorstands – Überwachungspflicht des Aufsichtsrats, in: BB 2000, S. 209.
Herfs-Röttgen, Ebba	Probleme der Arbeitnehmerbeteiligung in der Europäischen Aktiengesellschaft, in: NZA 2002, S. 358.
Hermman, Christoph	Richtlinienumsetzung durch die Rechtsprechung, Berlin 2003.

Hesse, Konrad	Grundzüge des Verfassungsrechts der Bundesrepublik Deutschland, 20. Auflage 1995.
Hilf, Meinhard	Die Gemeinsame Grundrechtserklärung des Europäischen Parlaments, des Rats und der Kommission vom 5. April 1977, in: EuGRZ 1977, S. 158.
Hirte, Heribert	Die Europäische Aktiengesellschaft, in: NZG 2002, S. 1.
Hoffmann-Becking, Michael (Hrsg.)	Münchener Handbuch des Gesellschaftsrechts, Band 4, Aktiengesellschaft, 3. Auflage, 2007 (zitiert: BEARBEITER, in: Münch. Hdb. AG).
Hoffmann-Becking, Michael	Organe: Strukturen und Verantwortlichkeiten, insbesondere im monistischen System, in: ZGR 2004, S. 355.
Hoffmann-Becking, Michael	Zur rechtlichen Organisation der Zusammenarbeit im Vorstand der AG, in: ZGR 1998, S. 497.
Hommelhoff, Peter	Der aktienrechtliche Organstreit – Vorüberlegungen zu den Organkompetenzen und ihrer gerichtlichen Durchsetzbarkeit, in: ZHR 1979, S. 288.
Hommelhoff, Peter	Die „Sociéte fermée européene" – eine supranationale Gesellschaftsform für kleine und mittlere Unternehmen im Europäischen Binnenmarkt, in: WM 1997, S. 2101.
Hommelhoff, Peter	Die Auslegung angeglichenen Gesellschaftsrechts – eine Analyse der EuGH-Rechtsprechung, in: Schulze, Reiner (Hrsg.), Europäisches Privatrecht, Baden-Baden 1999, S. 29.
Hommelhoff, Peter	Die Europäische Privatgesellschaft ante portas, in: EWS 2002, S. 1.
Hommelhoff, Peter	Die Geschäftsordnungsautonomie des Aufsichtsrats – Fragen an die Gestaltungsmacht des Satzungsgebers, in: BFuP 1977, S. 509.
Hommelhoff, Peter	Die Konzernleitungspflicht – Zentrale Aspekte eines Konzernverfassungsrechts, Köln 1988.
Hommelhoff, Peter	Die OECD-Principles on Corporate Governance – Ihre Chancen und Risiken aus dem Blickwinkel der deutschen Corporate-Governance-Bewegung, in: ZGR 2001, S. 238.
Hommelhoff, Peter	Einige Bemerkungen zur Organisationsverfassung der Europäischen Aktiengesellschaft, in: AG 2001, S. 279.

Hommelhoff, Peter	Gesellschaftsrechtliche Fragen im Entwurf eines SE-Statuts, in: AG 1990, S. 422.
Hommelhoff, Peter	Mitbestimmung in Unternehmen, in: Lutter/Semler (Hrsg.), Rechtsgrundlagen freiheitlicher Unternehmenswirtschaft, 1990, S. 135.
Hommelhoff, Peter	Rechtsprechung und Mitbestimmungsgesetz 1976, in: Die Betriebswirtschaft 1986, S. 568.
Hommelhoff, Peter	Satzungsstrenge und Gestaltungsfreiheit in der Europäischen Aktiengesellschaft, in: Festschrift für Peter Ulmer, Berlin 2003, S. 267.
Hommelhoff, Peter	Vereinbarte Mitbestimmung, in: ZHR 1984, S. 118.
Hommelhoff, Peter	Zivilrecht unter dem Einfluss europäischer Rechtsangleichung, in: AcP 1992, S. 71.
Hommelhoff, Peter/ Helms, D.	Grundlagen und konzeptionelle Fragen in der Europäischen Privatgesellschaft, in: Hommelhoff/Helms (Hrsg.), Neue Wege in die Europäische Privatgesellschaft, Köln 2001, S. 3–14.
Hommelhoff, Peter/ Hopt, Klaus J./ v. Werder, Axel (Hrsg.)	Handbuch Corporate Governance, Leitung und Überwachung börsennotierter Unternehmen in der Rechts- und Wirtschaftspraxis, 2003 (zitiert: BEARBEITER, in: Hdb. Corporate Governance).
Hommelhoff, Peter/ Kirchhof, Paul (Hrsg.)	Der Staatenverbund der Europäischen Union, Heidelberg 1994.
Hommelhoff, Peter/ Mattheus, Daniela	Corporate Governance nach dem KonTraG, in: AG 1998, S. 249.
Hommelhoff, Peter/ Mattheus, Daniela	Risikomanagementsystem im Entwurf des BilMoG als Funktionselement der Corporate Governance, in: BB 2007, S. 2787.
Hopt, Klaus J./ Kanda, Hideki/ Roe, Mark J./ Wymeersch, Eddy/ Prigge, Stefan (Hrsg.)	Comparative Corporate Governance – The State of the Art and Emerging Research, 1998.
Hopt, Klaus J./ Leyens, Patrick C.	Board Models in Europe – Recent Developments of Internal Corporate Governance Structures in Germany, the United Kingdom, France, and Italy (2004), ECGI – Law Working Paper Nr. 18/2004.

Hopt, Klaus J./ Wiedemann, Herbert (Hrsg.)	Großkommentar zum Aktiengesetz, 4. Auflage 1992 ff. (zitiert: BEARBEITER, in: Großkomm. AktG)
Hopt, Klaus J.	Europäisches Gesellschaftsrecht und deutsche Unternehmensverfassung – Aktionsplan und Interdependenzen, in: ZIP 2005, S. 461.
Horn, Norbert	Die Europa-AG im Kontext des deutschen und europäischen Gesellschaftsrechts, in: DB 2005, S. 147.
Horn, Norbert/ Kocka, Jürgen (Hrsg.)	Recht und Entwicklung der Großunternehmen im 19. und frühen 20. Jahrhundert, Göttingen 1979.
Huber, Peter M.	Umweltschutz als Ausprägung von Sozialgebundenheit, in: Politische Studien, Sonderheft 1 (2000), Das Grundrecht des Eigentums – Grundsätze und aktuelle Probleme, S. 45.
Hüffer, Uwe	Aktiengesetz, 8. Auflage, München 2008.
Ihrig, Hans-Christoph/ Wagner, Jens	Das Gesetz zur Einführung der Europäischen Gesellschaft (SEEG) auf der Zielgeraden – Die gesellschafts- und mitbestimmungsrechtlichen Regelungen des Regierungsentwurfs, in: BB 2004, S. 1749.
Isaac, Guy	Droit communautaire général, 4. Auflage Paris 1994, S. 39–51.
Jäger, Axel	Die Beratung des Vorstands als Teil der Überwachungsaufgabe des Aufsichtsrats, in: DStR 1996, S. 671.
Jannott, Dirk/ Frodermann, Jürgen	Handbuch der Europäischen Aktiengesellschaft – Societas Europaea, Heidelberg 2005.
Jarass, Hans	Richtlinienkonforme bzw. EG-rechtskonforme Auslegung nationalen Rechts, in: EuR 1991, S. 211.
Kallmeyer, Harald	Pflichten des Vorstands der Aktiengesellschaft zur Unternehmensplanung, in: ZGR 1993, S. 104.
Kallmeyer, Harald	Das monistische System in der SE mit Sitz in Deutschland, in: ZIP 2003, S. 1535.
Kallmeyer, Harald	Die Beteiligung der Arbeitnehmer in einer Europäischen Gesellschaft - Anmerkungen zum Regierungsentwurf des SE-Beteiligungsgesetzes, in: ZIP 2004, S. 1442.

Kessler, Jürgen	Leitungskompetenz und Leitungsverantwortung im deutschen, US-amerikanischen und japan. Aktienrecht, in: RIW 1998, S. 602.
Kessler, Manfred H.	Interessen- und Kompetenzkonflikte in einer Aktiengesellschaft aus juristischer und betriebswirtschaftlicher Sicht, in: AG 1993, 252.
Kirchhof, Paul	Der Auftrag des Grundgesetzes an die rechtsprechende Gewalt, in: Richterliche Rechtsfortbildung – Erscheinungsformen, Auftrag und Grenzen, Festschrift der Juristischen Fakultät zur 600-Jahr-Feier der Ruprecht-Karls-Universität Heidelberg, Heidelberg 1986.
Kischel, Uwe	Die Kontrolle der Verhältnismäßigkeit durch den Europäischen Gerichtshof, in: EuR 2000, S. 300.
Klapdor, Ralf	Überlegungen zur Besteuerung der europäischen Aktiengesellschaft, in: EuZW 2001, S. 677.
Klein, Christian	Die Europäische Aktiengesellschaft „à la française", in: RIW 2004, S. 435.
Klein, Eckart	Objektive Wirkung von Richtlinien, in: Festschrift für Ulrich Everling, Band 1, Baden-Baden 1995, S. 641.
Knowlton, W./ Millstein, I.	Can the Board of Directors Help the American Corporation Earn the Immortality It Holds so Dear? in: The U.S. Business Corporation: An Institution in Transition (Meyer & Gustafson eds, 1988), S. 169, (American Academy of Arts and Sciences, Ballinger, 1988).
Koenig, Christian/ Haratsch, Andreas	Europarecht, 4. Auflage, Tübingen 2003.
König, Doris	Der Schutz des Eigentums im europäischen Recht, in: Bitburger Gespräche, Jahrbuch 2004/I, München 2004, S. 111.
Kolvenbach, Walter	Mitbestimmungsprobleme im gemeinsamen Markt, 1991.
König/Rieger/Schmit (Hrsg.)	Europa der Bürger?, Frankfurt am Main 1998.
Köstler, Roland	Die Mitbestimmung in der SE, in: ZGR 2003, S. 800.

Köstler, Roland/ Kittner, Michael/ Zachert, Ulrich/ Müller, Matthias (Hrsg.)	Aufsichtsratspraxis, 7. Auflage, Frankfurt/M. 2002.
Krebs, Karsten	Interessenkonflikte bei Aufsichtsratsmandaten in der Aktiengesellschaft, Univ., Diss. 2001.
Krieger, Gerd	Zum Aufsichtsratspräsidium, in: ZGR 1985, S. 338.
Krneta, Georg	Praxiskommentar Verwaltungsrat, Bern 2001.
Kropff, Bruno	Aktiengesetz, Textausgabe des Aktiengesetzes vom 6. 9. 1965 mit Begründung des Regierungsentwurfs und Bericht des Rechtsausschusses des deutschen Bundestages, Düsseldorf 1965.
Kropff, Bruno	Die Unternehmensplanung im Aufsichtsrat, in: NZG 1998, S. 613.
Kropff, Bruno Kropff/ Semler, Johannes, (Hrsg.)	Münchener Kommentar zum Aktiengesetz, 2./3. Aufl., München 2000 ff. (zitiert: BEARBEITER, in: Münchener Kommentar AktG).
Kutscher, H.	Thesen zu den Methoden der Auslegung des Gemeinschaftsrechts, aus der Sicht eines Richters, in: Begegnung von Justiz und Hochschule, Teil I, Hrsg.: Gerichtshof der Europäischen Gemeinschaften, Luxemburg 1976.
Lanfermann, Georg/ Maul, Silja	Auswirkungen des Sarbanes-Oxley Act in Deutschland, in: DB 2002, S. 1725.
Lange, Knut Werner (Hrsg.)	Risikomanagement nach dem KonTraG – Aufgaben und Chancen aus betriebswirtschaftlicher und juristischer Sicht, München 2001.
Leisner, Walter	Der Europäische Eigentumsbegriff – Schwächerer Eigentumsschutz als in Deutschland?, in: Festschrift zum 180-jährigen Bestehen des Carl Heymans Verlag, 1995.
Leuering, Dieter/ Rubel, Jörgen,	Aufsichtsrat und Prüfungsausschuss nach dem BilMoG, in: NJW 2008, S. 559.
Leupold, Andreas	Die Europäische Aktiengesellschaft unter besonderer Berücksichtigung des deutschen Rechts – Chancen und Probleme auf dem Weg zu einer supranationalen Gesellschaftsform, Aachen 1993.

Leyens, Patrick C.	Deutscher Aufsichtsrat und US-Board: ein- oder zweistufiges Verwaltungssystem? Zum Stand der rechtsvergleichenden Corporate Governance Debatte, in: RabelsZ 2003, S. 57.
Lieb, Manfred	Aktuelle Probleme der Mitbestimmung, in: JA 1978, S. 318.
Luther, Martin	Zuständigkeiten des Mitbestimmten Aufsichtsrats – Koreferat, in: ZGR 1977, S. 306.
Lutter Marcus	Der Aufsichtsrat: Kontrolleur oder Mit-Unternehmer?, in: Sadowski (Hrsg.), Entrepreneurial Spirits, Horst Albach zum 70. Geburtstag, Wiesbaden 2001, S. 225–233.
Lutter, Marcus (Hrsg.)	Die Europäische Aktiengesellschaft – Eine Stellungnahme zur Vorlage der Kommission an den Ministerrat der Europäischen Gemeinschaften über das Statut für Europäische Aktiengesellschaften vom 30. April 1975, Köln 1976.
Lutter, Marcus	Defizite für eine effiziente Aufsichtsratstätigkeit und gesetzliche Möglichkeiten der Verbesserung, in: ZHR 1995, S. 287.
Lutter, Marcus	Professionalisierung der Aufsichtsräte, in: NJW 1995, S. 1133.
Lutter, Marcus	Europäische Aktiengesellschaft – Rechtsfigur mit Zukunft?, in: BB 2002, S. 1.
Lutter, Marcus	Europäisches Gesellschaftsrecht, 2. Auflage, Berlin 1984.
Lutter, Marcus	Europäisches Unternehmensrecht – Grundlagen, Stand und Entwicklung nebst Texten und Materialien zur Rechtsangleichung, 3. Auflage (4. Auflage), Berlin 1991 (1996).
Lutter, Marcus	Unternehmensplanung und Aufsichtsrat, in: AG 1991, S. 249.
Lutter, Marcus	Information und Vertraulichkeit im Aufsichtsrat, 3. Auflage, Köln 2006.

Lutter, Marcus/ Hommelhoff, Peter (Hrsg.)	Die Europäische Gesellschaft – Prinzipien, Gestaltungsmöglichkeiten und Grundfragen aus der Praxis, Köln 2005 (zitiert: BEARBEITER, in: Lutter/Hommelhoff (Hrsg.), Europäische Gesellschaft)
Lutter, Marcus/ Hommelhoff, Peter (Hrsg.)	SE-Kommentar, Köln 2008 (zitiert: BEARBEITER, in: Lutter/Hommelhoff (Hrsg.), SE-Kommentar).
Lutter, Marcus/ Hommelhoff, Peter (Hrsg.)	GmbH-Gesetz, 17. Auflage, Köln 2009 (zitiert: BEARBEITER, in: Lutter/Hommelhoff (Hrsg.)).
Lutter, Marcus/ Krieger Gerd	Rechte und Pflichten des Aufsichtsrats, 5. Auflage, Köln 2008.
Manz, Gerhard/ Mayer, Barbara/ Schröder, Albert (Hrsg.)	Europäische Aktiengesellschaft SE, 1. Auflage, Baden-Baden 2005.
Marsch-Barner, Reinhard/ Schäfer, Frank A. (Hrsg.)	Handbuch börsennotierte AG – Aktien- und Kapitalmarktrecht, 2. Auflage, Köln 2009 (zitiert: BEARBEITER, in: Marsch-Barner/Schäfer (Hrsg.)).
Martens, Klaus Peter	Der Grundsatz gemeinsamer Vorstandsverantwortung, in: Festschrift für Hans-Joachim Fleck, 1988, ZGR-Sonderheft Nr. 7 (1988), S. 191.
Martens, Klaus-Peter	Allgemeine Grundsätze zur Anwendbarkeit des Mitbestimmungsgesetzes, in: AG 1976, S. 113.
Martens, Klaus-Peter	Das Recht der unternehmerischen Mitbestimmung, in: JuS 1983, 329.
Martin, Christopher	Das US Corporate Governance System – Verlust der Vorbildfunktion, in: NZG 2003, S. 948.
Mauch, Katrin	Das monistische Leitungssystem in der Europäischen Aktiengesellschaft, Tübingen, Univ., Diss. 2008.
Maul, Silja	Die faktisch abhängige SE im Schnittpunkt zwischen deutschem und europäischem Recht, 1998.
Maul, Silja/ Lanfermann, Georg	EU-Kommission nimmt Empfehlungen zu Corporate Governance an. Schaffung unabhängiger und transparenter Aufsichtsräte – Vergütung von Organmitgliedern, in: DB 2004, S. 2407.

Maul, Silja/ Lanfermann, Georg	Europäische Corporate Governance – Stand der Entwicklung, in: BB 2004, S. 1861.
Maul, Silja/ Lanfermann, Georg/ Eggenhofer, Erich	Aktionsplan der Europäischen Kommission zur Reform des Europäischen Gesellschaftsrechts, in: BB 2003, S. 1289 ff.
Maul, Silja/ Teichmann, Christoph/ Wenz, Martin	Der Richtlinienvorschlag zur grenzüberschreitenden Verschmelzung von Kapitalgesellschaften, in: BB 2003, S. 2633.
Mellerowicz, Konrad/ Peeckel, Aribert	Sozialorientierte Unternehmensführung, 2. Auflage, Freiburg 1976.
Menjucq, Michel	Das „monistische" System der Unternehmensleitung in der SE, in: ZGR 2003, S. 679.
Merkt, Hanno	Die monistische Unternehmensverfassung für die Europäische Aktiengesellschaft aus deutscher Sicht – Mit vergleichendem Blick auf die Schweiz, das Vereinigte Königreich und Frankreich, in: ZGR 2003, S. 650.
Merkt, Hanno	Vom Konzessionssystem zum Delaware-Effekt: Die Entwicklung des US-amerikanischen Gesellschaftsrechts, in: ZfRV 1996, S. 1.
Merle, P.	Droit Commercial, Sociétés commerciales, 8. Auflage, Paris 2001.
Merten, Detlef/ Papier, Hans-Jürgen (Hrsg.)	Handbuch der Grundrechte in Deutschland und Europa, Band 1, Entwicklung und Grundlagen, Heidelberg 2004.
Mertens, Hans-Joachim	Zur Berichtspflicht des Vorstands gegenüber dem Aufsichtsrat, in: AG 1980, S. 67.
Mestmäcker, Ernst-Joachim	Von der Wirtschaftsgemeinschaft zur Wirtschafts- und Währungsunion, in: P. Hommelhoff/P. Kirchhof (Hrsg.), Der Staatenverbund der Europäischen Union. Beiträge und Diskussionen des Symposions am 21./22. Januar 1994 in Heidelberg; Heidelberg 1994.
Mielke, Werner	Die Leitung der unverbundenen Aktiengesellschaft, Diss. 1990.
Monks, Robert/ Minow, Nell	Corporate Governance, 3. Auflage, Oxford 2004.
Mueller, Robert K.	Building a power partnership: CEOs and their boards of directors.

Müller, Friedrich/ Christensen, Ralph	Juristisch Methodik, Europarecht, Band II, Berlin, 2003.
Müller, Roland/ Lipp, Lorenz/ Plüss, Adrian	Der Verwaltungsrat, 2. Auflage, 1999.
Müller-Bonanni, Thomas/ Melot, de Beauregard, Paul	Mitbestimmung in der Societas Europaea, in: GmbHR 2005, S. 195.
Müller-Graff, Peter-Christian	Europäisches Gemeinschaftsrecht und Privatrecht – Das Privatrecht in der europäischen Integration, in: NJW 1993, S. 13.
Müller-Graff, Peter-Christian	Unternehmensinvestitionen und Investitionssteuerung im Marktrecht – zu Maßstäben und Schranken für die überbetriebliche Steuerung von Produktionsinvestitionen aus dem Recht des wettbewerbsverfassten Marktes, Tübingen 1984.
Müller-Graff, Peter-Christian	Wandel des Europäischen Wirtschaftsverfassungsrechts?, in: ZHR 2004, S. 1.
Müller-Michaelis, Olaf	Grundrechtlicher Eigentumsschutz in der Europäischen Union. Das Eigentumsrecht in der Rechtsordnung der EU, in der EMRK und in den Verfassungen Deutschlands, Italiens und Irlands, Berlin 1997.
v. Münch, Ingo/ Kunig, Philip	Grundgesetz-Kommentar, Band 1, 5. Auflage, München 2000.
Mussler, Werner	Die Wirtschaftsverfassung der Europäischen Gemeinschaft im Wandel – von Rom nach Maastricht, Univ., Diss. 1997.
Nagel, Bernhard	Die Europäische Aktiengesellschaft (SE) und die Beteiligung der Arbeitnehmer, in: AuR 2004, S. 281.
Nettesheim, Martin	Auslegung und Fortbildung nationalen Rechts im Lichte des Gemeinschaftsrechts, in: AöR 1994, S. 266.
Neumann, Franz L./ Nipperdey, Hans Carl/ Scheuner, Ulrich (Hrsg.)	Die Grundrechte – Handbuch der Theorie und Praxis, Zweiter Band, Die Freiheitsrechte in Deutschland, Berlin 1954.
Neye, Hans-Werner	Kein Stolperstein für die Europäische Aktiengesellschaft, in: ZGR 2002, S. 377.

Neye, Hans-Werner/ Teichmann, Christoph	Der Entwurf für das Ausführungsgesetz zur Europäischen Aktiengesellschaft, in: AG 2003, S. 169.
Oplustil, Krzysztof/ Teichmann, Christoph (Hrsg.)	The European Company – all over Europe, Berlin 2004.
Oppermann, Thomas	Europäische Wirtschaftsverfassung nach der Einheitlichen Europäischen Akte, in: Müller-Graff/Zuleeg (Hrsg.) Staat und Wirtschaft in der EG, Baden-Baden 1987, S. 53.
Ossenbühl, Fritz	in: Festgabe zum 10-jährigen Jubiläum der Gesellschaft für Rechtspolitik, München 1984, S. 315.
Paefgen, Walter	Struktur und Aufsichtsratsverfassung der mitbestimmten AG – Zur Gestaltungsmacht der Satzung und Geschäftsordnung des Aufsichtsrats, Köln 1982.
Petri, Stephan/ Wenz, Martin	Europäische Aktiengesellschaft – notwendig und zukunftsorientiert, in: AR 2004, S. 3.
Peus, Egon A.	Der Aufsichtsratsvorsitzende. Seine Rechtsstellung nach dem Aktiengesetz und dem Mitbestimmungsgesetz, Univ.; Diss. 1982.
Pfeiffer, Thomas	Richtlinienkonforme Auslegung gegen den Wortlaut des nationalen Gesetzes- Die Quelle-Folgenentscheidung des BGH, in: NJW 2009, S. 412.
v. Plessen, Christian-Friedrich	Qualifizierte Mitbestimmung und Eigentumsgarantie, Köln 1969.
Pluskat, Sorika	Die Arbeitnehmerbeteiligung in der geplanten Europäischen AG, in: DStR 2001, S. 1483.
Pluskat, Sorika	Die neuen Vorschläge für die Europäische Aktiengesellschaft, in: EuZW 2001, S. 524.
Potthoff, Erich	Board-System versus duales System der Unternehmensverwaltung – Vor- und Nachteile, in BFuP Heft 3 (1996), S. 253–268.
Raiser, Thomas/ Veil, Rüdiger	Mitbestimmungsgesetz und Drittelbeteiligungsgesetz, 5. Auflage, Berlin 2009 (zitiert: MitbestG)
Rasner, Henning	Die Europäische Aktiengesellschaft (SE) – ist sie wünschenswert?, in: ZGR 1992, S. 314.

Rathenau, Walther	Vom Aktienwesen – Eine geschäftliche Betrachtung, Berlin 1917.
v. Rechenberg, Wolf-Georg	Die EWIV – Ihr Sein und Werden, in ZGR 1992, S. 299.
Rechner P. L.,/ Dalton, D. R.	CEO Duality and Organizational Performance, Strategic Management Journal, 12, 1991, S. 155.
Reichert, Jochem	Erfahrungen mit der Societas Europaea (SE) in Deutschland, in: Hutter/ Baums (Hrsg.), Gedächtnisschrift für Michael Gruson, Berlin 2009, S. 322 (zitiert: GS Gruson).
Reichert, Jochem/ Brandes, Stephan M.	Mitbestimmung der Arbeitnehmer in der SE: Gestaltungsfreiheit und Bestandsschutz, in: ZGR 2003, S. 767.
Reinighaus, Eva	Eingriffe in das Eigentumsrecht nach Artikel 1 des Zusatzprotokolls zur EMRK – Eingriffe in das Recht auf Achtung des Eigentums und ihre Zulässigkeitsvoraussetzungen, Berlin 2002.
Rellermeyer, Klaus	Aufsichtsratsausschüsse, Univ., Diss. 1985.
Rengeling, Hans-Werner	Grundrechtsschutz in der Europäischen Gemeinschaft – Bestandsaufnahme und Analyse der Rechtsprechung des Europäischen Gerichtshofs zum Schutz der Grundrechte als allgemeine Rechtsgrundsätze, München 1993.
Reinhard, Richardi/ Wlotzke, Otfried (Hrsg.)	Münchener Handbuch zum Arbeitsrecht, Band 3: Kollektives Arbeitsrecht, 2. Aufl. 2000.
Richter Rudolf/ Furbotn, Eirik G.	Neue Institutionenökonomik, Tübingen 1996.
Riesser, Jacob	Die Neuerungen im deutschen Aktienrecht, nebst Entwürfen für neue Statuten und für Statutenänderungen, Berlin 1899.
Rittner, Fritz	Die Funktion des Eigentums im modernen Gesellschaftsrecht, in: Marburger Gespräch über Eigentum – Gesellschaftsrecht – Mitbestimmung, 1967.
Rödder, Thomas	Grundfragen der Besteuerung der SE, in: Der Konzern 2003, S. 522.

Roth, Günter H./ Wörle, Ulrike	Die Unabhängigkeit des Aufsichtsrats – Recht und Wirklichkeit, in: ZGR 2004, S. 565.
Roth, Markus	Die unternehmerische Mitbestimmung in der monistischen SE, in: ZfA 2004, S. 431.
Rüthers, Bernd (Hrsg.)	Freiheit und Verantwortung im Verfassungsstaat, Festgabe zum 10-jährigen Jubiläum der Gesellschaft für Rechtspolitik, München 1984.
Salmon, Walter J.	Crisis Prevention: How to Gear Up Your Board/The Fight for Good Governance, Harvard Business Review, Jan.–Feb. 1993, S. 69.
Sanders, Pieter	Auf dem Weg zu einer europäischen Aktiengesellschaft, in: AWD Heft 1 (1960) [heute: RIW], S. 1–5.
v. Savigny, Friedrich Karl	System des heutigen Römischen Rechts I, 1840.
Schaub, Dieter	Die innere Organisation des Aufsichtsrats, in: ZGR 1977, S. 293.
Scheffler, Eberhard	Betriebswirtschaftliche Überlegungen zur Entwicklung von Grundsätzen ordnungsgemäßer Überwachung der Geschäftsführung durch den Aufsichtsrat, in: AG 1995, S. 207.
Scheffler, Eberhard	Der Aufsichtsrat – nützlich oder überflüssig?, in: ZGR 1993, S. 63.
Scherer, Christoph	Die Qual der Wahl: Dualistisches oder monistisches System? Alternativen der Unternehmensverfassung einer Europäischen Gesellschaft (SE) in Deutschland, Köln, Univ. Diss. 2005.
Schiffels, Edmund W.	Der Aufsichtsrat als Instrument der Unternehmenskooperation, 1981.
Schildknecht, Urs	Grundrechtsschranken in der Europäischen Gemeinschaft, Eine Untersuchung der Rechtsprechung des Europäischen Gerichtshofes, Frankfurt a. M. 2000.
Schlegelberger, Franz/ Quassowsk, Leo/ u.a. (Hrsg.)	Aktiengesetz : Gesetz über Aktiengesellschaften und Kommanditgesellschaften auf Aktien v. 30. Januar 1937, 3. Auflage, Berlin 1939.
Schlink, Bernhard	Abwägung im Verfassungsrecht, Heidelberg 1976.

Schneider, Uwe H.	Die Teilnahme von Vorstandsmitgliedern an Aufsichtsratssitzungen, in: ZIP 2002, S. 873.
Schnorbus, York	Die richtlinienkonforme Rechtsfortbildung im nationalen Privatrecht – Eine Untersuchung zur europarechtlich bedingten Lücke im Gesetz, in: AcP 2001, S. 860.
Schön, Wolfgang	Der Aktionär im Verfassungsrecht, in: Festschrift für Peter Ulmer, Berlin 2003, S. 1359.
Schröder, Werner	Das Gemeinschaftsrechtssystem – eine Untersuchung zu den rechtsdogmatischen, rechtstheoretischen und verfassungsrechtlichen Grundlagen des Systemdenkens im Europäischen Gemeinschaftsrecht, Tübingen 2002.
Schubert, Werner	Die Abschaffung des Konzessionssystems durch die Aktienrechtsnovelle von 1870, in: ZGR 1981, S. 285.
Schubert, Werner (Hrsg.)	Verhandlungen über die Entwürfe eines Allgemeinen Deutschen Handelsgesetzbuches 1861, Frankfurt a. M. 1986.
Schubert, Werner/ Hommelhoff, Peter (Hrsg.)	Hundert Jahre modernes Aktienrecht. Eine Sammlung von Texten und Quellen zur Aktienrechtsreform 1884, 1985.
Schulze, Reiner (Hrsg.)	Europäisches Privatrecht, Band 8: Auslegung europäischen Privatrechts und angeglichenen Rechts, Baden-Baden 1999.
Schumpeter, Joseph Alois	Theorie der wirtschaftlichen Entwicklung, Leipzig 1912.
Schwark, Eberhard	Globalisierung, Europarecht und Unternehmensmitbestimmung im Konflikt, in: AG 2004, S. 173.
Schwarz, Günter Christian	Europäisches Gesellschaftsrecht – Ein Handbuch für Wissenschaft und Praxis, Baden-Baden 2000.
Schwarz, Günter Christian	Zum Statut der Europäischen Aktiengesellschaft, in: ZIP 2001, S. 1847.
Schwarze, Jürgen	EU-Kommentar, Baden-Baden 2000.
Schwerdtfeger, Gunther	Die dogmatische Struktur der Eigentumsgarantie, Berlin 1983.
Seifert, Karl-Heinz/ Hömig, Dieter	Grundgesetz für die Bundesrepublik Deutschland, 6. Auflage, Baden-Baden 1999.

Semler, Johannes (Hrsg.)	Arbeitshandbuch für Aufsichtsratsmitglieder, 1999.
Semler, Johannes	Ausschüsse des Aufsichtsrats, in: AG 1988, S. 60.
Semler, Johannes	Die Überwachungsaufgabe des Aufsichtsrats, Univ. Diss. 1980.
Semler, Johannes	Doppelmandats-Verbund im Konzern – Sachgerechte Organisationsform oder rechtlich unzulässige Verflechtung?, in: Festschrift für Ernst C. Stiefel, 1987, S. 719.
Semler, Johannes	Grundsätze ordnungsgemäßer Überwachung?, in: Festschrift für Martin Pelzer, 2001, S. 489.
Semler, Johannes	Rechtsvorgabe und Realität der Organzusammenarbeit in der Aktiengesellschaft, in: Festschrift für Marcus Lutter, Köln 2000, S. 721.
Spahlinger, Andreas/ Wegen, Gerhard (Hrsg.)	Internationales Gesellschaftsrecht, 1. Auflage 2005 (zitiert: BEARBEITER, in: Spahlinger/Wegen (Hrsg.)).
Stein, Torsten	Richterrecht wie anderswo auch? – Der Gerichtshof der Europäischen Gemeinschaft als „Integrationsmotor", in: Richterliche Rechtsfortbildung – Erscheinungsformen, Auftrag und Grenzen, Festschrift der Juristischen Fakultät zur 600-Jahr-Feier der Ruprecht-Karls-Universität Heidelberg, Heidelberg 1986.
Steinmann, Horst/ Klaus, Hans	Zur Rolle des Aufsichtsrates als Kontrollorgan, in: AG 1987, S. 29.
Streinz, Rudolf (Hrsg.)	EUV/EGV – Vertrag über die Europäische Union und Vertrag zur Gründung der Europäischen Gemeinschaft, München 2003.
Streinz, Rudolf	Europarecht, 6. Auflage, Heidelberg 2003.
Suhr, Dieter	Eigentumsinstitut und Aktieneigentum – Eine verfassungsrechtliche Analyse der Grundstruktur des aktienrechtlich organisierten Eigentums, Univ., Diss. Hamburg 1965.
Teichmann, Christoph	Corporate Governance in Europa, in: ZGR 2001, S. 645.
Teichmann, Christoph	Die Einführung der Europäischen Aktiengesellschaft – Grundlagen der Ergänzung des europäischen Statuts durch den deutschen Gesetzgeber, in: ZGR 2002, S. 383.

Teichmann, Christoph	Vorschläge für das deutsche Ausführungsgesetz zur Europäischen Aktiengesellschaft, in: ZIP 2002, S. 1109.
Teichmann, Christoph	Gestaltungsfreiheit im monistischen Leitungssystem der Europäischen Aktiengesellschaft, in: BB 2004, S. 53.
Teichmann, Christoph	Binnenmarktkonformes Gesellschaftsrecht, Berlin 2006.
Teichmann, Christoph	Cartesio: Die Freiheit zum formwechselnden Wegzug, in: ZIP 2009, S. 393.
Theisen, Manuel René/ Wenz, Martin (Hrsg.)	Die Europäische Aktiengesellschaft – Recht, Steuern und Betriebswirtschaft der Societas Europaea (SE), Stuttgart 2002.
Thiel, Jürgen Michael	Europa 1992: Grundrechtlicher Eigentumsschutz im EG-Recht, in: JuS 1991, S. 274.
Thoma, Georg F./ Leuering, Dieter	Die Europäische Aktiengesellschaft – Societas Europaea, in: NJW 2002, S. 1449.
Trigo Trinade, Rita	Le conseil d'administration de la société anonyme, Diss. Genf 1994.
Ulmer, Peter	Höchstrichterliche Rechtsfortbildung im Gesellschaftsrecht 1971–1985 – Eine Bestandsaufnahme, in: Richterliche Rechtsfortbildung – Erscheinungsformen, Auftrag und Grenzen, Festschrift der Juristischen Fakultät zur 600-Jahr-Feier der Ruprecht-Karls-Universität Heidelberg, Heidelberg 1986.
Ulmer, Peter/ Habersack, Mathias/ Henssler, Martin (Hrsg.)	Mitbestimmungsrecht, 2. Auflagen, München 2006 (zitiert: BEARBEITER, in: Ulmer/Habersack/Henssler (Hrsg.)).
Vance, Stanley C.	Corporate leadership: boards, directors and strategy, New York 1983.
Veit, Martin/ Wichert, Joachim	Unternehmerische Mitbestimmung bei europäischen Kapitalgesellschaften mit Verwaltungssitz in Deutschland nach „Überseering" und „Inspire Art", in: AG 2004, S. 14.
Vischer, Frank	Beurteilung der Aktienrechtsreform aus Sicht des Verwaltungsrates, Zürich, SSHW 1984, S. 155.

von der Groeben, Hans/ Schwarze, Jürgen (Hrsg.)	Kommentar zum Vertrag über die Europäische Union und zur Gründung der Europäischen Gemeinschaft, 6. Auflage, Baden-Baden 2003.
Wagner, Jens	Corporate Governance in Spanien: Das Gesetz zur Transparenz börsennotierter Aktiengesellschaften, in: RIW 2004, S. 258.
Wagner, Jens	Der Europäische Verein – eine Gesellschaftsform europäischen oder mitgliedstaatlichen Rechts?, Univ., Diss. 1999.
Wahl, Rainer	Der Vorrang der Verfassung, in: Der Staat 1981, S. 485.
Watter, Rolf	Nicht exekutives Mitglied des Verwaltungsrates und Unabhängigkeit der Revisionsstelle, in: Schweizer/Burkert/Gasser (Hrsg.), Festschrift für Jean Nicolas Druey, Zürich 2002.
Weller, Marc-Philippe	Zum identitätswahrenden Wegzug deutscher Gesellschaften, in: DStR 2004, S. 1218.
Wenz, Martin	Die Societas Europaea (SE) – Analyse der geplanten Rechtsform und ihrer Nutzungsmöglichkeiten für eine europäische Konzernunternehmung, Berlin 1993.
Wenz, Martin	Einsatzmöglichkeiten einer Europäischen Aktiengesellschaft in der Unternehmenspraxis aus betriebswirtschaftlicher Sicht, in: AG 2003, S. 185.
v. Werder, Axel	Überwachungseffizienz und Unternehmensmitbestimmung, in: AG 2004, S. 166.
Wicke, Hartmut	Gesetz betreffend die Gesellschaft mit beschränkter Haftung, München 2008.
Windbichler, Christine	Arbeitnehmerinteressen im Unternehmen und gegenüber dem Unternehmen – Eine Zwischenbilanz, in: AG 2004, S. 190.
Wlotzke, Otfried/ Wissmann, Helmut/ Koberski, Wolfgang/ Kleinsorge, Georg (Hrsg.)	Mitbestimmungsrecht, 3. Auflage, München 2008 (zitiert: BEARBEITER, in: Wlotzke, Otfried/ Wissmann, Helmut/ Koberski, Wolfgang/ Kleinsorge, Georg (Hrsg.)).

Wollburg, Ralph/ Banerjea, Nirmal Robert	Die Reichweite der Mitbestimmung in der Europäischen Gesellschaft, in: ZIP 2005, S. 277.
Wymeersch, Eddy	Unternehmensführung in Westeuropa – Ein Beitrag zur Corporate-Governance-Diskussion, in: AG 1995, S. 299.
Zippelius, Reinhold	Juristische Methodenlehre, 6. Auflage, München 1994.
Zöllner, Wolfgang (Hrsg.)	Kölner Kommentar zum Aktiengesetz, 2. Auflage 1986 ff. (zitiert: BEARBEITER, in: Kölner Komm.).
Zöllner, Wolfgang	Die Schranken mitgliedschaftlicher Stimmrechtsmacht bei den privatrechtlichen Personenverbänden, Köln 1963.
Zuleeg, Manfred	Die Auslegung des europäischen Gemeinschaftsrechts, in: EuR 1969, S. 97.

Abkürzungsverzeichnis

ABl.	Amtsblatt der Europäischen Gemeinschaften
AcP	Archiv für die zivilistische Praxis
ADHGB	Allgemeines Deutsches Handelsgesetzbuch
AEUV	Vertrag über die Arbeitsweise der Europäischen Union
AG	Aktiengesellschaft
AG	Die Aktiengesellschaft (Zeitschrift)
AktG	Aktiengesetz
Anh.-SE-RL	Anhang SE-Richtlinie
AöR	Archiv des öffentlichen Rechts
AuR	Arbeit und Recht
AWD	Außenwirtschaftsdienst
BB	Betriebs-Berater
BegrRegE	Begründung Regierungsentwurf
BetrVG	Betriebsverfassungsgesetz
BFuP	Betriebswirtschaftliche Forschung und Praxis
BGB	Bürgerliches Gesetzbuch
BGBl.	Bundesgesetzblatt
BGH	Bundesgerichtshof
BGHZ	Entscheidungen des BGH in Zivilsachen
BR	Bundesrat
BT	Bundestag
BVerfGE	Bundesverfassungsgerichtsentscheidung
C/CEO	Chairman and Chief Executive Officer
CEO	Chief Executive Officer
DB	Der Betrieb
DBW	Die Betriebswirtschaft
DiskE	Diskussionsentwurf
Diss.	Dissertation
DStR	Deutsches Steuerrecht

EG	EG-Vertrag in der Fassung vom 1. Mai 1999 (Vertrag von Amsterdam) oder Europäische Gemeinschaft(en)
EGKS	Europäische Gemeinschaft für Kohle und Stahl
EGMR	Europäischer Gerichtshof für Menschenrechte
EGV	EG-Vertrag soweit vom jeweiligen Autor/Herausgeber so verwendet
EMRK	Europäische Menschenrechtskonvention
EU	Europäische Union
EuGH	Europäischer Gerichtshof
EuGRZ	Europäische Grundrechte-Zeitschrift
EuR	Europarecht
EuZW	Europäische Zeitschrift für Wirtschaftsrecht
EUV	Vertrag über die Europäische Union oder Europäischer Verein
EWG	Europäische Wirtschaftsgemeinschaft
EWS	Europäisches Wirtschafts- und Steuerrecht
FAZ	Frankfurter Allgemeine Zeitung
FS	Festschrift
GRC/GRCh	Charta der Grundrechte der Europäischen Union
Hdb.	Handbuch
HGB	Handelsgesetzbuch
JA	Juristische Arbeitsblätter
JuS	Juristische Schulung
KOM	Dokumente der Kommission der Europäischen Gemeinschaft
Komm.	Kommentar
KonTraG	Gesetz zur Kontrolle und Transparenz im Unternehmen
m. w. N.	mit weiteren Nachweisen
NJW	Neue Juristische Wochenschrift
NZA	Neue Zeitschrift für Arbeitsrecht
NZG	Neue Zeitschrift für Gesellschaftsrecht
MitbestG	Mitbestimmungsgesetz
MitbestimmungsErgG	Mitbestimmungsergänzungsgesetz
MontanMitbestG	Montanmitbestimmungsgesetz

OECD	Organization for Economic Cooperation and Development
OR	Obligationsrecht
RabelsZ	Rabels Zeitschrift für ausländisches und internationales Privatrecht
RGBl.	Reichsgesetzblatt
RIW	Recht der internationalen Wirtschaft
SchlA	Schlussanträge
SE	Societas Europaea
SEAG	SE-Ausführungsgesetz
SEBG	SE-Beteiligungsgesetz
SEEG	SE-Einführungsgesetz
SEEG-E	Entwurf eines SE-Einführungsgesetzes
SE-RL	SE-Richtlinie
SE-VO	SE-Verordnung
TransPuG	Transparenz- und Publizitätsgesetz
VVDStRL	Veröffentlichungen der Vereinigung der Deutschen Staatsrechtslehrer
WM	Wertpapiermitteilungen
ZfA	Zeitschrift für Arbeitsrecht
ZfRV	Zeitschrift für Rechtsvergleichung
ZGR	Zeitschrift für Unternehmens- und Gesellschaftsrecht
ZHR	Zeitschrift für das gesamte Handelsrecht und Wirtschaftsrecht
ZIP	Zeitschrift für Wirtschaftsrecht und Insolvenzpraxis
ZP	Zusatzprotokoll

Einleitung

Mit der Societas Europaea[1] (SE) steht seit dem Jahr 2004 endlich[2] eine zukunftsweisende europäische Kapitalgesellschaftsrechtsform zur Verfügung.[3] Zukunftsweisend für die Entwicklung des europäischen Gesellschaftsrechts, aber vor allem zukunftsweisend für Unternehmen im europäischen Binnenmarkt. Die SE war, neben der Europäischen wirtschaftlichen Vereinigung[4], erst das zweite wahre Rechtsgeschöpf „made in Europe". Seit dem Jahre 2006 ist die Europäische Genossenschaft[5] hinzugekommen.[6] Im Hinblick auf eine Europäische Privatgesellschaft[7] („SPE"), die als neue Gesellschaftsform v.a. kleinen

---

1 Die „Societas Europaea" wird auf Deutsch auch „Europäische Aktiengesellschaft", „Europa-AG" und „Europäische Gesellschaft" genannt.
2 Die Idee einer „europäischen Gesellschaftsform" wurde bereits vor über achtzig Jahren in Köln auf dem vierunddreißigsten Deutschen Juristentag geäußert; vgl. Verhandlungen des 34. Deutschen Juristentags zu Köln, hrsg. von dem Schriftführer-Amt der Ständigen Deputation, Bd. 2, Berlin/Leipzig 1927, S. 878. Zur Historie der gut 40-jährigen konkreten Vorüberlegungen und Gesetzgebungsversuche, die mit dem Vortrag von Thibièrge „Le statut des société étrangers" auf dem französischen Notartag und der Rotterdamer Antrittsvorlesung von Sanders 1959 ihren Ausgang nahm: SANDERS, in: AWD 1960, S. 1; LUTTER, in: BB 2002, S. 1; BLANQUET, in: ZGR 2002, S. 20; HEINZE, in: ZGR 2002, S. 66; HOMMELHOFF, Gesellschaftsrechtliche Fragen im Entwurf eines SE-Statuts, in: AG 1990, S. 422 ff.
3 Das Unionsrecht konstituiert die SE mit der Verordnung (EG) Nr. 2157/2001 des Rates vom 8. Oktober 2001 über das Statut der Societas Europaea (SE), ABl. EG Nr. L 294 vom 10. November 2001, S. 1, nachfolgend als „SE-Verordnung" oder „SE-VO" bezeichnet.
4 Europäische wirtschaftliche Vereinigung (EWIV), ABl. EG Nr. L 199 vom 31. Juli 1985. ABMEIER, in: NJW 1986, S. 2987, bezeichnete die EWIV als eine Gesellschaftsform, die erstmals nicht im nationalen, sondern im europäischen Recht wurzelt. VON RECHENBERG, Die EWIV – Ihr Sein und Werden, in ZGR 1992, S. 299 ff.
5 Verordnung (EG) Nr. 1435/2003 des Rates vom 22. Juli 2003 über das Statut der Europäischen Genossenschaft (SCE). Richtlinie 2003/72/EG des Rates vom 22. Juli 2003 zur Ergänzung des Statuts der Europäischen Genossenschaft hinsichtlich der Beteiligung der Arbeitnehmer.
6 Gesetz zur Einführung der Europäischen Genossenschaft und zur Änderung des Genossenschaftsrechts (EGSCE) vom 14. August 2006 (BGBl. I S. 1911).
7 HOMMELHOFF, Die Europäische Privatgesellschaft ante portas, in: EWS 2002, S. 1 ff., HOMMELHOFF, Die „Société fermée européenne" – eine supranationale Gesellschaftsform für kleine und mittlere Unternehmen im Europäischen Binnenmarkt, in: WM 1997, S. 2101 ff.; DERS./HELMS, Grundlagen und konzeptionelle Fragen in der Europäischen Privatgesellschaft, in: Hommelhoff/Helms (Hrsg.), S. 3 ff.; DERS./TEICHMANN, in: DStR 2008, S. 925 ff.

und mittleren Unternehmen (KMUs) die Möglichkeit geben soll, in der gesamten EU tätig zu werden, hat die Europäische Kommission am 25. Juni 2008 zudem einen Vorschlag für ein Statut vorgestellt.[8] Unabhängig vom Sitz in Europa kann die Europäische Aktiengesellschaft gemäß Art. 1 Abs. 1 der SE-Verordnung die einheitliche lateinische Bezeichnung „*Societas Europaea*" führen und hat mit dem Zusatz[9] „*SE*" stets einen europäischen „Auftritt" im Rechts- und Geschäftsverkehr.[10] Ob eine SE ihren Sitz in Lissabon, Paris oder Riga hat, es gilt, dass sie vom Markt nicht mehr als ausländisches, sondern als europäisches Unternehmen wahrgenommen wird. Das kann ein bedeutender Imagegewinn[11] und ein nützliches Marketinginstrument sein. Als besondere Innovation eröffnet die SE deutschen Unternehmen die Möglichkeit, eine monistische Leitungsverfassung zu wählen.[12] Diese wird mitunter als flexibler angesehen und ist auf einem globalisierter Kapital- und Absatzmarkt bekannter als das nahezu nur in Deutschland gebräuchliche dualistische Modell von Vorstand und Aufsichtsrat. Unternehmen, die sich als „European-Player"[13] verstehen, aber auch mittelständische Unternehmen zogen die Europäische Aktiengesellschaft daher als Rechtskleid schon früh in Betracht.[14]

---

8 Dokument KOM(2008) 396, abrufbar im Internet unter der Adresse: http://ec.europa.eu/internal_market/company/docs/epc/proposal_de.pdf; dazu HOMMELHOFF/TEICHMANN, in: GmbHR 2008, S. 897 ff.; Ergänzend: Legislative Entschließung des Europäischen Parlaments vom 10. März 2009 zu dem Vorschlag für eine Verordnung des Rates über das Statut der Europäischen Privatgesellschaft, Dokument P6_TA(2009)0094 abrufbar unter: http://www.europarl.europa.eu/
9 Vgl. Art. 11 Abs. 1 SE-VO.
10 Alternativ kann die ausführliche Rechtsformbezeichnung jedoch auch in der Landessprache erfolgen. Danach kann eine SE beispielsweise auch „société anonyme européenne" (Frankreich), „European public limited-liability company" (Großbritannien/Irland) oder „europejskiej spólki akcyjnej" (Polen) genannt werden.
11 EDYE/HAMANN, Europa AG konkurriert mit internationalen Fusionen, in: Börsen-Zeitung v. 15. Juni 2005.
12 HOMMELHOFF, in: AG 2001, S. 279, 248; SCHWARZ, in: ZIP 2001, S. 1847, 1854. HIRTE, Die Europäische Aktiengesellschaft, in: NZG 2002, S. 1 ff.
13 Vordergründig kommen vornehmlich Großunternehmen für die neue Rechtsform in Betracht, denn die an der Gründung einer SE beteiligten Gesellschaften müssen gem. Art. 2 SE-VO dem Recht von mindestens zwei verschiedenen Mitgliedstaaten unterliegen und das gezeichnete Kapital muss gem. Art. 4 Abs. 2 SE-VO mindestens 120.000 Euro betragen.
14 GEHLING/PFAFF, Europa AG für den Mittelstand geeignet, Börsen-Zeitung, 4. Mai 2005, S. 2; EIDENMÜLLER/ENGERT/HORNUF, in: AG 2008, S. 721, 726.

Das Maß der unternehmerischen Mitbestimmung[15] von Arbeitnehmern in einer SE mit Sitz in Deutschland ist auch bei einem Wechsel vom dualistischen System ins monistische System vom Aufsichtsrat in den Verwaltungsrat zu übertragen, wenn sich die Verhandlungspartner nicht im Verhandlungswege auf eine individuelle unternehmerische Mitbestimmung einigen.

Das wirft die Frage auf, wie die Mitbestimmung unter Einbeziehung von Aspekten moderner Corporate-Governance in das einzige Organ der Unternehmensführung eingefügt werden kann, ohne dass grundrechtlich garantierte Eigentumsrechte der Anteilseigner missachtet werden. Die vorliegende Arbeit geht dieser Frage gemäß dem im Folgenden skizzierten Gang der Untersuchung nach.

---

15 Zur Attraktivität der SE für grenzüberschreitende Zusammenschlüsse und für grenzüberschreitend tätige deutsche Konzerne gerade vor dem Hintergrund der Reichweite der Mitbestimmung WOLLBURG/BANERJEA, in: ZIP 2005, S. 277 ff.

I. Der Gang der Untersuchung

Da das Statut der Europäischen Gesellschaft nur einen Rahmen vorgibt, der durch das allgemeine nationale Aktiengesetz und durch die vom Mitgliedstaat speziell geschaffenen Rechtsvorschriften[16] individuell ausgefüllt wird, unterscheiden sich in Deutschland eingetragene SE von solchen in anderen Mitgliedstaaten.[17] Vergleichbar mit der einheitlichen europäischen Euromünze, die in Deutschland mit der Prägung des deutschen Bundesadlers, in Österreich aber mit Mozart und in Spanien mit dem Kopf von König Juan Carlos versehen ist, weist auch die Europäische Aktiengesellschaft zwei Seiten einer Medaille auf: Einerseits ist sie eine einheitliche europäische Rechtsform, andererseits ist die SE durch ihr jeweiliges[18] Heimatrecht geprägt. Untersuchungsgegenstand der vorliegenden Arbeit ist die SE deutscher Prägung.

1. Die Fragestellung der Untersuchung

Gem. Art. 38 Buchst. b SE-VO kann eine SE entsprechend der Bestimmung in ihrer Satzung über einen Verwaltungsrat verfügen und somit nach dem monistischen System eingerichtet sein. Es stellt sich in Deutschland, wo dieses System bisher nicht bekannt war, die Frage, wie dies – vor allem wegen der Arbeitnehmermitbestimmung – in die Tat umgesetzt werden kann. Die Integration der deutschen Mitbestimmung in das monistische Modell wurde demzufolge auch als die größte Herausforderung für den nationalen Gesetzgeber erachtet. Nachdem der Gesetzgeber sich der Herausforderung gestellt hat, sind weiterhin Zweifel verblieben, ob ihm die Integration des monistischen Modells bei der SE in den deutschen Rechtskreis vollkommen gelungen ist. Diese Zweifel ergeben sich vor allem daraus, dass der deutsche Gesetzgeber der Tatsache nicht ange-

---

16   In Deutschland ist dies das Gesetz zur Einführung der Europäischen Gesellschaft (SEEG) vom 17. Dezember 2004 (BGBl. I 3675), welches in Art. 1 das Gesetz zur Ausführung der Verordnung (EG) Nr. 2157/2001 des Rates vom 8. Oktober 2001 über das Statut der Europäischen Gesellschaft (SE) – SE-Ausführungsgesetz (SEAG) – und in Art. 2 das Gesetz über die Beteiligung der Arbeitnehmer in einer Europäischen Gesellschaft – SE-Beteiligungsgesetz (SEBG) – enthält.
17   HOMMELHOFF, in: AG 2001, S. 279, 285; ULMER, in: FAZ vom 21. März 1991, S. 30; HOPT, in: EuZW 2002, S. 1; LUTTER, in: BB 2002, S. 1, 2; THOMA/LEUERING, in: NJW 2002, S. 1449, 1450; vgl. SCHWARZ, in: ZIP 2001, S. 1847, 1860; HIRTE, in: NZG 2002, 1, 2.
18   Zu den zahlreichen nationalen Erscheinungsformen der SE siehe OPLUSTIL/TEICHMANN, (Hrsg.), The European Company – all over Europe, Berlin 2004; zur französischen SE siehe KLEIN, Die Europäische Aktiengesellschaft „à la française", in: RIW 2004, S. 435 ff.

messen Rechnung getragen hat, dass in die monistische Unternehmensführung in bestimmten – und zwar praktisch nicht unwahrscheinlichen – Konstellationen die deutsche Mitbestimmung 1:1 zu integrieren ist.[19] Dieser Umstand, der als Folge eines „kardinalen Konstruktionsfehlers"[20] angesehen wird, verwässert möglicherweise das Eigentumsrecht der Aktionäre in Form ihres Rechts zur (mittelbaren) Leitung ihrer Gesellschaft in unzulässiger Weise.

Gegenstand der vorliegenden Arbeit ist daher die Frage, ob – und wenn ja, inwieweit – die Eigentumsgarantie der Aktionäre durch einen mitbestimmten Verwaltungsrat verletzt ist, deshalb eine einschränkende Normauslegung geboten ist und wie eine solche Normreduktion unter Berücksichtigung von Aspekten moderner Corporate Governance rechtspraktisch umgesetzt werden könnte.

2. Die Gliederung der Untersuchung

Zunächst wird zur Beantwortung der aufgeworfenen Fragestellung im dritten Kapitel die Bedeutung der SE thematisiert. Unter Bedeutung wird dabei die mögliche praktische Relevanz von Europäischen Aktiengesellschaften verstanden; denn so können Anhaltspunkte dafür gefunden werden, ob die vorliegende Prüfung einen Nutzen für die Praxis hat. Es werden dazu Aspekte dargestellt, die den Stellenwert der SE beeinflussen.

Im vierten Kapitel wird vor dem Hintergrund des in Deutschland bekannten Systems der dualistischen Unternehmensverwaltung das monistische System vorgestellt und analysiert. Dazu wird zunächst das dualistische System in Deutschland dargestellt, um anhand eines rechtsvergleichenden Vorgehens vor diesem Hintergrund die Kernmerkmale des monistischen Systems herauszuarbeiten und abschließend auf die monistische Unternehmensverwaltung in der Europäischen Aktiengesellschaft im Detail einzugehen.

Im fünften Kapitel wird die Mitbestimmung thematisiert. Dazu wird zunächst die Mitbestimmung in der deutschen AG dargestellt. Dies ist erforderlich, um später einschätzen zu können, wie sich die Mitbestimmung im Verwaltungsrat der SE davon unterscheidet. Daran anschließend wird die Mitbestimmung beschrieben, wie sie sich nach der Konzeption der Richtlinie 2001/86/EG[21] des Rates vom 8. Oktober 2001 zur Ergänzung des Statuts der Europäischen Gesell-

---

19 HOFFMANN-BECKING, in: ZGR 2004, S. 355, 380 hat die Frage „Wie hältst Du's mit der Mitbestimmung bei der monistisch verfassten SE?" mir Recht als „Gretchenfrage" bezeichnet.
20 FLEISCHER, in: AcP 2004, S. 502, 535.
21 ABl. EG Nr. L 294 v. 10. November 2001, S. 22; nachfolgend als „SE-Richtlinie" oder „SE-RL" bezeichnet, vgl. HEINZE, in: ZGR 2002, S. 66 ff.; PLUSKAT, in: DStR 2001, S. 1483 ff.

schaft hinsichtlich der Beteiligung der Arbeitnehmer darstellt. Eine besondere Bedeutung kommt in diesem Kapitel schließlich der Behandlung der Mitbestimmung im Verwaltungsrat der SE zu.

Im sechsten Kapitel wird herausgearbeitet, an welchen Stellen Mitbestimmung und monistisches System in einer Weise aufeinander treffen (können), dass sie im Hinblick auf die Eigentumsgarantie miteinander in Konflikt geraten.

Im siebten Kapitel sollen die Ergebnisse der vorangegangenen Kapitel zusammengeführt und der identifizierte Konflikt anhand der Eigentumsgarantie geprüft werden, wie sie durch das Recht der Europäische Union (EU) garantiert ist. Das siebte Kapitel wird mit der Einführung in die unionsrechtliche Grundrechtssystematik und insbesondere das unionsrechtliche Eigentumsgrundrecht nach der Rechtsprechung des Europäischen Gerichtshofs eingeleitet werden. Die Grundrechtsprüfung schließt sich daran an.

Auf Basis der Befunde des siebten Kapitels werden schließlich – unter Einbeziehung und kurzer Vorstellung der unter dem Schlagwort der „Corporate Governance" bekannten Aspekte – im achten Kapitel Denkanstöße dargelegt, wie ein mitbestimmter Verwaltungsrat einer SE in Deutschland unter Berücksichtigung moderner Corporate-Governance-Standards ohne Verletzung des Anteilseigentums gestaltet werden könnte.

II. Zur Bedeutung der SE

Über die Bedeutung der Europäischen Aktiengesellschaft lassen sich angesichts ihrer jungen Geschichte noch keine abschließenden Feststellungen treffen.[22] Von der in den Mitgliedstaaten[23] zwar unterschiedlich hohen, insgesamt jedoch erheblichen Bedeutung der Rechtsform Aktiengesellschaft kann nicht automatisch auf eine erhebliche Bedeutung der SE in Europa und erst recht nicht auf eine erhebliche Bedeutung der SE in Deutschland geschlossen werden.

Ob die durchaus beachtlichen und teilweise auch prominenten SE-Gründungen – z.B. *MAN Diesel SE, Allianz SE, Fresenius SE, Porsche Automobil Holding SE* und *BASF SE* – in Deutschland und Europa bereits als SE-Gründungswelle[24] bezeichnet werden können, bleibt abzuwarten. Tendenzen sind jedoch bereits erkennbar.[25] Ende 2009 waren europaweit knapp 500 Europäische Aktiengesellschaften gegründet (470) bzw. in Gründung befindlich (19).[26] Die Bedeutung der SE hängt von einer Reihe von Faktoren ab, die den Erfolg der SE beeinflussen werden. Zunächst konzentriert sich Wissenschaft und Praxis nach anfänglicher Euphorie zunehmend auf tatsächliche oder vermeintliche Defekte. Die Schlussfolgerungen reichen von der Diagnose „Totgeburt" bis zur Empfehlung verschiedener Therapie- und Erziehungsvorschläge für die ersten Entwicklungsjahre. Hier soll jedoch lediglich ein kurzer genereller Überblick über die bislang angeführten Argumente geliefert werden (allgemeine Bedeutung), um schließlich im Detail auf die Faktoren einzugehen (die besondere Be-

---

22 WENZ, Einsatzmöglichkeiten einer Europäischen Aktiengesellschaft in der Unternehmenspraxis aus betriebswirtschaftlicher Sicht, in: AG 2003, S. 185 ff.; GÖTZ, Ist die Europäische Aktiengesellschaft eine überzeugende Option für die Praxis? in: ZIP 2003, S. 1067 ff.

23 Zur Bedeutung der Aktiengesellschaften in Europa vgl. SCHWARZ, Europäisches Gesellschaftsrecht, Rn. 530 ff.

24 Die Europäische Aktiengesellschaft kann nach vier verschiedenen Varianten gegründet werden: Die Verschmelzung zweier Aktiengesellschaften aus unterschiedlichen Mitgliedstaaten (Art. 2 Abs. 1 SE-VO), die Errichtung einer Holding-SE durch Aktiengesellschaften oder GmbHs aus unterschiedlichen Mitgliedstaaten (Art. 2 Abs. 2 SE-VO), die Gründung einer gemeinsamen Tochter-SE (Art. 2 Abs. 2 SE-VO) sowie die Umwandlung einer bestehenden Aktiengesellschaft (Art. 2 Abs. 4 SE-VO). Vgl. HOMMELHOFF, in: AG 1990, S. 422 ff.; DERS., in: AG 2001, S. 279, 280 f.; HIRTE, in: NZG 2002, S. 1, 3; KERSTING, in: DB 2001, S. 2079; SCHWARZ, in: ZIP 2001, S. 1847, 1850 ff.; TEICHMANN, in: ZGR 2002, S. 383, 409 ff.; BUNGERT/BEIERS, in: EWS 2002, S. 1, 6.

25 EIDENMÜLLER/ENGERT/HORNUF, in: AG 2008, S. 721 ff.

26 ETUI, SE Fact Sheet Overview (Zugriff im Dezember 2009 unter: http://www.ecdb.worker-participation.eu)

deutung von Leitungs- und Mitbestimmungsgestaltung), die den Stellenwert der SE beeinflussen und zugleich den Gegenstand der vorliegenden Arbeit berühren.

1. Die allgemeine Bedeutung

Die allgemeine Bedeutung der Rechtsform SE lässt sich in die Frage fassen, ob die SE notwendig[27] und wünschenswert ist,[28] ob es also auf mittlere Sicht viele und erfolgreiche Europäische Aktiengesellschaften deutscher Prägung geben wird. Diese Frage kann unterschiedliche Bezugspunkte aufweisen. Im Rahmen einer allgemeinen Betrachtung kann daher auch die Frage nach der Bedeutung der SE für die Entwicklung des europäischen Gesellschaftsrechts[29] angeschnitten werden.

So ist für das europäische Gesellschaftsrecht ein Paradigmenwechsel vorhergesagt worden. Man prophezeit, dass mit der bei der SE anzutreffenden tiefgestaffelten und komplexen Normenhierarchie ein genereller Systemwandel im Recht der Kapitalgesellschaften heraufdämmere.[30] Sei das herkömmliche (deutsche) System einfach, rigide und extrem verrechtlicht, wenn es aus weitgehend zwingendem[31] Aktien- und Mitbestimmungsrecht ohne Raum für privatautonome Entscheidungen bestehe, so sei das neue System der (europäischen) Kapitalgesellschaft demgegenüber geradezu dominiert von der Möglichkeit der Gestaltung. Befördert die SE also einen Paradigmenwechsel im System der Kapitalgesellschaft?

Der Befund, dass sich die SE von der deutschen AG durch ihre deutlich gesteigerte privatautonome Individualisierbarkeit[32] unterscheidet, ist sicher zutreffend.[33] Man könnte indes auch sagen, dass sich das System der SE von dem der uniformen AG durch seine Heterogenität[34] unterscheidet. Ob dieser Unterschied

---

27 PETRI/WENZ, in: AG 2004, S. 3 ff.; LUTTER, Europäische Aktiengesellschaft – Rechtsfigur mit Zukunft?, in: BB 2002, S. 1 ff.
28 RASNER, in: ZGR 1992, S. 314–326.
29 Vgl. FLEISCHER, Der Einfluss der Societas Europaea auf die Dogmatik des deutschen Gesellschaftsrechts, in: AcP 2004, S. 502 ff.
30 KÜBLER, in: ZHR 2003, S. 222, 223.
31 Etwa durch die aktienrechtliche Satzungsstrenge in § 23 Abs. 5 AktG.
32 HOMMELHOFF, Satzungsstrenge und Gestaltungsfreiheit in der Europäischen Aktiengesellschaft, in: FS Ulmer 2003, S. 267 ff.
33 Wenngleich die Individualisierbarkeit und Flexibilität der SE auch eher ein Verlegenheitsprodukt des politischen Kompromisses als das Ergebnis einer klaren, zielgerichteten und durchdachten Konzeption ist.
34 Dabei bezieht sich die Heterogenität nicht nur auf SE unterschiedlicher Prägung, sondern gerade auch innerhalb einer deutschen Prägung werden sich individuelle Ausgestaltungen entwickeln.

jedoch zum prophezeiten Systemwechsel führen wird, kann nicht allein darin gesehen werden, dass das Regelungssystem der SE als eine neue europäische Rechtsform diesen Charakter aufweist; denn sie tritt ja nicht an die Stelle, sondern nur an die Seite der deutschen AG. Dadurch ändert sich an der Uniformität der AG und der Rigidität des AG-Systems (zunächst) nichts, es wird nur ein Systemwettbewerb eröffnet. Von einem Systemwechsel könnte daher erst gesprochen werden, wenn entweder – gewissermaßen als *faktischer* Systemwechsel – deutsche Aktiengesellschaften in Scharen dauerhaft in das SE-Rechtskleid schlüpfen würden oder aber eine Rückwirkung des SE-Modells auf das deutsche Aktienrecht[35] stattfinden würde. Beides setzt jedoch voraus, dass das SE-System über signifikante Vorteile gegenüber dem hergebrachten deutschen System der Kapitalgesellschaft verfügt.[36] Demnach ist die Prognose, die Bedeutung der SE liege in der Initialzündung eines Paradigmenwechsels im System der Kapitalgesellschaft, der Frage nach dem Vorteil der SE gegenüber der AG nachgeordnet und somit allgemein zu fragen: Welchen Vorteil bietet die SE gegenüber der AG?

Das SE-Statut schaffte ferner erstmals europaweit die rechtlichen Voraussetzungen für Verschmelzungen über die Grenzen hinaus, die Gründung einer internationalen Handelsgesellschaft und die grenzüberschreitende Sitzverlegung. Die Ermöglichung oder zumindest Erleichterung der Fusion der deutschen *Allianz AG* mit ihrer italienischen Tochter *Riunione Adriatica di Sicurtà (RAS)* im Jahre 2006 soll eines der Hauptmotive für die *Allianz* gewesen sein, sich für die Gesellschaftsform der SE zu entscheiden.[37] Diese Option durch die SE hat je-

---

35   Bei den Regelungen des SEEG lässt der deutsche Gesetzgeber indes bereits eine Tendenz zum Export statischer Regelungen in die SE erkennen. Wie schwer würde er sich da erst tun, wenn es umgekehrt um einen Import flexibler Rechtsmechanismen in ureigen nationales Recht ginge?
36   Das kann auch bedeuten, dass einzelne Bausteine – wie z.B. beim Verweis des § 5 MgVG auf das SEBG – aufgegriffen werden, um sie für das nationale Recht fruchtbar zu machen. Vgl. etwa zum Aspekt „Mitbestimmungsvereinbarung" auch TEICHMANN, in: AG 2008, S. 797 ff. und v.a. Arbeitskreis „Unternehmerische Mitbestimmung" in: ZIP 2009, S. 885 ff., die einen Entwurf einer Regelung zur Mitbestimmungsvereinbarung sowie zur Größe des mitbestimmten Aufsichtsrats vorgelegt haben und dies auch damit begründen, dass die Europäische Aktiengesellschaft es gestattet, die Mitbestimmung der Arbeitnehmer im Wege einer Vereinbarungslösung zu regeln und die Größe des Aufsichtsrats zu reduzieren. Zahlreiche deutsche Unternehmen hätten aus diesem Grund die Rechtsform der AG verlassen und diejenige der SE gewählt. Gerade um dieser „Flucht aus der AG" zu begegnen, habe der Arbeitskreis „Unternehmerische Mitbestimmung" einen Gesetzesvorschlag entwickelt, der eine Verhandlungslösung auch für die AG und die GmbH zulässt.
37   REICHERT, in: GS Gruson, S. 322, 325.

doch an Bedeutung verloren. Die Rechtsprechung des EuGH zur Sitzverlegung in den Sachen *Überseering* und *Inspire Art*[38] hatten diese Bedeutung – nun auch ergänzt durch *Cartesio*[39] – bereits relativiert. Mit Umsetzung der Richtlinie[40] 2005/56/EG des Europäischen Parlaments und des Rates vom 26. Oktober 2005 über die Verschmelzung von Kapitalgesellschaften aus verschiedenen Mitgliedstaaten[41] durch das zweite Gesetz[42] zur Änderung des Umwandlungsgesetzes vom 19. April 2007 gelten nunmehr für die grenzüberschreitende Verschmelzung von Kapitalgesellschaften zudem die §§ 122a ff. UmwG. Damit steht auch jenseits der SE ein Instrumentarium zur Ermöglichung der grenzüberschreitenden Verschmelzung zur Verfügung.

Als offener Punkt bei der SE war lange Zeit schließlich das Steuerrecht zu nennen. Viele hatten hier im Zusammenhang mit der SE einheitliche, vereinfachte Regelungen erwartet.[43] Mit dem Gesetz[44] über steuerliche Begleitmaßnahmen zur Einführung der Europäischen Gesellschaft und zur Änderung weiterer steuerrechtlicher Vorschriften (SEStEG) vom 7. Dezember 2006 sollten steuerliche Hemmnisse bei internationalen Umstrukturierungen von Unternehmen über die SE hinaus beseitigt werden.[45] Damit war auch das Steuerrecht der SE geklärt, auch wenn der Entwurf im Schrifttum zwar verbreitet auf Kritik gestoßen ist, weil er eine regelmäßige Sofortversteuerung stiller Reserven bei ihrem Wechsel über die Grenze anordnet.[46]

---

38 EuGH Rs 167/01 vom 30. 9. 2003, abgedruckt in: DB 2003, 2219 ff.; WELLER, in: DStR 2003, S. 1800 ff.; VEIT/WICHERT, Unternehmerische Mitbestimmung bei europäischen Kapitalgesellschaften mit Verwaltungssitz in Deutschland nach „Überseering" und „Inspire Art", in: AG 2004, 14 ff.; BAYER, Auswirkungen der Niederlassungsfreiheit nach den EuGH-Entscheidungen Inspire Art und Überseering auf die deutsche Unternehmensmitbestimmung, in: AG 2004, S. 534 ff.
39 EuGH v. 16.12.2008 – Rs C-210/06 – Cartesio, abgedruckt in: ZIP 2009, S. 24; vgl. dazu TEICHMANN, Cartesio: Die Freiheit zum formwechselnden Wegzug, in: ZIP 2009, S. 393 ff.
40 MAUL/TEICHMANN /WENZ, Der Richtlinienvorschlag zur grenzüberschreitenden Verschmelzung von Kapitalgesellschaften, in: BB 2003, S. 2633-2641.
41 AblEU Nr. L 310, S. 1 vom 25. November 2005.
42 BGBl. I 2007, S. 542.
43 RÖDDER, Grundfragen der Besteuerung der SE, in: Der Konzern 2003, S. 522 ff.; KLAPDOR, Überlegungen zur Besteuerung der europäischen Aktiengesellschaft, in: EuZW 2001, S. 677 ff.
44 Verkündet am 22. Dezember 2006 im BGBl. I 2006, S. 2782 ff.
45 BT-Drucks. 16/2710, S. 25 ff.
46 Vgl. SCHÖN, in: Lutter/Hommelhoff (Hrsg.), Die SE im Steuerrecht, Rn. 16 m.w.N.

2. Das Image der Rechtsform SE

Für die Bedeutung der Europäischen Aktiengesellschaft ist der „weiche Faktor"[47] Imagegewinn für das in Form der SE organisierte Unternehmen nicht zu unterschätzen. Der liegt darin, dass man sich als europäischer Marktteilnehmer auch einer europäischen Rechtsform bedient. Dem europäischen Konsumenten erscheint man nicht mehr als ein nationales Unternehmen, was möglicherweise intuitiv mit nationalen Ressentiments in Verbindung gebracht wird.[48] Nach grenzüberschreitenden Übernahmeschlachten und Fusionen kann sich auch eine harmonischere Identifikation der Mitarbeiter unterschiedlicher Herkunft ergeben, da weniger das Gefühl im Vordergrund steht, dass die nationale Gesellschaft X das eigene alte Unternehmen „geschluckt" hat, als dass man Teil eines neuen europäischen Ganzen geworden ist.

Der Imagefaktor, im Gewand der Europäischen Rechtsform auftreten zu können, ist ein wesentliches Alleinstellungsmerkmal der SE. Weitere die Bedeutung der SE beeinflussende Faktoren sind durchaus oftmals auch auf anderem Wege herbeizuführen. Dies belegen mittlerweile auch empirische Untersuchungen, die sich auf die Auswertung von Unternehmensverlautbarungen und Interviews stützen und zeigen, dass der am häufigsten für eine SE genannte Grund nicht die Option rechtliche Unterschiede zu nutzen ist, sondern schlicht das „Image" der SE.[49]

3. Leitungsoption und Mitbestimmung

Die soeben dargestellten Faktoren stehen allerdings nicht im Vordergrund dieser Arbeit. Sie sollen an dieser Stelle nicht weiter vertieft werden. Intensiv wird sich die Arbeit jedoch mit zwei Bereichen befassen, von denen man schon früh sagte, dass sie ebenfalls besonders zur Bedeutung der SE beitragen werden.[50] Das sind Optionen, die einerseits die Leitung und andererseits die Mitbestimmung der Gesellschaft betreffen.

a) Die Option des monistischen Systems

Die Europäische Aktiengesellschaft bringt das monistische System nach Deutschland. Dieses System der Unternehmensverwaltung war hierzulande un-

---

47 GEHLING/PFAFF, Börsen-Zeitung, 4. Mai 2005, S. 2.
48 Zum „psychologischen Vorteil" vgl. TEICHMANN, in: ZGR 2002, S. 389 m.w.N.
49 EIDENMÜLLER/ENGERT/HORNUF, in: AG 2009, S. 845, 847.
50 Vgl. FAZ vom 26. Oktober 2004, „Die Europa AG ermöglicht einfachere Organisationsstrukturen", S. 20.

bekannt und stellt eine interessante neue Strukturoption für deutsche Unternehmen dar. Die Option der monistischen Unternehmensleitung wurde als „größte Innovation"[51] und das „eigentlich Revolutionäre"[52] des gesamten Vorhabens der Europäischen Aktiengesellschaft angesehen.[53] Und wer bisher von der Unterscheidung von Aufsichtsrat und Vorstand als eine langfristig zementierte Tatsache ausgegangen war, musste sich durch die SE eines Besseren belehren lassen.[54]

Das monistische System bringt eine Reihe von in der Praxis begrüßenswerten Möglichkeiten. So wird dieses Modell für Deutschland einige Bedeutung haben, da es moderne Managementstrukturen, wie etwa die Pyramidalstruktur,[55] erlaubt, also die zentral hierarchische Ausrichtung der Entscheidungswege auf eine Person. Dafür gibt es auch in deutschen Unternehmen einigen Bedarf. Das belegen Überlegungen bei Daimler-Chrysler[56] oder die tatsächlichen Umbildungen an der Spitze der Deutschen Bank und der damit einhergehenden Forderungen[57] nach einem „CEO". In der Sache erhofft man sich von solch einer pyramidalen Leitungsstruktur eine straffere, schlankere und letztlich effizientere Unternehmensverwaltung. Zusätzlich ergibt sich die Bedeutung des monistischen Systems aus seiner Kapitalmarktkompatibilität, da die Vertrautheit nichtdeutscher Kapitalanleger mit dem „Board-System" es für börsennotierte Unternehmen gerade in schwierigen Börsenzeiten attraktiv macht.

Mittlerweile zeigt sich tatsächlich, dass die Gestaltungsmöglichkeit bei der Organisationsverfassung von deutschen SE genutzt wird: Im Winter 2009 sind das monistische wie das dualistische Leitungsmodell bei deutschen SE gleichermaßen[58] beliebt; anfangs war das monistische Leitungsmodell – wenigstens statis-

---

51 THEISEN/HÖLZ, in: Theisen/Wenz, Die Europäische Aktiengesellschaft, 2003, S. 275.
52 NEYE, in DAI, Die Europa AG – Eine Perspektive für deutsche Unternehmen, 2003, S. 67; KALLMEYER, Das monistische System in der SE mit Sitz in Deutschland, ZIP 2003, S. 1531.
53 Vgl. allgemein zur Innovation die Organisationsverfassung betreffend, CHMIELEWICZ, Organisationsverfassung und Innovation, in: Unternehmen und Unternehmensführung im Recht, FS Semler 1993, S. 689–712.
54 Vgl. Mitbestimmungskommission 1998, S. 95.
55 EDER, Die monistisch verfasste Societas Europaea – Überlegungen zur Umsetzung eines CEO-Modells, in: NZG 2004, S. 544, passim; v. HEIN, Vom Vorstandsvorsitzenden zum CEO, in: ZHR 2002, S. 464 ff.; KÜBLER, in: BB 2002, S. 1 ff.
56 Vgl. THEISEN/HÖLZ, in: Theisen/Wenz, Die Europäische Aktiengesellschaft, 2003, S. 298.
57 BERGER, Der Chief Executive ist in Deutschland überfällig, FAZ vom 17. Januar 2002, S. 17.
58 BAYER/HOFFMANN/J.SCHMIDT, in: AG-Report 2009, S. 480, 481.

tisch – sogar noch beliebter gewesen als das dualistische.[59] Das bedeutet, dass 50 Prozent der deutschen SE von der neuen Möglichkeit der monistischen SE Gebrauch machen. Das ist ein hoher Wert. Es erstaunt daher nicht, dass die befragten SE am zweithäufigsten die „Wahl des Leitungssystems" als Vorteil des SE-Rechts nennen.[60]

b) Die Option, Mitbestimmung zu gestalten

Die SE hat für die Gestaltung der unternehmerischen Mitbestimmung neue Gestaltungsmöglichkeiten geschaffen. Eine offensichtliche Möglichkeit ist insbesondere die Option der individuellen Aushandlung von Mitbestimmung. Für bestimmte Konstellationen wurde darin von Anfang an eine „verheißungsvolle"[61] Gestaltungsfreiheit angesehen. Weitere Gestaltungsmöglichkeiten ergeben sich dadurch, dass ein mitbestimmungsfreier Status quo durch eine SE dauerhaft festgeschrieben werden kann, auch wenn sich die Umstände ändern und es beispielsweise wegen gestiegener Arbeitnehmerzahl bei der nationalen Rechtsform an sich zur Einführung oder Ausweitung der unternehmerischen Mitbestimmung kommen würde.

So soll bei dem Unternehmen *Surteco SE* der SE-Vereinbarung die Beibehaltung der bisherigen Drittelbeteiligung im Aufsichtsrat festgeschrieben worden sein, obwohl das Unternehmen gewachsen war und mit 2109 Arbeitnehmern als deutsche AG die Paritätsschwelle überschritten hatte.[62] Das rein in Deutschland beheimatete Unternehmen *Conrad Electronic* soll etwa trotz der Anzahl von 2314 Arbeitnehmern schon in der Ausgangsrechtsform der AG über keine unternehmerische Mitbestimmung im Aufsichtsrat verfügt haben. Bei der Gründung einer SE soll sodann zu den Verhandlungen zur Arbeitnehmerbeteiligung, die die Unternehmensleitung von Conrad ordnungsgemäß eingeleitet hatte, kein Vertreter einer Gewerkschaft eingeladen worden sein, obwohl dies gemäß dem deutschen SE-Beteiligungsgesetz vorgesehen gewesen wäre. Ergebnis der Verhandlungen war: Die Mitglieder des Besonderen Verhandlungsgremiums der Arbeitnehmer (BVG) verzichteten in der Beteiligungsvereinbarung auf die Mitbestimmung im Leitungsorgan der entstandenen SE. Der Verwaltungsrat der Conrad SE wurde ausschließlich mit Mitgliedern der Familie Conrad besetzt. Es gibt nach wie vor keinerlei unternehmerische Arbeitnehmermitbestimmung. Die

---

59 BAYER/J.SCHMIDT, in: AG-Report 2008, S. 31, 32.
60 EIDENMÜLLER/ENGERT/HORNUF, in: AG 2009, S. 845, 847.
61 REICHERT/BRANDES, in: ZGR 2003, S. 775.
62 KÖSTLER/WERNER, in: Magazin Mitbestimmung, Heft 12 (2007), Abs. 11 f.

Beteiligungsvereinbarung sieht sogar lediglich vor, dass der deutsche Wirtschaftsausschuss die Rechte eines SE-Betriebsrates wahrnimmt.[63]

Das mittlerweile recht zahlreich zur Verfügung stehende weitere Fallmaterial deutet ebenfalls darauf hin, dass die Motive vieler SE-Gründungen tatsächlich im Zusammenhang mit der Mitbestimmung stehen. So wurden die Gestaltungsmöglichkeiten bei der unternehmerischen Mitbestimmung bei Befragungen von SE am dritthäufigsten als Grund für die Wahl einer SE genannt.[64]

c) Immer noch rar: Die mitbestimmte monistische SE

Gesellschaften, die eine monistische Unternehmensleitung gewählt haben, weisen jedoch – soweit ersichtlich – bisher keine paritätische Mitbestimmung auf. Jedenfalls bei den bekannten monistischen SE in Deutschland, die eigentlich oberhalb von entsprechenden Mitarbeiterschwellen liegen (wie etwa die *Conrad Electronics SE*, die *Donata SE*, die *Mensch und Maschine SE*, die *PCC SE* und die *Sevic Systems SE)*, verfügt keine über Arbeitnehmervertreter im Verwaltungsrat. Bei keinem dieser Unternehmen soll eine Beteiligungsvereinbarung abgeschlossen worden sein, die außer einigen Informations- und Konsultationsrechten eines SE-Betriebsrats auch unternehmerische Mitbestimmung im Verwaltungsrat vorsieht.[65]

Auch fünf Jahre nach Inkrafttreten der SE scheint es damit in Konstellationen, bei denen eine Gründungsgesellschaft über einen paritätisch mitbestimmten Aufsichtsrat verfügte und die Gesellschaft sich für eine monistische Unternehmensführung entschieden hat, auf die Auffangregelungen der Mitbestimmung „kraft Gesetzes" gemäß der §§ 35 ff. SEBG noch nicht angekommen zu sein.

Auf den ersten Blick mag dies angesichts dessen überraschen, dass gerade die Gestaltungsmöglichkeit bei der Mitbestimmung und die Möglichkeit des monistischen Systems Hauptmotive für die Wahl der Rechtsform der SE sind. Dass im Hinblick auf die paritätische Mitbestimmung im Verwaltungsrat jedoch immer noch bedeutende Fragen ungeklärt sind und sie – jedenfalls bei einschränkungsloser Umsetzung – für Unternehmen nicht attraktiv sein dürfte, wird mit hoher Wahrscheinlichkeit ein Grund sein, warum es Gesellschaften nicht zur Auffangregelungen kommen lassen (indem sie sich erst gar nicht für ein monistisches System entscheiden, wenn paritätische Mitbestimmung im Verwaltungsrat drohen könnte oder indem sie ein SE-Vorhaben abbrechen, wenn sich auf dem Vereinbarungswege die gewünschte Lösung nicht verhandeln lässt).

---

63 KÖSTLER/WERNER, in: Magazin Mitbestimmung, Heft 12 (2007), Abs. 7 ff.
64 EIDENMÜLLER/ENGERT/HORNUF, in: AG 2009, S. 845, 848.
65 KÖSTLER/WERNER, in: Magazin Mitbestimmung, Heft 12 (2007), Abs. 13.

4. Zwischenergebnis

Als erstes Zwischenergebnis kann festgehalten werden, dass mit der Europäischen Aktiengesellschaft eine Rechtsform geschaffen worden ist, die für die Praxis von Bedeutung ist. Insbesondere der Imagegewinn und die Option der monistischen Leitung haben deutschen Unternehmen neue Perspektiven eröffnet. Auch die bisher kritisch gewürdigte und für deutsche Unternehmen als Nachteil gewertete Regelung der Mitbestimmung in der SE hat sich nicht schlechterdings als unüberbrückbares Hindernis für die Schaffung von SE in Deutschland erwiesen. Dort wo konkret eine paritätische Mitbestimmung in einem Verwaltungsrat einer SE droht, kommt es jedoch bisher nicht zu SE-Gründungen. An dieser Stelle setzt die vorliegende Arbeit an.

III. Die monistische Unternehmensverwaltung

Die monistische Unternehmensverwaltung in einer SE deutscher Prägung einsetzen zu können, wirft die grundlegende Frage auf: Was ist überhaupt eine monistische Unternehmensverwaltung, was ist das monistische System? Anders als im dualistischen System, in dem *zwei* Organe (Vorstand und Aufsichtsrat) zusammenwirken, existiert im monistischen System nur *ein* einheitliches „Board" – wie auch immer es intern ausgestaltet ist.

Genauer erschließen sich die Kernmerkmale des monistischen Systems (jedenfalls aus der Perspektive des deutschen Rechts) leichter, wenn man sich dem monistischen System von dem in Deutschland altbekannten dualistischen System her nähert. Das dualistische System wird in diesem Kapitel daher zunächst dargestellt. Sodann werden die Kernmerkmale der monistischen Unternehmensverwaltung teilrechtsvergleichend herausgearbeitet, bevor ein Vergleich der beiden Systeme folgt. Im Wege der Anwendung der zuvor herausgearbeiteten Kernmerkmale der monistischen Verwaltung wird schließlich dargestellt, wie diese in der Europäischen Aktiengesellschaft auszusehen hat.

Dabei ist klar, dass sowohl das dualistische System als auch die Varianten der monistischen Verwaltungssysteme Gebilde sind, die in Jahrhunderten gewachsen sind und von unterschiedlichen Faktoren (beispielsweise Staats- und Rechtsverfassung, Kapitalmarkt, Tradition oder Unternehmensphilosophie der jeweiligen Rechtskreise) individuell geprägt sind. Gleichwohl kann die Betrachtung der unterschiedlichen Ausprägungen helfen, das jeweilige System erkennbar zu machen und die entscheidenden Unterschiede zwischen dem monistischen und dem dualistischen System zu identifizieren.

1. Zur Abgrenzung: Die dualistische Verwaltung

Das dualistische System der Unternehmensverwaltung ist ein nahezu singuläres deutsches Phänomen. Nur vereinzelt hat es Nachahmung auf dem europäischen Kontinent gefunden: etwa in den Niederlanden, Österreich, Polen sowie als Option in Frankreich. Im Rahmen dieser Arbeit wird sich die Darstellung des dualistischen Systems auf das deutsche System beschränken.

In Deutschland führt die Aufteilung der Verwaltung in die zwei Organe Vorstand und Aufsichtsrat, die personell (§ 105 AktG) strikt und sachlich (§ 111 Abs. 4 Satz 1 AktG) weitgehend voneinander getrennt[66] sind, zur dualistischen Unternehmensverfassung. Diese Trennung stellt zugleich einen wesentlichen

---

66 WIESNER, in: Münch. Hdb. AG § 19, Rn. 2.

Unterschied zu dem monistischen System dar, in dem nur ein Verwaltungsorgan, im angloamerikanischen Raum „Board" genannt[67], anzutreffen ist.

a) Die Geschichte des dualistischen Systems

Ein Blick in die Geschichte der Verwaltung deutscher Aktiengesellschaften zeigt, dass Leitung und Überwachung hier nicht immer in getrennten Organen angesiedelt waren. Der Aufsichtsrat – in den die Überwachung von der Leitung abgespalten werden konnte – wurde erst 1857 als fakultatives Organ in der so genannten Nürnberger Konferenz beraten und schließlich mit Art. 204 ADHGB eingeführt. Bis dahin war der Aufsichtsrat[68] als Kontrollorgan unbekannt. Die innere Verfassung der Aktiengesellschaft war bis zur Mitte des 19. Jahrhunderts insgesamt weitgehend frei und durch die eigenen Statuten ausgestaltet. Oftmals hatte dabei ein Verwaltungsrat weit reichende Geschäftsführungs- und Vertretungsbefugnisse inne. Im Jahre 1870 wurde der Aufsichtsrat im Zuge der ersten Aktienrechtsnovelle[69] obligatorisch. Damit verband man die Hoffnung, dass er auch die zuvor der staatlichen Aufsicht zugewiesene Kontrollfunktion übernehmen würde.[70] Dem Satzungsgeber stand es zwar auch nach der zweiten Novelle des Aktienrechts 1884 frei, dem Aufsichtsrat gem. Art. 255 Abs. 3 ADHGB Verwaltungsaufgaben zuzuweisen – was in der Praxis häufig genutzt[71] wurde –, doch brachte das Reformgesetz von 1884 insbesondere auch eine Verschärfung der Normativbestimmungen hinsichtlich der Kontrollbefugnisse des Aufsichtsrats. Zur Aufhebung der einmal institutionalisierten Trennung der Unternehmensführung kam es in Deutschland später nie wieder. Zwar wurde die Übernahme angloamerikanischer Elemente der Unternehmensverwaltung – etwa auf dem Juristentag 1924 und 1926 – diskutiert, diese Debatte fand jedoch mit dem Aktiengesetz von 1937[72], welches die Stellung des Vorstands stärkte und den Aufsichtsrat schließlich zum reinen Kontrollorgan machte, ihr Ende.

---

67 KESSLER, Leitungskompetenz und Leitungsverantwortung im deutschen, US-amerikanischen und japanischen Aktienrecht, in: RIW 1998, S. 602 ff.
68 Zur Entstehungsgeschichte des Aufsichtsrats vgl. WIETHÖLTER, Interessen und Organisation, S. 270 ff. und HOMMELHOFF, in: Schubert/Hommelhoff (Hrsg.), Hundert Jahre modernes Aktienrecht, S. 53, 91 ff.
69 Vgl. SCHUBERT, Die Abschaffung des Konzessionssystems durch die Aktienrechtsnovelle von 1870, in: ZGR 1981, S. 285.
70 ASSMANN, in: Großkomm. AktG, 4. Aufl., Einl., Rn. 74 f.
71 HORN, in: Horn/Kocka, Recht und Entwicklung der Großunternehmen im 19. und frühen 20. Jahrhundert, 1979, S. 123.
72 Gesetz über Aktiengesellschaften und Kommanditgesellschaften auf Aktien (Aktiengesetz) vom 30. Januar 1937 (RGBl. I S. 107 ff.).

Auch bei der Aktienreform im Jahre 1965, in deren Vorfeld nochmals eine Diskussion über das monistische Board-System geführt wurde, verwarf man es als Leitungsverfassung für die deutsche AG und hielt im novellierten Aktiengesetz[73] an der strengen Trennung von Vorstand und Aufsichtsrat fest.[74] In der letzten Dekade wurde das die Unternehmensverfassung betreffende Aktien- bzw. Kapitalmarktrecht mehrfach überarbeitet, an der Trennung von Vorstand und Aufsichtsrat hat man jedoch bislang auch dabei nicht gerüttelt. Hervorzuheben sind das Gesetz zur Kontrolle und Transparenz im Unternehmen[75] (KonTraG), das Wertpapiererwerbs- und Übernahmegesetz[76] (WpÜG) das Transparenz- und Publizitätsgesetz[77] (TransPuG), das Gesetz zur Unternehmensintegrität und Modernisierung des Anfechtungsrechts[78] (UMAG) sowie das Bilanzrechtsmodernisierungsgesetz[79] (BilMoG).

b) Zwingende Trennung von Vorstand und Aufsichtsrat

Die Verfassung der Aktiengesellschaft[80] und damit auch die Trennung von Vorstand und Aufsichtsrat ist weitgehend zwingend gesetzlich (§§ 76 bis 147 AktG) geregelt. Dies ergibt sich aus dem in § 23 Abs. 5 AktG normierten Grundsatz der Satzungsstrenge, der auch für die Verfassung der Aktiengesellschaft uneingeschränkt gilt. Gestaltungsmöglichkeiten gibt es nur, wenn sie die Einzelvorschriften der §§ 76 ff. AktG eröffnen.[81] Eine Abweichung vom dualistischen System ist danach nicht möglich. Dabei ist nicht nur die Trennung als solche, sondern auch die Ausgestaltung des Zusammenwirkens beider Organe detailliert geregelt. Im Unterschied zu monistischen Modellen weist das deutsche Aktienrecht einschließlich der Mitbestimmungsgesetze eine relativ hohe vom Gesetzgeber vorgegebene Regelungsdichte auf, die nicht nur alle notwendigen Organe

---

73 Gesetz vom 6. September 1965, BGBl. I S. 1089; soweit nicht anders bezeichnet, sind Gesetzesangaben mit der Bezeichnung AktG solche des AktG 1964.
74 SCHIESSL, in: ZHR 2003, S. 235, 238.
75 Gesetz vom 27. 4. 1998, in Kraft getreten am 1. 5. 1998, BGBl. I S. 786.
76 Gesetz vom 22. 12. 2001, BGBl. I S. 3822.
77 Gesetz vom 19. 7. 2002, BGBl. I S. 2681.
78 Gesetz vom 15. 6. 2005, BGBl. I S. 2803.
79 Gesetz vom 26. 5. 2009, BGBl. I S. 1102.
80 Die Verfassung der Aktiengesellschaft ist ihre innere Ordnung (Organisation), HEFERMEHL, in: Geßler/Hefermehl, Vorb. § 76, Rn. 1; betriebswirtschaftlich definiert als „grundsätzliche Entscheidung über die innere Ordnung der Unternehmung und ihre Einbindung in relevante Umsysteme", vgl. BLEICHER/PAUL, Das amerikanische Board-Modell im Vergleich zur deutschen Vorstands-/Aufsichtsratsverfassung, in: DBW 1986, S. 264.
81 RÖHRICHT, in: Großkomm. AktG, § 23, Rn. 167 ff.

der Unternehmensverfassung, sondern auch ihre Zusammensetzung, Aufgaben und Befugnisse weitgehend festlegt.

c) Überragende Stellung des Vorstands

Der Vorstand hat zwar nicht mehr die starke Stellung wie noch nach § 70 des Aktiengesetzes von 1937. Die Aktiengesellschaft weist heute auch kein im eigentlichen Sinne „oberstes" Organ[82] mehr auf. Innerhalb des Vorstands übernimmt die Aufgabe eines obersten Organs auch nicht ein Vorstandsvorsitzender.[83] Gleichwohl ist die überragende Stellung des Vorstands prägend für das deutsche Aktienrecht. Das AktG 1965 hat das „Führerprinzip" zwar abgeschafft,[84] aber der im AktG 1937 bereits enthaltene Gedanke der weisungsfreien Geschäftsführung allein durch den Vorstand wurde beibehalten.[85] Der Vorstand bildet mithin die „Zentralfigur unternehmerischen Handelns" in der Aktiengesellschaft.[86]

aa) Die Binnenorganisation des Vorstands

Gemäß § 76 Abs. 2 AktG kann der Vorstand aus einer oder mehreren – ab drei Millionen Euro Grundkapital in der Regel aus mindestens zwei – Personen bestehen. Für den Fall des mehrgliedrigen Vorstands begründet § 77 Abs. 1 AktG in Ausprägung des Kollegialprinzips den Grundsatz der Gesamtgeschäftsführung. Das bedeutet, dass Vorstandsmitglieder nur gemeinschaftlich zur Geschäftsführung befugt sind, der Vorstand also nur handeln darf, wenn alle[87] Mitglieder einer Maßnahme ausdrücklich oder konkludent zugestimmt haben. Entsprechend dem Prinzip der Gesamtgeschäftsführung herrscht auch für die gerichtliche und außergerichtliche Vertretung der Aktiengesellschaft, die dem Vorstand gem. § 78 Abs. 1 AktG eingeräumt ist, nach § 78 Abs. 2 Satz 1 AktG im Grundsatz das Prinzip der Gesamtvertretung bei mehrgliedrigem Vorstand. Danach sind sämtliche Vorstandsmitglieder nur gemeinschaftlich zur Vertretung befugt. Die Vertretungsmacht des Vorstands ist dabei unbeschränkt und unbeschränkbar (§ 82 AktG). Besondere Vertretungsregeln ergeben sich jedoch aus subjektiven Begrenzungen der Vertretungsmacht, wenn der Vorstand die

---

82 BVerfG, NJW 2000, S. 349, 350.
83 BEZZENBERGER, in: ZGR 1996, S. 661–673.
84 HUECK in: Baumbach/Hueck, Vor § 76, Rn. 2.
85 Vgl. KORT, in: Großkomm. AktG, Vor § 76, Rn. 8.
86 FLEISCHER, in: ZIP 2003, S. 1.
87 Mehrheitsbeschlüsse können auf Grundlage einer abweichenden Satzungs- oder Geschäftsordnungsbestimmung nach § 77 Abs. 1 Satz 2 AktG eine Maßnahme ausnahmsweise hinreichend begründen. Vgl. HÜFFER, AktG, § 77, Rn. 2.

Aktiengesellschaft ausnahmsweise nicht oder nicht allein vertreten kann. So wird gem. § 112 AktG die Gesellschaft gegenüber dem Vorstand durch den Aufsichtsrat vertreten. In anderen Fällen liegt eine Doppelvertretung[88] von Vorstand und Aufsichtsrat vor, oder das Vorstandshandeln ist an die Zustimmung der Hauptversammlung[89] gebunden.

bb) Die Leitung durch den Vorstand

Gemäß § 76 Abs. 1 AktG, der Spitzenvorschrift des der Verfassung der Aktiengesellschaft gewidmeten Gesetzesteils, hat „der Vorstand unter eigener Verantwortung die Gesellschaft zu leiten". Dies stellt eine Hauptaufgabe des Vorstands dar. Da der Begriff der Leitung im Sinne von § 76 Abs. 1 AktG unterschiedlich verstanden wird, soll die Erläuterung hier vom Leitungsbegriff her vorgenommen werden.[90] Insbesondere die Klassifikation der Aufgaben, die die Leitung umfassen, sollen dabei beleuchtet werden.[91] Zur Beurteilung der Unternehmensführung in einer monistisch eingerichteten SE im Spannungsfeld von Mitbestimmung, Eigentumsgarantie und Corporate Governance, ist die Identifikation der Leitung in der dualistischen Aktiengesellschaft von besonderer Bedeutung, um sie mit der Unternehmensführung in der monistischen SE zu vergleichen.

i. Die Bestimmung der Unternehmenspolitik

Leitung ist v.a. die tatsächliche oder rechtsgeschäftliche Tätigkeit, die die Führung des Gesamtunternehmens betrifft.[92] Dazu zählt die Ausübung der spezifischen Unternehmerfunktion[93] durch die Festlegung der Unternehmenspolitik

---

88 § 246 Abs. 2 Satz 2, § 249 Abs. 1 Satz 1, § 250 Abs. 3, § 251 Abs. 3, § 253 Abs. 2, § 254 Abs.1 Satz 1, § 255 Abs. 3, § 256 Abs. 7, § 257 Abs. 2 Satz 1 AktG.
89 § 50 Satz 1, § 52 Abs. 1, § 53 Satz 1, § 93 Abs. 4 Satz 3, § 116, § 117 Abs. 4, § 179 a Abs. 1, § 293 Abs. 1, § 295, § 309 Abs. 3 Satz 1, § 310 Abs. 4, § 317 Abs. 4, § 318 Abs. 4 AktG.
90 DUREY, in: FS Zöllner 1998, S. 129.
91 MIELKE, Die Leitung der unverbundenen Aktiengesellschaft, 1990, S. 32. Nach HÜFFER, AktG, § 76, Rn. 8, sind für die Unterscheidung zwischen Leitungsaufgaben und Geschäftsführungsmaßnahmen jedenfalls keine subsumtionsfähigen Kriterien vorhanden.
92 WIESNER, in: Münch. Hdb AG, § 19, Rn. 14;. HENZE, in: BB 2000, 209.
93 MERTENS in: Kölner Komm., § 76, Rn. 4.; GODIN/WILHELMI, Aktiengesetz, § 76, Anm. 2; betriebswirtschaftlich vgl. SCHNEIDER, D., Betriebswirtschaftslehre, Bd. 3: Theorie der Unternehmung, S. 106.

und Unternehmensplanung[94], die Erfüllung des Gesellschaftszwecks verwirklicht werden soll.[95]

Da dem Vorstand gem. § 76 Abs. 1 AktG die Leitung obliegt, bestimmt der Vorstand nach der Konzeption des deutschen dualistischen Systems der Unternehmensverwaltung auch zwingend die Unternehmenspolitik. Ihm obliegen exklusiv die „Führungsentscheidungen"[96], die grundlegenden Entscheidungen über Zielkonzeption, Organisation, Führungsgrundsätze, Geschäftspolitik (Finanzierung, Personalwesen, Verwaltung, Investitionen, Beschaffung, Entwicklung, Produktion und Vertrieb) und die Besetzung der ihm unmittelbar nachgeordneten Führungsstellen.[97] Neben den gesetzlich normierten Leitungsaufgaben des Vorstands sind daher als ungeschriebene Aufgaben diejenigen anerkannt, die sich aus der Berichtspflicht[98] des Vorstands gem. § 90 Abs. 1 Nr. 1 AktG herleiten lassen.

Demnach gehört zu den Leitungsaufgaben des Vorstands die (beabsichtigte) Geschäftspolitik und ihre Unterteilung in die Finanz-, Investitions- und Personalplanung, jedenfalls dann, wenn die Finanz-, Investitions- und Personalplanung sowie die sonstige Geschäftspolitik betreffende Entscheidungen von einigem Gewicht erforderlich sind.

ii. Die systemprägende Oberleitung des Vorstands

Der Unternehmerfunktion des Vorstands werden insbesondere das Initiativrecht und auch die Initiativpflicht zugeordnet.[99] Zwar wird auch der Aufsichtsrat mitunter als Leitungsorgan bezeichnet. Ganz wesentlich unterscheiden beide Organe jedoch, dass der Vorstand nicht nur in eigener Verantwortung, sondern v.a. auch auf eigene *Initiative* tätig wird. Der Vorstand ist Entscheidungs- und Handlungszentrum.[100] Der Vorstand ist gewissermaßen der Ort des *„entrepreneurial spirit"* – mithin das Organ, in dem der Unternehmergeist in der Aktiengesellschaft angesiedelt ist.[101] Die Ausübung der Unternehmerfunktion durch die Entwicklung und Festlegung von Unternehmenspolitik und Unternehmensplanung stellt die unternehmerische Oberleitung dar. Die Oberleitung durch den

---

94 KALLMEYER, in: ZGR 1993, S. 104 ff.
95 KORT in: Großkomm. AktG, § 76, Rn. 29.
96 MERTENS in: Kölner Komm., § 76, Rn. 4.
97 MERTENS in: Kölner Komm., § 76, Rn. 4.
98 MERTENS, in: AG 1980, S. 67 ff.
99 HOMMELHOFF, Die Konzernleitungspflicht, S. 170.
100 HÜFFER, AktG, § 76, Rn. 2.
101 FLEISCHER, in: ZIP 2003, S. 3 mit interessanten Verweisen auf die diesem zu Grunde liegenden wirtschaftstheoretischen Betrachtungen, etwa: SCHUMPETER, Theorie der wirtschaftlichen Entwicklung, 1912, S. 414–462.

Vorstand kann im dualistischen System daher als systemprägend bezeichnet werden.

iii. Die Leitung als Kollegialkompetenz

Von Bedeutung ist weiterhin die Frage, welche Bereiche zwingend dem Gesamtvorstand als Kollegialorgan zugewiesen sind. Im Grundsatz übt der Vorstand die „Gesamtleitung" aus.[102] Doch auch einzelne Vorstandsmitglieder können Organfunktionen ausüben. Dies zeigt sich etwa daran, dass die Befugnis zur Geschäftsführung, die eine Organfunktionen gem. § 77 AktG ist, sowohl als Gesamtgeschäftsführungsbefugnis als auch als Einzelgeschäftsführungsbefugnis ausgestaltet sein kann. Die Ausübung der Leitungsfunktion kann hingegen einzelnen Mitgliedern des Vorstands nicht übertragen werden. Vielmehr ist sie – unabhängig von einer funktionalen Gliederung oder Spartenuntergliederung der Unternehmensorganisation – dem Gesamtvorstand als Organ vorbehalten. Damit ergibt sich auch für die Delegierbarkeit[103] einzelner Aufgaben des Vorstands bzw. seiner Mitglieder auf nachgeordnete Dritte, dass Oberleitungsaufgaben weder ganz noch teilweise nachgeordneten Führungsebenen übertragen werden können – da sie originäre Aufgabe des gesamten Vorstands sind.[104] Dies zeigt die überragende Bedeutung, die das Aktienrecht der Oberleitung beimisst.

iv. Das Verhältnis zu Drittorganen

Leitung unter eigener Verantwortung bedeutet dabei, dass der Vorstand grundsätzlich[105] frei von Weisungen Dritter, also insbesondere auch des Aufsichtsrats, seine Führung ausübt.[106] Der Aufsichtsrat kann zwar gem. § 111 Abs. 4 Satz 2 AktG das Tätigwerden des Vorstands bei bestimmten Arten von Geschäften nach Art eines Vetorechts verhindern, ein Weisungsrecht zur positiven Durchsetzung bestimmter Maßnahmen steht ihm jedoch nicht zu.[107] Des Weiteren bedeutet Leitung unter eigener Verantwortung neben der Weisungsfreiheit auch, dass der Vorstand die Leitungsentscheidungen nach eigenem Ermessen trifft. Der Vorstand kann zwar schon von Gesetzes wegen gleichwohl an Entscheidungen anderer Organe gebunden sein. So kann – freilich nur auf Verlangen des

---

102 SCHLEGELBERGER/QUASSOWSKI, AktG, 3. Aufl., 1939, § 77, Rn. 18.
103 MARTENS, in: FS Fleck 1988, S. 191.
104 WIESNER, in: Münch. Hdb. AG, § 19, Rn. 12; JÄGER, in: DStR 1996, S. 671, 672; SCHEFFLER, in: AG 1995, S. 207 f.; GÖTZ, in: AG 1995, S. 337, 338.
105 Zu Abweichungen in konzernrechtlichen Fragestellungen vgl. nur HÜFFER, AktG, § 76, Rn. 16 ff., insbesondere auch Rn. 18.
106 MERTENS, in: Kölner Komm., § 76, Rn. 42.
107 HÜFFER, AktG, § 76, Rn. 11.

Vorstands selbst – die Hauptversammlung gem. § 119 Abs. 2 AktG über Fragen der Geschäftsführung entscheiden. Dabei unterstreicht aber gerade § 119 Abs. 2 AktG, dass die Geschäftsführung im Regelfall (nur) Aufgabe des Vorstands ist.[108]

d) Der Aufsichtsrat im dualistischen System

Der Aufsichtsrat ist hingegen der klassische Sitz von Überwachung und Mitbestimmung. Der Aufsichtsrat ist Pflicht- (§ 30 AktG) und Kollegialorgan mit mindestens drei und höchstens einundzwanzig Mitgliedern (§§ 95 ff. AktG). Er nimmt durch Beschlüsse und sonstige Maßnahmen seine Rechte wahr und übt seine Pflichten aus. Seine Zusammensetzung regelt sich auf unterschiedliche Weise und bestimmt sich vor allem danach, welchem Mitbestimmungsregime die Aktiengesellschaft unterliegt.[109] Der Aufsichtsrat ist Innenorgan, da seine Aufgaben auf das interne Geschehen in der Gesellschaft fixiert sind. So vertritt er die Gesellschaft gerichtlich und außergerichtlich nur gegenüber Mitgliedern des Vorstands (§ 112 AktG), früheren Vorstandsmitgliedern und dem Abschlussprüfer (§ 111 Abs. 2 Satz 3 AktG).

Nach *Lutter/Krieger* hat keine Figur des Unternehmensrechts die „Phantasie und die Gemüter von Fachleuten und Laien im In- und Ausland in den letzten 50 Jahren so sehr beschäftigt wie der Aufsichtsrat"[110]. Seine Stellung wurde in den letzten Jahren durch Gesetze wie das Gesetz zur Kontrolle und Transparenz im Unternehmensbereich (KonTraG), das Transparenz- und Publizitätsgesetz (TransPuG) und neuerlich durch das Bilanzrechtsmodernisierungsgesetz (BilMoG) vom Gesetzgeber modifiziert. Seine Stellung gegenüber dem Vorstand wurde dadurch gestärkt und seine innere Ordnung mit dem Ziel einer (noch) unabhängigeren und professionelleren, d.h. intensiveren[111] Überwachungstätigkeit, ausgestaltet. Diese Entwicklung ist im Rahmen einer internationalen Diskussion über eine gute Corporate Governance schon seit längerem zu beobachten. Aktu-

---

108 KESSLER, in: AG 1993, S. 252, 272 f.
109 In den wenigen Montan-Gesellschaften nach dem MontanMitbestG je gleiche Zahlen von Vertretern der Anteilseigner und der Arbeitnehmer bzw. ihnen nahe stehenden Personen sowie eines Neutralen; sog. 11., 15. oder 21. Mann (§§ 4, 9 MontanMitbestG; § 5 MitbestErG).
Bei den vom Drittelbeteiligungsgesetz (DrittelbG) gem. § 1 Abs. 1 DrittelbG erfassten Unternehmen (mehr als 500 aber weniger als 2.000 Arbeitnehmer) muss des Aufsichtsrat nach § 4 DrittelbG zu einem Drittel aus Arbeitnehmervertretern bestehen. Bei mehr als 2.000 Arbeitnehmern nach dem MitbestG ist je eine gleiche Zahl von Anteilseigner- und Arbeitnehmervertretern (§ 7 MitbestG) vorzusehen.
110 LUTTER/KRIEGER, Rechte und Pflichten des Aufsichtsrats, § 1, Rn. 1.
111 LEUERING/RUBEL, in: NJW 2008, S. 559.

ell scheint diese Tendenz dadurch noch beschleunigt zu sein, dass die Managementfehler und Unternehmenszusammenbrüche im Zuge der Finanzmarkt- und Bankenkrise vielfach auf eine mangelnde unabhängige und professionelle Überwachung zurückgeführt werden.

aa) Der Aufsichtsrat zwischen Teilhabe und Kontrolle

Die Aufgaben des Aufsichtsrats, lassen sich zunächst grob in *Überwachung, Beratung* und partielle *Teilhabe* an der Geschäftsführung sowie *Berichtspflicht* gegenüber Dritten gliedern. Die wichtigste, ständige und unabdingbare Aufgabe des Aufsichtsrats besteht gem. § 111 Abs. 1 AktG jedoch in der *Überwachung*[112] der Geschäftsführung des Vorstands. Die Aufgaben des Aufsichtsrats sind durch seine Überwachungsfunktion[113] gegenüber der Unternehmensleitung geradezu geprägt.[114] Bereits begrifflich kommt diese Kardinalaufgabe zum Ausdruck, wenn im Namen „Aufsichtsrat" die Aufsicht und damit die Überwachungs- und Kontrollaufgabe des Organs herausgestellt wird. Nach dem Gesetz konkretisiert sich der Gegenstand der Überwachung u.a. etwa in der Gründungsprüfung (§ 33 Abs. 1 AktG) sowie der Prüfung des Jahres- und Konzernabschlusses, des Lageberichts und des Gewinnverwendungsbeschlusses (§ 171 Abs. 1 AktG).

Des Weiteren gehört zum Überwachungsgegenstand all das, was auch Gegenstand der Berichtpflicht des Vorstands an den Aufsichtsrat nach dem Katalog von § 90 Abs. 1 AktG ist, also insbesondere die beabsichtigte Unternehmenspolitik und andere grundsätzliche Fragen der Unternehmensplanung (Finanz-, Investitions- und Personalplanung) gem. § 90 Abs. 1 Satz 1 Nr. 1 AktG, des Weiteren die Rentabilität der Gesellschaft (Nr. 2), der Gang der Geschäfte, der Umsatz und die Lage der Gesellschaft (Nr. 3) sowie Geschäfte mit erheblicher Bedeutung für Liquidität oder Rentabilität der Gesellschaft (Nr. 4).

Darüber hinaus bedeutet die Überwachung der Geschäftsführung generell die Überwachung der Vorstandstätigkeit, also der Leitung der Gesellschaft. Diese Überwachungsfunktion kann nach dem „ARAG/Garmenbeck"-Urteil[115] die Pflicht mit sich bringen, alle Rechte der Gesellschaft gegenüber dem Vorstand

---

112 SEMLER, Leitung und Überwachung der AG, S. 80 ff.; THEISEN, Überwachung der Unternehmensführung, 1987; Theisen, in: AG 1995, S. 193 ff.; STEINMANN/KLAUS, Zur Rolle des Aufsichtsrates als Kontrollorgan, in: AG 1987, S. 29 ff.
113 Zum Zusammentreffen von Kontrolle und Mitbestimmung v. WERDER, in: AG 2004, 166 ff.
114 SCHMIDT, Gesellschaftsrecht, 4. Aufl., S. 820.
115 BGHZ 135, S. 244.

auch gerichtlich geltend zu machen.[116] Die Überwachung hat jedoch Grenzen. So muss sich der Aufsichtsrat der Beobachtung weniger wichtiger Maßnahmen des Vorstands enthalten, um dessen Leitungsautonomie nicht zu beeinträchtigen.[117] Der Begriff der Geschäftsführung im Sinne von § 111 Abs. 1 AktG ist daher einschränkend und berichtigend dahingehend zu verstehen, dass sich die Überwachungsaufgabe des Aufsichtsrats nur auf die Leitungsmaßnahmen und sonstige wesentliche, aber eben nicht *alle* Maßnahmen der Geschäftsführung bezieht, insbesondere nicht auf solche des Tagesgeschäfts.[118]

Teilhaberechte und -pflichten lassen sich für den Aufsichtsrat im Gesetz festmachen und wie folgt auflisten: Der Aufsichtsrat hat ein Beschlussvorschlagsrecht gem. § 124 Abs. 3 AktG. Er hat die Befugnis zur Anfechtung von Beschlüssen der Hauptversammlung gem. § 245 Nr. 5 AktG und in der Aktiengesellschaft die ausschließliche[119] Personalkompetenz inne. Er bestellt in seiner Gesamtheit[120] zwingend die Mitglieder des Vorstandes gem. § 83 Abs. 1 Satz 1 AktG. Der Abschluss der Anstellungsverträge mit den Mitgliedern des Vorstands obliegt gem. § 83 Abs. 3 Satz 5 AktG ebenfalls dem Aufsichtsrat. Werden mehrere Personen zu Vorstandsmitgliedern bestellt, so kann der Aufsichtsrat gem. § 84 Abs. 2 AktG ein Mitglied zum Vorsitzenden des Vorstands ernennen. Bei Vorliegen eines wichtigen Grundes kann er sowohl die Bestellung zum Vorstandsmitglied als auch zum Vorsitzenden des Vorstandes gem. § 83 Abs. 3 Satz 1 AktG widerrufen. Eine sehr wesentliche Pflicht des Aufsichtsrats besteht schließlich in seiner jährlichen Berichtspflicht an die Hauptversammlung gem. § 171 Abs. 2 AktG.[121] Dabei handelt es sich um die entscheidende Informationsquelle für den Hauptversammlungsbeschluss über die Entlastung der Mitglieder des Aufsichtsrats gem. § 120 Abs. 1 Satz 1 AktG.

Die Kontrolle des Vorstands durch den Aufsichtsrat wurde traditionell *retrospektiv* gesehen, da er gewissermaßen an Stelle der Hauptversammlung, der dies praktisch nicht möglich war, der kurz- und mittelfristige Adressat für die

---

116 Vgl. GÖTZ, in: NJW 1997, S. 3275; HENZE, in: NJW 1998, 3309; HORN, in: ZIP 1997, S. 1129; ULMER, in: ZHR 1999, S. 295.
117 LUTTER, Information und Vertraulichkeit, S. 29; HOFFMANN-BECKING, in: Münch. Hdb. AG, § 29, Rn. 23.
118 HÜFFER, AktG, § 111, Rn. 3; Begr. des RegEntw. bei KROPFF, AktG 1965 S. 96.
119 HEFERMEHL, in: Geßler/Hefermehl, § 83, Rn. 7 f.; MERTENS, in: Kölner Komm., § 83, Rn. 8.
120 Eine Übertragung auf einen Ausschuss ist ausgeschlossen. Vgl. § 107 Abs. 3 Satz 2; BGHZ 65, 190, 192 f.; BGHZ 79, 38, 42 f.
121 Dies umfasst das Ergebnis der Prüfung der Rechnungslegung, die Darstellung von Überwachungsart und -weise der Geschäftsführung des Vorstands und schließlich die Mitteilung, ob er Einwände gegen den Jahresabschluss erhebt.

Rechenschaft des Vorstands war.[122] KonTraG und TransPuG haben § 90 AktG jedoch weiter gefasst, der nunmehr ausdrücklich eine zukunftsorientierte und präventive Überwachung vorschreibt.[123] Zwar wurde auch früher die Berichtspflicht des Vorstands auf die beabsichtigte Geschäftspolitik und übrige grundsätzliche Fragen der künftigen Geschäftsführung erstreckt,[124] doch seit 1998 wird in § 90 Abs. 1 Nr. 1 AktG konkret bestimmt, was unter anderweitigen grundsätzlichen Fragen der künftigen Geschäftsführung zu verstehen ist: Fragen der beabsichtigten Geschäftspolitik sowie andere grundsätzliche Fragen der Unternehmensplanung, insbesondere die Finanz-, Investitions- und Personalplanung.[125] Dies stellt eine Präzisierung der zukunftsbezogenen Berichtspflicht des Vorstands dar. Zunehmend hat der Aufsichtsrat die Unternehmenskontrolle damit neben der klassisch rückblickenden Prüfung auch im Wege einer in die Zukunft gerichteten Wahrnehmung der Geschäftsführungskontrolle auszuüben. Dies kann – angesichts der Tatsache, dass die Überwachung des Vorstands durch den Aufsichtsrat nicht nur in Form einer Rechtmäßigkeits-, sondern auch einer Zweckmäßigkeitskontrolle zu erfolgen hat[126] – zu einer begleitenden und vorwärts gerichteten *Beratung* des Vorstands führen.[127] Diese durchgreifende gesetzliche und tatsächliche Entwicklung der Aufgaben des Organs Aufsichtsrat steht im Einklang mit und wurde befördert durch die höchstrichterliche Rechtsprechung. Demnach enthält „die Aufgabe des Aufsichtsrats, die Geschäftsführung zu überwachen, die Pflicht, den Vorstand in übergeordneten Fragen der Unternehmensführung zu beraten",[128] wo der Aufsichtsrat „[...] die unternehmerische Tätigkeit des Vorstands im Sinne einer präventiven Kontrolle begleitend mitgestaltet"[129]. In der Beratungsfunktion ist jedoch keine (Mit-)Geschäftsführung zu sehen, denn § 111 Abs. 4 Satz 1 AktG steht einer Geschäftsführung durch den Aufsichtsrat entgegen. Insbesondere liegt auch in der Möglichkeit, dass der Aufsichtsrat die Vornahme bestimmter Geschäfte an seine Zustimmung binden kann, keine teilweise Übertragung von Maßnahmen der Geschäftsführung. Vielmehr dient diese Möglichkeit der Erleichterung der präventiven Überwachung.[130] Jenseits der Fälle des § 111 Abs. 4 Satz 2 kann sich der

---

122 LUTTER/KRIEGER, Rechte und Pflichten des Aufsichtsrats, § 1 Rn. 65.
123 GÖTZ, in: NZG 2002, S. 599 ff.; HOMMELHOFF/MATHEUS, in: AG 1998, S. 249, 253; HÜFFER, § 90 Rn. 4.
124 Vgl. § 90 Abs. 1 Nr. 1 AktG a.F.
125 SCHEFFLER, in: AG 1995, S. 207, 211.
126 SCHEFFLER, in: AG 1995, S. 201, 208.
127 WIESNER, in: Münch. Hdb. AG, § 19, Rn. 2.
128 BGHZ 114, 127, 130.
129 BGHZ 135, 244, 255.
130 Vgl. oben sowie KORT, in: Großkomm. AktG, Vor § 76, Rn. 12.

Vorstand in der Regel ohnehin über die – in welcher Form auch immer manifestierte – Ansicht des Aufsichtsrats hinwegsetzen. An dieser Stelle ist jedoch unklar, ob der Aufsichtsrat auch die Unternehmensplanung zum Gegenstand eines Zustimmungsvorbehalts gem. § 111 Abs. 4 AktG machen kann. Dies würde die Oberleitungskompetenz des Vorstands einschränken und so die Kompetenz- und Machtordnung zwischen Vorstand und Aufsichtsrat möglicherweise mit der Folge verschieben, dass man beim Aufsichtsrat doch nicht mehr von einem reinen Überwachungsorgan mit partieller Mitgeschäftsführung, sondern von einem Organ mit partieller Mitleitungskompetenz sprechen müsste. Eine wesentliche Unterscheidung zwischen Vorstand und Aufsichtsrat würde indes auch dann fortbestehen, wenn man im Zustimmungsrecht des Aufsichtsrats eine partielle Mitgeschäftsführung erachten würde: Die Initiative verbleibt jedenfalls beim Vorstand.[131]

Was die Rolle der Aufsichtsrats im Hinblick auf die Unternehmensplanung anbelangt, hat diese im Aktiengesetz damit zwar eine begriffliche Verankerung im § 90 AktG und damit im Zusammenhang mit der Berichtspflicht an den Aufsichtsrat gefunden.[132] Die Tatsache, dass die Unternehmensplanung Gegenstand der Überwachung ist, bedeutet jedoch noch nicht, dass die Unternehmensplanung – auch nicht teilweise – zu den Aufgaben des Aufsichtsrats gehört. Diese Aufgabe obliegt vielmehr weiterhin uneingeschränkt dem Vorstand.[133] Zu den Aufgaben des Aufsichtsrats gehört damit nicht die unternehmerische Leitung der Gesellschaft. Trotz teilweise nicht unerheblicher Teilhaberechte geht die Mitwirkung nicht so weit, dass die eigentliche Leitungsmacht des Vorstands Schaden nehmen würde.

Es bleibt daher festzuhalten, dass der Aufsichtsrat *kein* Leitungsorgan im eigentlichen Sinne ist[134] und auch nicht an der Oberleitung der Gesellschaft durch den Vorstand partizipiert.

---

131 LUTTER, Unternehmensplanung und Aufsichtsrat, in: AG 1991, S. 249 ff.
132 Mit der Verpflichtung des Vorstands, dem Aufsichtsrat über die Unternehmensplanung zu berichten, setzt das Gesetz das Vorhandensein einer auf die Verhältnisse des Unternehmens zugeschnittenen Planung als notwendiges Element ordnungsgemäßer Geschäftsführung voraus. Vgl. THEISEN, in: AG 1995, S. 193, 196.
133 Vgl. Gesetzesbegründung, BR-Drucksache, 872/97, S. 36.
134 KORT, in: Großkomm. AktG, § 76, Rn. 2; Mod. Auffassung HÜFFER, AktG, § 76, Rn. 2, der sowohl Vorstand als auch Aufsichtsrat als Leitungsorgan bezeichnet und die Unterscheidung insofern markiert, als dass der Vorstand nicht nur in eigener Verantwortung, sondern auch in eigener Initiative tätig wird. So wohl im Ergebnis auch – jedoch differenzierend – LUTTER, in: Entrepreneurial Spirits, S. 225 ff., der den Aufsichtsrat als Mitunternehmer erachtet.

bb) Die Binnenorganisation des Aufsichtsrats

Für die Binnenorganisation des Aufsichtsrats können im Wesentlichen zwei Ordnungsansätze ausgemacht werden: Erstens die Bestimmung interner Funktionsträger bzw. die Bildung funktioneller Einheiten (Vorsitz, Ausschüsse) und zweitens die Gestaltung des Verfahrensablaufs.[135]

Das Gesetz lässt Raum für die Ausfüllung und teilweise auch für die Modifikation der Organisation der Aufsichtsratstätigkeit. Dies kann einerseits durch die die Geschäftsordnung betreffenden – und den Aufsichtsrat bindenden[136] – Regelungen der Satzung[137] geschehen. Verbleibender Raum kann aber auch vom Aufsichtsrat selbst in einer sich selbst gegebenen Geschäftsordnung ausgestaltet werden. Dies kann sich sogar zur Pflicht des Aufsichtsrats verdichten, da er zur Selbstorganisation verpflichtet ist. Obwohl kein Mitglied des Aufsichtsrats zur Erledigung sämtlicher Aufgaben berufen ist, so ist es doch für jedes Mitglied obligatorisch, für die sachgerechte Erledigung sämtlicher Angelegenheiten Sorge zu tragen, was sich allerdings angesichts der Aufgabenfülle des Aufsichtsrats regelmäßig nur durch eine verbindlich organisierte Arbeitsteilung bewerkstelligen lässt.

i. Der Verfahrensablauf im Aufsichtsrat

Der Aufsichtsrat muss im Kalenderhalbjahr grundsätzlich mindestens zwei Pflichtsitzungen abhalten (§ 110 Abs. 3 Satz 1 AktG), wenn weitere Sitzungen nicht erforderlich[138] sind. In mitbestimmten Aufsichtsräten fanden bislang vornehmlich auf Seiten der Arbeitnehmervertreter Vorbesprechungen statt. Dies ist zulässig,[139] und der deutsche Corporate-Governance-Kodex empfiehlt in Ziff. 3.6 die Durchführung gruppeninterner Vorbesprechungen auch für die Seite der Anteilseigner. Ein Vorteil wird darin gesehen, dass es so innerhalb der „Fraktionen" zu einem offeneren Meinungsaustausch als im Plenum komme.[140] Vorstandsmitglieder haben von Rechts wegen kein eigenes Recht zur Teilnahme an Aufsichtsratssitzungen, der Aufsichtsrat kann jedoch Mitglieder des Vorstands zu seinen Sitzungen zulassen, was in der Praxis auch die Regel ist.[141] Die Sitzungsleitung obliegt dem Aufsichtsratsvorsitzenden, dessen Entscheidungen im Rahmen der Sitzungsleitung jedoch durch einen Beschluss des Aufsichtsrats-

---

135 HOMMELHOFF, in: BFuP 1977, S. 507, 508.
136 BGHZ 64, 325, 328.
137 Einige Organisationsfragen obliegen jedoch exklusiv dem Aufsichtsrat.
138 HOFFMANN-BECKING, in: Münch. Hdb. AG, § 31, Rn. 30.
139 HOFFMANN-BECKING, in: Münch. Hdb. AG, § 31, Rn. 36.
140 LUTTER/KRIEGER, Rechte und Pflichten des Aufsichtsrats, § 9, Rn. 577.
141 SCHNEIDER, in: ZIP 2002, S. 873.

plenums mit einfacher Mehrheit jederzeit aufgehoben oder geändert werden können.[142]

ii. Die Beschlussfassung im Aufsichtsrat

Seinen Willen kann der Aufsichtsrat als Organ nur durch Beschlussfassung bilden.[143] Da das Beschlussverfahren im AktG und MitbestG nicht abschließend geregelt ist, kommen hilfsweise die vereinsrechtlichen Vorschriften des BGB zur Anwendung.[144] Die Beschlussfähigkeit des Aufsichtsrats überlässt das AktG grundsätzlich der Satzung.[145] Gesetzlich zwingend ist die Beschlussfähigkeit jedoch in mitbestimmten Gesellschaften geregelt (§ 10 MontanMitbestG, § 11 MitbestimmungsErgG und § 28 MitbestG), wonach stets die Teilnahme von mindestens der Hälfte der Mitglieder, aus denen der Aufsichtsrat zu bestehen hat (Sollstärke), erforderlich ist. Die Beschlussfähigkeit darf nicht davon abhängig gemacht werden, dass bestimmte Aufsichtsratsmitglieder daran teilhaben oder ein bestimmtes Verhältnis zwischen Anteilseigner- und Arbeitnehmervertretern gewahrt ist, da solche Regelungen den Grundsatz der Gleichbehandlung aller Aufsichtsratsmitglieder verletzen würden.[146] Nach dem AktG fasst der Aufsichtsrat seine Beschlüsse regelmäßig mit der Mehrheit aller abgegebenen Stimmen (sog. einfache Stimmenmehrheit). Stimmengleichheit führt zur Ablehnung des Antrags. Ein Recht zum Stichentscheid bei Stimmengleichheit kann durch die Satzung – nicht aber durch die Geschäftsordnung – einem Aufsichtsratsmitglied (etwa dem Vorsitzenden) eingeräumt werden.[147] Im Übrigen haben die Stimmen aller Aufsichtsratsmitglieder gleiches Gewicht. Auch in mitbestimmten Gesellschaften bedürfen Beschlüsse des Aufsichtsrats nach § 29 Abs. 1 MitbestG im Regelfall der Mehrheit der abgegebenen Stimmen. Ergibt sich bei einer Abstimmung jedoch Stimmengleichheit, so hat bei einer erneuten Abstimmung über denselben Gegenstand – wenn sich auch hier Stimmengleichheit ergibt – gem. § 29 Abs. 2 MitbestG der Aufsichtsratsvorsitzende – und nur[148] er – kraft Gesetzes zwingend eine zweite Stimme. Dieses Zweitstimmrecht besteht sowohl bei Verfahrens- als auch bei Sachentscheidungen.[149] Ob

---

142 MERTENS, in: Kölner Komm., § 107, Rn. 36.
143 § 108 Abs. 1 AktG.
144 MERTENS, in: Kölner Komm., § 108, Rn. 15.
145 § 108 Abs. 2 Satz 1 AktG.
146 BGHZ 83, 151, 154 ff.
147 HÜFFER, AktG, § 108, Rn. 8; MERTENS, in: Kölner Komm., § 107, Rn. 59; HOFFMANN-BECKING, in: Münch. Hdb. AG, § 31, Rn. 57.
148 § 29 Abs. 2 Satz 3 MitbestG.
149 OETKER, in: Großkomm. AktG, § 29 MitbestG, Rn. 7; KOBERSKI, in: Wlotzke/ Wissmann/ Koberski/ Kleinsorge (Hrsg.), § 29 MitbestG, Rn. 10.

eine zweite Abstimmung durchgeführt wird und wann dies der Fall sein soll, entscheidet der Aufsichtsratsvorsitzende, wenn nicht der Aufsichtsrat selbst hierüber beschließt. Der Vorsitzende ist auch nicht gezwungen, bei einer zweiten Abstimmung seine zweite Stimme abzugeben, ebenso wenig muss er die Zweitstimme – wenn er sie abgibt – übereinstimmend mit der Erststimme abgeben.[150] Von diesen Prinzipien können Satzung oder Geschäftsordnung nur eingeschränkt abweichen.

iii. Die Aufsichtsratsausschüsse

In mitbestimmten Gesellschaften ist durch den Aufsichtsrat unmittelbar nach der Wahl des Vorsitzenden und des Stellvertreters als ständiger Ausschuss ein Vermittlungsausschuss nach § 27 Abs. 3 MitbestG zu bilden. Diesem fällt bei der Bestellung von Vorstandsmitgliedern nach § 31 Abs. 3 Satz 1 MitbestG die Vermittlungsaufgabe zu. Regelmäßig besteht dieser Ausschuss aus dem Aufsichtsratsvorsitzenden und seinem Stellvertreter sowie zwei weiteren Mitgliedern, wobei eines von den Arbeitnehmer- und eines von den Anteilseignervertretern in getrennten Wahlen gewählt wird (§ 27 Abs. 3 MitbestG). Neben diesem zwingenden Vermittlungsausschuss des § 27 Abs. 3 MitbestG lässt das Gesetz die Errichtung von weiteren freiwilligen Ausschüssen zu.[151] Dies wird vom deutschen Corporate-Governance-Kodex (Ziff. 5.3) auch empfohlen und ist im Hinblick auf die Pflicht des Aufsichtsrats zur sachgerechten Organisation seiner Tätigkeit – jedenfalls in größeren Gesellschaften – erforderlich.[152] So sind in der Praxis Aufsichtsratsausschüsse auch weit verbreitet. Altbekannte Instrumente sind Personalausschuss und Aufsichtsratspräsidium, des Weiteren finden sich Ausschüsse für besondere Sachgebiete, etwa für Finanzen und Investitionen. Zunehmend werden auch spezielle Prüfungsausschüsse, so genannte Audit Committees, gebildet, deren Bedeutung durch international kapitalmarktrechtliche Entwicklungen beträchtlich[153] zugenommen hat und die der deutsche Corporate-Governance-Kodex besonders empfiehlt (Ziff. 5.3.2). Ganz allgemein sollen sich Audit Committees insbesondere mit Fragen der Rechnungslegung, des Risikomanagements und der Unabhängigkeit des Abschlussprüfers sowie der Erteilung des Prüfungsauftrags, der Festlegung von Prüfungsschwerpunkten und des Abschlusses der Honorarvereinbarung mit dem Abschlussprüfer befassen.

---

150 KOBERSKI, in: Wlotzke/Wissmann/ Koberski, Kleinsorge (Hrsg.), § 29 MitbestG, Rn. 13.
151 § 107 Abs. 3 AktG.
152 KRIEGER, in: ZGR 1985, S. 338, 361 f.; RELLERMEYER, in: Aufsichtsratsausschüsse, S. 14 f.; HOMMELHOFF, in: ZHR 1979, S. 288, 298 ff.
153 Vgl. nur Sec. 301 des „Sarbanes-Oxley Act of 2002" sowie die entsprechenden Implementierungsregelungen betreffend die Einrichtung von „Audit Committees".

Durch das Bilanzrechtsmodernisierungsgesetz (BilMoG) wurde der Prüfungsausschuss nunmehr auch im Aktiengesetz (§ 107 Abs. 3 Satz 2 AktG) normiert. Das Gesetz bestimmt dort ausdrücklich, dass der Aufsichtsrat einen Prüfungsausschuss einrichten kann. Obwohl die Erledigung der Überwachungsaufgabe unverändert obligatorische Aufgabe des Aufsichtsratsplenums bleibt, können damit zentrale Teile der Überwachungsaufgabe einem Prüfungsausschuss anstelle des Plenums zur abschließenden Wahrnehmung anvertraut werden.[154]

Im Regelfall besteht keine Verpflichtung zur Bildung eines Prüfungsausschusses. Eine Pflicht besteht nur bei kapitalmarktorientierten Gesellschaften (GmbHs sowie OHGs und KGs ohne persönlich haftenden Gesellschafter) sofern diese über keinen (obligatorischen oder fakultativen) Aufsichtsrat verfügen. Dem Prüfungsausschuss kann der Aufsichtsrat einen Katalog von Aufgaben übertragen, so die Überwachung des Rechnungslegungsprozesses, der Wirksamkeit des internen Kontrollsystems, des internen Risikomanagementsystems und des internen Revisionssystems sowie der Abschlussprüfung, hier insbesondere der Unabhängigkeit des Abschlussprüfers und der vom Abschlussprüfer zusätzlich erbrachten Leistungen.

Schließlich erlaubt das Gesetz auch die Einsetzung vorbereitender Ausschüsse[155] sowie solcher, denen es weitgehend auch gestattet ist, Aufsichtsratsaufgaben endgültig zu erledigen. Besonders wichtige Angelegenheiten des Aufsichtsrats sind jedoch zwingend dem Plenum vorbehalten. Diese lassen sich vor allem dem Katalog des § 107 Abs. 3 Satz 3 AktG entnehmen. Dazu gehören insbesondere die Wahl des Aufsichtsratsvorsitzenden und des Stellvertreters, die Bestellung und Abberufung von Vorstandsmitgliedern sowie der Erlass einer Geschäftsordnung für den Vorstand. Ein ungeschriebenes Delegationsverbot besteht für alle Entscheidungen des Aufsichtsrats hinsichtlich Fragen seiner Selbstorganisation, also etwa der Erlass einer Aufsichtsratsgeschäftsordnung, der Widerruf der Bestellung zum Vorsitzenden des Aufsichtsrats oder zum Stellvertreter, die Beschlussfassung über den Antrag auf gerichtliche Abberufung eines Aufsichtsratsmitglieds aus wichtigem Grund[156] sowie die Bildung von Ausschüssen.[157] Auch die allgemeine Überwachungsaufgabe kann der Aufsichtsrat nicht einem Ausschuss delegieren.[158]

---

154 HOMMELHOFF/MATTHEUS, in: BB 2007, S. 2787.
155 § 107 Abs. 3 Satz 1 AktG.
156 § 103 Abs. 3 Satz 2 AktG.
157 MERTENS, in: Kölner Komm., § 107, Rn. 151 ff.; SEMLER, in: AG 1988, S. 60, 61.
158 OLG Hamburg, ZIP 1995, 1673, 1675; MERTENS, in: Kölner Komm., § 107, Rn. 130.

Im vorliegenden Zusammenhang ist die Frage von näherem Interesse, inwieweit die Übertragung von *Vorbereitungsaufgaben* an Ausschüsse möglich ist. Das Gesetz sieht insoweit zwar keine Schranken vor, umfasst die Vorbereitungstätigkeit jedoch die selbstständige Wertung und Aussonderung gesammelter Informationen, kann der Entscheidungseinfluss des Plenums reduziert sein.[159] Jedenfalls muss der Informationsfluss zwischen Ausschuss und Plenum aber dafür ausreichen, dass sich der Gesamtaufsichtsrat eine eigene Meinung bilden und insbesondere eigenverantwortlich entscheiden kann. So ist der Gesamtaufsichtsrat auch jederzeit berechtigt, an einen Ausschuss übertragene Entscheidungen wieder an sich zu ziehen.[160] Durch das TransPuG wurde in § 107 Abs. 3 Satz 3 AktG (i.d. Fassung des BilMoG nun § 107 Abs. 3 Satz 4 AktG) klargestellt, was schon zuvor anerkannt war: Die Tätigkeit der Ausschüsse muss vom Gesamtaufsichtsrat überwacht werden, wozu ihm regelmäßig über die Ausschusstätigkeit berichtet werden muss.[161] Der technische Einsatz eines Ausschusses, den die Satzungen im Allgemeinen weder verbieten noch vorschreiben[162] können, erfolgt durch den Aufsichtsrat entweder durch die Geschäftsordnung oder durch Beschluss.

Die zahlenmäßige Zusammensetzung von Aufsichtsratsausschüssen ist im Gesetz nicht geregelt. Ist einem Ausschuss jedoch Entscheidungskompetenz übertragen worden, so muss er mit mindestens drei Mitgliedern eingesetzt werden.[163] Im Übrigen entscheidet der Aufsichtsrat mit der Mehrheit der abgegebenen Stimmen – wobei auch in mitbestimmten Gesellschaften dem Vorsitzenden das Zweitstimmrecht[164] nach § 29 Abs. 2 MitbestG zusteht – selbstständig über die Anzahl der Ausschussmitglieder sowie über die Frage der personellen Besetzung. Besondere Beachtung ist in diesem Zusammenhang gerade bei mitbestimmten Gesellschaften dem Diskriminierungsverbot hinsichtlich der Mitwirkung an der Ausschussarbeit beizumessen. Dabei ist es in der Literatur immer noch umstritten, ob Ausschüsse unter Geltung des Mitbestimmungsgesetzes zwingend[165] paritätisch zu besetzen sind oder ob die personelle Besetzung der

---

159 LUTTER/KRIEGER, Rechte und Pflichten des Aufsichtsrats, § 9, Rn. 626.
160 BGHZ 89, 48, 55 f.; HÜFFER, AktG, § 107 Rn. 18.
161 Vgl. BegrRegE TransPuG, BR-Drucksache 109/02, S. 36, wonach die Berichterstattung grundsätzlich in jeder ordentlichen Aufsichtsratssitzung zu erfolgen hat, wenngleich sie sich auf eine Zusammenfassung des Wesentlichen beschränken kann.
162 BGHZ 83, 106, 115; BGHZ 122, 342, 355; MERTENS, in: Kölner Komm., § 107 Rn. 90.
163 BGHZ 65, 190; BGH ZIP 1989, S. 294, 295; BGH ZIP 1991, S. 869; HÜFFER, AktG, § 107, Rn. 17; MERTENS, in: Kölner Komm., § 107, Rn. 103.
164 LIEB, in: JA 1978, S. 318, 321.
165 GEITNER, in: AG 1976, S. 210, 211; MARTENS, in: AG 1976, S. 113.

freien[166] Entscheidung des Aufsichtsrats überlassen ist.[167] Die Gestaltungsautonomie des Aufsichtsrats und der Gedanke der gleichwertigen Gruppen von Anteilseigner- und Arbeitnehmervertretern im Aufsichtsrat geraten hier in Konflikt. Die Rechtsprechung tendiert bei der Auflösung dieses Konflikts dahin, den Ausschluss einer Gruppe von der Teilnahme an einem Ausschuss gegen ihren Willen zwar nicht per se als rechtswidrig zu erachten, ihn jedoch nur für den Fall zu erlauben, dass im Einzelfall ein sachlicher Grund dafür besteht.[168]

Das Gesetz regelt in § 108 Abs. 3 und 4 und § 109 AktG die Arbeitsweise von Aufsichtsratsausschüssen, deren nähere Regelung insoweit auch die Satzung treffen kann, als dass sie nicht in die dem Aufsichtsrat vorbehaltene Entscheidungsfreiheit über Errichtung und Besetzung von Ausschüssen eingreift.[169] Jedes Aufsichtsratsmitglied ist zur Teilnahme an Ausschusssitzungen befugt.[170] Allerdings kann der Aufsichtsratsvorsitzende den nicht dem Ausschuss angehörenden Mitgliedern die Teilnahme untersagen. Dies entscheidet er nach pflichtgemäßem Ermessen und unter Beachtung des Gebots der Gleichbehandlung von Aufsichtsratsmitgliedern, da eine diskriminierende Ausschließung Einzelner oder von Gruppen unzulässig ist.[171] Dabei entfällt mit dem Teilnahmeverbot auch das Recht auf Einsicht in die Sitzungsunterlagen und Sitzungsprotokolle.[172]

iv. Der Aufsichtsratsvorsitzende

Der Aufsichtsrat wählt zwingend[173] in seiner Gesamtheit eines seiner Mitglieder zum Vorsitzenden[174] und mindestens eines zum Stellvertreter[175] (§ 107 Abs. 1 Satz 1 AktG). Für die Wahl gelten die allgemeinen Regelungen über die Beschlussfassung des Aufsichtsrats. Der Aufsichtsrat kann die Wahl zum Aufsichtsratsvorsitzenden bzw. zum Stellvertreter regelmäßig mit den gleichen Abstimmungsquoten wie bei der Bestellung jederzeit widerrufen. In mitbestimmten Gesellschaften gelten gem. § 27 MitbestG für die Wahl zwingende Sonderrege-

---

166 Vgl. LUTTER, in: ZGR 1977, S. 306, 314; SCHAUB, in: ZGR 1977, S. 293, 302.
167 Vgl. dazu ausführlicher unten unter Kapitel VIII. Ziff. 2. Buchst. b. lit. bb.
168 BGHZ 122, 342, 355 ff.; BGHZ 83, 144, 146 f.; OLG München AG 1995, 466, 467; OLG Hamburg DB 1992, 774, 776.
169 BGHZ 83, 106, 118; MERTENS, in: Kölner Komm., § 107, Rn. 122.
170 § 109 Abs. 2 AktG.
171 LUTTER/KRIEGER, Rechte und Pflichten des Aufsichtsrats, § 9, Rn. 643.
172 LUTTER, Information und Vertraulichkeit, S. 114 m. w. N.
173 Eine abweichende Regelung der Satzung oder etwa die Wahl des Vorsitzenden durch die Hauptversammlung ist nicht möglich. Vgl. HÜFFER, AktG, § 107, Rn. 3.
174 PEUS, Der Aufsichtsratsvorsitzende, passim.
175 Der Stellvertreter des Vorsitzenden übt dessen Aufgaben ausschließlich im Verhinderungsfalle aus (§ 107 Abs. 3 Satz 2 AktG).

lungen.[176] Dem Aufsichtsratsvorsitzenden sind gesetzlich besondere Aufgaben zugewiesen, Organeigenschaft weist er deshalb jedoch nicht auf. Vielmehr sind sowohl Vorsitzender als auch sein Stellvertreter Mitglieder des Aufsichtsrats. In mitbestimmten Gesellschaften ist er der Inhaber des Zweitstimmrechts[177] und kraft Amtes Mitglied des Vermittlungsausschusses nach § 27 Abs. 3 MitbestG. Neben den gesetzlichen Sonderaufgaben obliegen dem Vorsitzenden gewohnheitsrechtlich auch die Aufgaben, die dem Vorsitzenden eines Gremiums üblicherweise zustehen.[178] Im Vordergrund steht die Aufgabe der Verfahrensleitung und -koordination des Aufsichtsrats. Dazu gehört die Einberufung der Sitzungen,[179] deren Vorbereitung und Leitung. Weiterhin repräsentiert der Vorsitzende den Aufsichtsrat. So ist er das informatorische Bindeglied zu anderen Organen, also etwa der allgemeine Ansprechpartner für den Vorstand.[180] Es handelt sich hierbei also um eine als bedeutsam bewertete Funktion – wie sich aktuell auch daraus ergibt, dass die Bedeutung der Fühlung zwischen Vorstand und Aufsichtsratsvorsitzendem dadurch unterstrichen wird, dass der deutsche Corporate-Governance-Kodex dies ausdrücklich hervorhebt.[181]

Der Aufsichtsratsvorsitzende ist auch der Empfänger der Vorstandsberichte[182] und derjenige, der sie weiterleitet.[183] Des Weiteren erläutert er in der Hauptversammlung den Bericht des Aufsichtsrats über die Prüfung von Jahres- und Konzernabschluss und berichtet über die Überwachungstätigkeit des Aufsichtsrats.[184] Hinsichtlich der Fälle der rechtsgeschäftlichen Vertretung der Gesellschaft durch den Aufsichtsrat hat der Vorsitzende keine herausgehobene Befugnis zur Aktivvertretung. Vielmehr ist sowohl für die Entscheidung über als auch für den Vollzug einer Maßnahme der Gesamtaufsichtsrat zuständig. Der Vorsitzende kann jedoch – zweckmäßigerweise – zur Unterzeichnung entsprechender Verträge ermächtigt werden. Grundsätzlich vertritt der Vorsitzende die Gesellschaft passiv, er ist also als empfangsberechtigter Vertreter der Gesellschaft anzusehen.

---

176 Hierauf wird im Zusammenhang mit dem Kapitel V. zur Mitbestimmung einzugehen sein.
177 §§ 29 Abs. 2, 31 Abs. 4 MitbestG.
178 HÜFFER, AktG, § 107, Rn. 5; MERTENS, in: Kölner Komm., § 107, Rn. 35; HOFFMANN-BECKING, in: Münch. Hdb. AG, § 31, Rn. 18.
179 § 110 Abs. 1 AktG.
180 KRIEGER, in: ZGR 1985, S. 338, 340 ff.
181 Ziffer 5.2 Abs. 3 Corporate-Governance-Kodex.
182 § 90 Abs. 1 Satz 3 AktG.
183 § 90 Abs. 5 Satz 3 AktG.
184 § 176 Abs. 1 Satz 2 AktG.

v. *Zur Unternehmenspraxis*

Der rechtliche Rahmen ist jedoch in der Praxis häufig unterschiedlich ausgestaltet und auf die individuellen Unternehmensgegebenheiten angepasst. Auch von der Mitbestimmung geht keine uniforme Prägung der Aufsichtsratsarbeit aus, sodass erst ein Blick auf die individuelle Praxis der Aufsichtsratsarbeit dessen Bild abrundet: Insbesondere entspricht die Überwachung – jedenfalls in florierenden Unternehmen – eher dem Bild kooperativer Beratung und äußert sich nur selten in formalen Maßnahmen.[185] So stimmen sich Vorstand und Aufsichtsrat etwa regelmäßig im kleinen Kreis ab. Des Weiteren wird berichtet, dass Aufsichtsratssitzungen häufig zu einer formalen und rituellen Veranstaltung mit festgelegtem Rollenspiel entartet seien,[186] und es wird festgestellt, dass Mitglied im Aufsichtsrat oder gar dessen Vorsitzender zu sein[187] hoch begehrt ist. Mit kritischem Unterton wird zudem auch die Mandatsüberlastung der Aufsichtsräte, die nicht selten in fünf und mehr DAX-Unternehmen gleichzeitig sitzen, angemahnt. Dabei käme die aufgewendete Arbeitszeit oftmals zu kurz.[188]

e) Vorstand und Aufsichtsrat in der Praxis

Vorstand und Aufsichtsrat stehen sich von Rechts wegen als gleichberechtigte Organe gegenüber. In der Praxis ergibt sich jedoch häufig sehr wohl eine gewisse Rangfolge,[189] die mit dem Zusammenwirken der beiden Organe zu tun hat. In der Einzelvorstellung von Vorstand und Aufsichtsrat ist bereits angeklungen, dass eine Vielzahl von Ansatzpunkten – ob durch gesetzlich konstituierte Rechte und Pflichten oder tatsächliche Usancen – für ein Zusammenwirken der beiden Organe existiert. Dieses Zusammenwirken geht dabei so weit, dass sich in der Praxis die bloßen Überwachungsaufgaben und -kompetenzen des Aufsichtsrats[190] von den Leitungsaufgaben und -kompetenzen des Vorstands nicht mehr stets sauber abgrenzen lassen.[191] Insbesondere angesichts der stetig schärferen

---

185 Vgl. BGHZ 114, 127, 129 f.; SEMLER, Leitung und Überwachung der AG, S. 142 ff.; HENZE, in: BB 2000, S. 214.
186 SCHEFFLER, Der Aufsichtsrat – nützlich oder überflüssig?, in: ZGR 1993, S. 63.
187 LUTTER/KRIEGER, Rechte und Pflichten des Aufsichtsrats, § 1 Rn. 2.
188 Vgl. HANDELSBLATT vom 23. Januar 2004: „Arbeiten die Kontrolleure zu wenig?"
189 SEMLER, in: FS Lutter 2000, S. 721.
190 Dazu allgemein SEMLER, in: Semler, Arbeitshandbuch für Aufsichtsratsmitglieder, Rn. E 56 ff.; VON SCHENK, in: Semler, Arbeitshandbuch für Aufsichtsratsmitglieder, Rn. E 1 ff.; KROPF, in: NZG 1998, S. 613; LUTTER, in: Hopt/ Kanda/ Roe/ Wymeersch/ Prigge, Comparative Corporate Governance, S. 267; SCHEFFLER, in: AG 1995, S. 207 ff.
191 JÄGER, in: DStR 1996, S. 671, 676.

Anforderungen an die Erfüllung der Überwachungsaufgaben des Aufsichtsrats – gerade vor dem Hintergrund der ihm drohenden Haftung gem. § 116 AktG – vermag dessen intensivierte Überwachung einen Sog auf Leitungsaspekte auszuüben, die dogmatisch zwar exklusiv dem Vorstand obliegen, faktisch aber im Wege einer Art schleichender „Mitregentschaft" zunehmend durch den Aufsichtsrat (mit) ausgeübt werden.[192]

Obwohl dem Aufsichtsrat nicht die Funktion eins „Co-Management"-Organs beizumessen ist, kann in großen Unternehmen gleichwohl beobachtet werden, dass in der praktischen Arbeit wenigstens regelmäßig Diskussionen zwischen Vorstands- und Aufsichtsratsvorsitzendem, etwa über die Unternehmensstrategie, in einer unformalisierten Weise stattfinden. Der Aufsichtsrat wird so – wenigstens in Teilen – zeitnah in die Entschlussgestaltung und -fassung der Geschäftsführung mit einbezogen. Dies ist jedoch ohne Zweifel eine Abweichung von der klassisch prüfenden Modellrolle des „Aufsehers".[193] Die Annäherung von Organisation und Verfahrensablauf des Aufsichtsrats an die Funktionsweise des Vorstands darf nicht darüber hinwegtäuschen, dass die Aufgaben der beiden Organe doch grundverschieden bleiben.[194] Denn die gesetzliche Systematik der §§ 76 ff., 95 ff. AktG sieht eine Funktionsvermischung oder -vertauschung der beiden Organe „Vorstand" und „Aufsichtsrat" nicht vor. Dies muss – jedenfalls in der Logik des dualistischen Systems – auch so sein, da eine Mitleitung der Gesellschaft durch den Aufsichtsrat die effektive Überwachung – und damit seine unbestrittene Hauptaufgabe – insofern vereiteln würde, als dass die Überwachung der Leitung der Gesellschaft – jedenfalls teilweise – eine Selbstüberwachung darstellen würde. Dies gilt nicht nur für die Leitung, sondern für die Geschäftsführung insgesamt: Der Aufsichtsrat überwacht den Vorstand bei der Ausübung von dessen Geschäftsführung, seinerseits ist der Aufsichtsrat – vorbehaltlich der Einschränkungen von § 111 Abs. 4 Satz 2 bis 4 AktG – jedoch nicht zur Geschäftsführung befugt.[195]

2. Die monistische Verwaltung

Die Systeme der monistischen Verwaltung[196] sind international weiter verbreitet als das dualistische System. Dabei ist die Repräsentation von Gruppeninteressen, wie über die deutsche Mitbestimmung, in der Regel unbekannt. Das monis-

---

192 KORT, in: Großkomm. AktG, § 76, Rn. 9.
193 BÖCKLI, Konvergenz der Systeme in der Spitzenverfassung der Aktiengesellschaft, S. 344.
194 KORT, in: Großkomm. AktG, § 76 Rn. 9.
195 SEMLER, in: FS Stiefel 1987, S. 719, 725.
196 TEICHMANN, in: BB 2004, S. 53 ff.

tische System hat jedoch verschiedene Gesichter: Es tritt in Gestalt des amerikanischen *Boards* in der Stock Corporation, des *Boards of Directors*[197] in Großbritannien, des vergleichbaren französischen Modells[198] des *Conseil d'Administration*[199] in der Société Anonyme[200] oder als *Verwaltungsrat* in der schweizerischen Aktiengesellschaft auf. Keines dieser Varianten kann als das Modell der monistischen Verwaltung schlechthin bezeichnet werden.

a) Die Variantenvielfalt monistischer Verwaltung

Die monistische Verwaltung an sich, im Sinne eines einheitlich normierten, durchgängig vergleichbaren Verwaltungssystems identischer Dogmatik, gibt es naturgemäß nicht. Vielmehr ergibt sich – neben der in monistischen Modellen angelegten inneren Variationsbreite[201] – schon allein daraus eine breite monistische „Modellpalette" und „Variantenvielfalt", dass diese Verwaltungsmodelle in verschiedenen nationalen Rechtsordnungen auftreten und dort ihre Ausprägung erfahren. Schon die unterschiedliche Bezeichnung dieser Verwaltungssysteme gibt Hinweis auf die mannigfachen Erscheinungsformen. So sind unter anderem die Bezeichnungen *One-Tier-System, Board-System, Verwaltungsratssystem* oder auch *Vereinigungsmodell* gebräuchlich.

Die monistische Verwaltung soll hier zunächst weit gefasst als ein System der einstufigen Verwaltung von Kapitalgesellschaften begriffen werden, der ein internes institutionalisiertes Kontrollorgan fehlt und die (auch) im Vertrauen auf exogene Kontrollmechanismen (wie beispielsweise den Kapitalmarkt)[202] konzipiert sind.

Ein struktureller Vergleich einzelner monistischer Verwaltungsvarianten soll den Kern der monistischen Verwaltung herausarbeiten, um beantworten zu können, was das grundlegende Kennzeichen der monistischen Verwaltung ist. Daran anschließend soll unter Berücksichtigung der Vorgaben des SE-Statuts und der nationalen Ausführungsgesetzgebung die Frage behandelt werden, welchen Wesensgehalt die Verwaltung einer SE enthalten muss, um als solche im Sinne der SE-Verordnung monistisch verfasst zu sein.

---

197 CHARKHAM, Keeping Good Company, S. 262 ff..
198 BRACHVOGEL, Aktiengesellschaft im französischen Recht, 1971, S. 55 ff.
199 Vgl. Art. 22 des französischen Aktiengesetzes vom 24. Juli 1867.
200 CONARD, in: ZGR 1987, S. 180 ff.; HENZLER, in: Bertelsmann-Stiftung, Zeitgemäße Gestaltung der Führungsspitze von Unternehmen, 1983.
201 Hierauf wird im Folgenden weiter einzugehen sein.
202 Diese schlagen durch interne Disziplinierung (Aktienoptionsprogramme, Arbeits-, Produkt-, Kapitalmarktdisziplinierung) auf die Interessenlage der Manager durch. RICHTER/FURUBOTN, Neue Institutionenökonomik, 1996, S. 381.

b) Der Gang der rechtsvergleichenden Untersuchung

Die gesetzliche Grundlage für die Organisation monistischer Systeme ist auf unterschiedlichen Normebenen angesiedelt. So wie man – wie gerade ausgeführt – im eigentlichen Sinne nicht von *dem* monistischen System sprechen kann, so sind die monistischen Systeme der verschiedenen Rechtsordnungen auch normtechnisch unterschiedlich organisiert. Dies ist im vorliegenden Zusammenhang jedoch nur insoweit von Interesse, als dass es ein Charakteristikum monistischer Systeme darstellt. Diese Charakteristika der Unternehmensverwaltung und, wenn möglich, ein einheitliches Wesensbild dieses Systems soll eine ausgewählte Darstellung maßgeblicher monistischer Modelle liefern.

c) Die Verwaltung in Frankreich

Frankreich stellt in Bezug auf das Verwaltungssystem von Unternehmen eine Ausnahme dar, denn es bietet sowohl das monistische als auch das dualistische System zur Unternehmensverwaltung an. Das traditionelle (seit 1867) und auch gebräuchlichere System ist indes das monistische mit einem einzigen Verwaltungsorgan, dem *„Conseil d'administration"*, an der Gesellschaftsspitze. Erst 1966 wurde in Frankreich das dualistische Verwaltungssystem eingeführt, das sich jedoch bis heute keiner übermäßigen Beliebtheit erfreut. Im Jahr 2001 wurde das monistische System in Frankreich reformiert.[203] Bis dahin waren alle Aufgaben und Kompetenzen beim Vorsitzenden des *„Conseil d'administration"* (Verwaltungsrat) konzentriert. Denn obwohl dem Verwaltungsrat gesetzlich die Möglichkeit zur Leitung und Kontrolle gegeben war, leitete der Vorsitzende des Verwaltungsrats[204] in der Praxis die Gesellschaft allein und in vielen Fällen auch unkontrolliert durch die Mitglieder des Verwaltungsrats, da sie ihren Pflichten oft nicht nachkamen.[205] Somit konnte man mit Berechtigung sagen, dass der Vorsitzende des Verwaltungsrats, der so genannte *„President Directeur Général"* (PDG), fast schon monarchische Züge aufwies.

---

203 Loi n° 2001-420 du 15 mai 2001 relative aux nouvelles régulations économique, numéro spécial du Bulletin Joly Sociétés, janvier 2002.
204 Der Verwaltungsratsvorsitzende muss in Frankreich zugleich Aktionär sein. Ein aus deutscher Sicht erstaunlicher Umstand.
205 MENJUCQ, in: ZGR 2003, S. 680, bezeichnet die Mitglieder des Verwaltungsrats „bei Lichte besehen" als „schlafende" Mitglieder.

aa) Die Geschäftsführung

Dies gab vor dem Hintergrund moderner Corporate Governance Anlass zur Kritik. Um der starken Stellung des Vorsitzenden im Verwaltungsrat, der faktisch zugleich Leiter der Geschäftsführung war, entgegenzuwirken, gibt das französische Reformgesetz nun die Möglichkeit zur Trennung der Funktionen von Geschäftsführung und Kontrolle. Dazu wurde das Organ des geschäftsführenden Direktors[206] *(„directeur général")* geschaffen, das als Gegengewicht zum Verwaltungsratsvorsitzenden fungieren soll. Seine Kompetenzen sind dem Gesetz nach umfangreich und betreffen die uneingeschränkte Geschäftsführungsbefugnis und Vertretung der Gesellschaft. Der geschäftsführende Direktor muss nicht Mitglied des Verwaltungsrats und kann Angestellter des Unternehmens sein. Zur Unterstützung in der Geschäftsführung kann er weitere Direktoren *(„directeurs délégués")* bestellen, die über dieselben Kompetenzen und Verantwortlichkeiten verfügen.

Der Vorsitzende des Verwaltungsrats erhält dadurch eine neue – weniger herausgehobene – Statur, die sich auf die Leitung der Verwaltungsratssitzungen und Hauptversammlungen beschränkt und ihn verantwortlich für die Effektivität des Verwaltungsrats macht, ihm aber die tagesgeschäftliche Vertretung der Gesellschaft nach außen verwehrt.[207] Ob freilich die Auslagerung der Geschäftsführung auf einen geschäftsführenden Direktor erfolgt, liegt im Ermessen des Verwaltungsrats, der im Einklang mit der Satzung über die Einrichtung dieses Organs entscheidet. Und auch wenn ein geschäftsführender Direktor bestellt ist, bleibt es bei der Befugnis des Verwaltungsrats, auch Maßnahmen der alltäglichen Geschäftsführung wieder an sich zu ziehen.[208] Dies belegt, dass trotz einer Prioritätsverlagerung der Kompetenzen des Verwaltungsrats weg von der Tagesgeschäftsführung hin zur Kontrolle der Geschäftsführung seine grundsätzlich umfassende Leitungsmacht erhalten bleibt, sodass von einer Annäherung des französischen monistischen Systems an das deutsche dualistische System insofern nur eingeschränkt gesprochen werden kann.[209]

---

206 Geschäftsführende Direktoren sind vergleichbar mit CEO's des amerikanischen Rechtskreises.
207 MENJUCQ, in: ZGR 2003, S. 685.
208 MENJUCQ, in: ZGR 2003, S. 684.
209 MENJUCQ, in: ZGR 2003, S. 680, stellt eine Konvergenz der Systeme auch nur insofern fest, als dass die Tagesgeschäftsführung auf ein zweites Gremium verlagert wird.

bb) Die Oberleitung

Neben der Kontrolle und Überprüfung[210] aller wichtigen Angelegenheiten der Geschäftsführung entscheidet der Verwaltungsrat insbesondere über die allgemeine Ausrichtung des Unternehmens und legt dessen Strategie fest. Dies ist inhaltlich nichts anderes als die Ausübung der „Oberleitung" über die Gesellschaft, mithin die grundlegende Ausrichtung der Geschäftsaktivität. Normiert ist diese Funktion in Art. L. 225-35 Code de Commerce, wonach der *Conseil d'administration* (Verwaltungsrat) die „*orientations de l'activité de la société"* bestimmt und über alle Fragen, die „ *(la) bonne marche de la société"* sowie alle ihre Geschäfte betreffen, entscheidet.[211]

d) Die Vereinigten Staaten

Besonders prägende Kraft für das monistische System der Unternehmensverwaltung entfaltet traditionell die angloamerikanische Variante der Unternehmensverwaltung, da sie die Verwaltungsstruktur der Unternehmen darstellt, die auf einem der größten Märkte beheimatet sind. Einen gewissen Modellcharakter[212] kann man damit dem US-amerikanischen System zusprechen. Bei der Frage danach, welche Kernelemente eine Unternehmensverwaltung aufweisen muss, damit es sich um eine monistische handelt, kann dieses Verwaltungsmodell daher nicht außer Acht gelassen werden.

aa) Die Relevanz amerikanischen Rechts

Doch kann ein System der Unternehmensverwaltung einer nichteuropäischen Rechtsordnung überhaupt Relevanz für die Europäische Aktiengesellschaft als eine juristische Person europäischen Rechts haben? Dagegen könnte man anführen, dass dem die Vorschriften des SE-Statuts in dem Sinne entgegenstehen könnten, als dass sie als europarechtliche Regelungen in Art. 38 Buchst. b SE-VO gewissermaßen ein europäisches[213] Modell der monistischen Unternehmensverwaltung als Gestaltungsoption zur Auswahl stellen, das sich

---

210 Wozu jedes Mitglied des Verwaltungsrates die zur Erfüllung der Überwachungsaufgaben nötigen Informationen erhalten muss, vgl. Art. L. 225-35 Code de commerce.
211 GUYON, Droit des affaires, Rn. 339.
212 Differenzierend MARTIN, Das US Corporate Governance System – Verlust der Vorbildfunktion, in: NZG 2003, S. 948 ff.
213 Verstanden etwa als Modell einer monistischen Unternehmensverwaltung, wie es als Modell in einem der Mitgliedstaaten der Europäischen Union bereits existiert oder in einer Gesamtschau existenter nationaler Modelle in Grundzügen als „Gemeinschafts-Modell" herzuleiten wäre.

aus rein mitgliedstaatlichen oder EU-Quellen speisen muss. Dies würde jedoch voraussetzen, dass es auch einen unionsrechtlichen Begriff vom „monistischen System" gibt. Da dies jedoch gerade (noch) nicht der Fall ist, steht es frei, die Definition der Kernelemente einer monistischen Unternehmensverwaltung anhand aller verfügbaren Quellen und vor allem auch derjenigen vorzunehmen, die globale Relevanz aufweisen. Somit kann das angloamerikanische Modell für die monistische Leitung der SE unter anderen inner- und außereuropäischen Modellen (vgl. unten etwa die Schweiz) Anschauungsobjekt sein und Anregungen liefern.

bb) Das Recht der Bundesstaaten

Das angloamerikanische Gesellschaftsrecht ist jedoch Sache der amerikanischen Einzelstaaten, sodass die Darstellung des monistischen Verwaltungssystems der Vereinigten Staaten an sich auf alle 51 Bundesstaaten der USA eingehen müsste. Beim Gesellschaftsrecht der Vereinigten Staaten ist jedoch der so genannte „Delaware-Effekt"[214] zu beobachten: Die überwiegende Anzahl amerikanischer Corporations ist mittlerweile nach dem Gesellschaftsrecht, den Regeln und gemäß der Rechtsprechung des amerikanischen Bundesstaates Delaware organisiert. Einige begründen dies damit, dass das Gesellschaftsrecht dieses Bundesstaates besonders „lax", andere damit, dass es besonders ausgereift sei.[215] Jedenfalls ist es vorherrschend und soll daher für die Darstellung des monistischen Systems der US Corporate Governance im Vordergrund stehen. Des Weiteren soll die Beschreibung unter Berücksichtigung der Vorschriften für börsennotierte Corporations erfolgen, da diese maßgeblichen Einfluss auf die Unternehmensverwaltung von Unternehmen von der Größe und mit dem Charakter von SE haben.

cc) Das *„Board"*

Dem „Board"[216] obliegt die grundsätzliche Führung der Corporation.[217] Es ist das zentrale Verwaltungsorgan, das für Geschäftsführung und deren Überwa-

---

214 Vgl. MERKT, Vom Konzessionssystem zum Delaware-Effekt: Die Entwicklung des US-amerikanischen Gesellschaftsrechts, in: ZfRV 1996, S. 1 ff.
215 Den „Wettlauf um das liberalste Gesellschaftsrecht" in den Vereinigten Staaten beschreibt TEICHMANN, in: Binnenmarktkonformes Gesellschaftsrecht, S. 332 ff.
216 Die Bezeichnung „Board" (eigentlich das englische Wort für Brett/Tisch) stammt noch aus der britischen Kolonialzeit, in der erstmals große mit privatem Kapital ausgestattete Unternehmungen entstanden (bspw. „Virginia Company of London" oder „Virginia Company of Plymouth"), sodass eine Gruppe von Männern mit der Aufsicht und Leitung des Unternehmens betraut wurde. Da jedoch in den Kolonien – anfangs – feines

chung[218] zuständig ist – also eine Doppelfunktion wahrnehmen muss: Es ist einerseits Aufsichtsorgan, andererseits trifft es primär die wesentlichen unternehmerischen Entscheidungen und stellt damit das herausragende Organ der Unternehmensverwaltung dar.[219] Das „Board" handelt für die Corporation als Organ. Eine Einzelvertretung der Gesellschaft durch ein Mitglied des Boards bedarf der gesonderten Ermächtigung.

Die im Durchschnitt elf Mitglieder[220] des Boards, die einzeln als „Directors" bezeichnet werden, sollen dem Gesetz nach direkt von den Aktionären gewählt werden. In der Praxis, das heißt in 95 Prozent[221] aller großen US-Unternehmen, werden die Kandidaten der Aktionärsversammlung durch ein „Nominating Committee", also einen „Board"-Ausschuss, vorgeschlagen. Dieser Ausschuss erhält jedoch oftmals wiederum die Kandidatennamen vom Leiter des Managements, vom CEO, sodass das gesetzliche Leitbild von der Bestimmung der „Directors" durch die Aktionäre doch deutlich verfälscht, wenn nicht gar ins Gegenteil verkehrt wird, wenn letztlich das Management sein eigenes „Board" auswählt.[222]

Die sehr breit angelegte Kompetenz des „Boards" wird dadurch eingeschränkt, dass es im Regelfall diese Kompetenzen „überblicksartig" ausübt, also mithin seine Aufmerksamkeit „dem Wald und nicht den einzelnen Bäumen" zu-

---

Mobiliar rar war, trafen sich diese Leute an über Sägeböcke gelegten Brettern, und auch nur der „Chairman" – als Vorsitzender der Versammlung – hatte das Privileg auf einem echten Stuhl (Chair) statt wie die übrigen auf Hockern und Schemeln zu sitzen. Vgl. MONKS/MINOW, Corporate Governance, S. 197.

217 Art. 141 (a) Delaware Corporation Law.
218 MONKS/MINOW, Corporate Governance, S. 195: „The board's primary role is to monitor the management on behalf of the shareholders."
219 „The ultimate responsibility for good corporate governance rests with the board of directors. Only a strong, diligent and independent board of directors that understands the key issues, provides wise counsel and asks management the tough question is capable of ensuring that the interests of shareowners as well as other constituencies are being properly served." The Conference Board Commission on Public Trust and Private Enterprise Findings an recommendations, part 2: Corporate Governance, S. 18 (The Roles of the CEO and Chairman), Fundstelle: http://www.conference-board.org/pdf_free/758.pdf.
220 Vgl. Spencer Stuart's 13th survey of board practice in large US companies, wonach eine Verkleinerung des „Boards" zwischen 1988 und 2002 von 15 auf 10,9 Mitglieder zu verbuchen ist.
221 KORN/FERRY, Organizational Consulting, Reinventing Corporate Governance: Directors Prepare for the 21st Century. Results of Fortune Company Directors, 1993.
222 Zitat eines CEO: „My nominating committee is very independent. Sometimes they turn down the names I send them." Zitiert nach MONKS/MINOW, Corporate Governance, S. 212.

zuwenden hat. Aber auch insofern kommen dem „Board" folgende Hauptaufgaben[223] zu: Auswahl, regelmäßige Beurteilung und gegebenenfalls Austausch des „CEO" sowie die kontinuierliche Überprüfung der fortlaufenden Planung und die Festlegung der Managementvergütung; Überprüfung und nötigenfalls Genehmigung der Finanzplanung, der Hauptstrategie und Unternehmensplanung der Gesellschaft; Anweisung und Beratung der obersten Geschäftsleitung; Auswahl und Empfehlung von Kandidaten zur Wahl von Board-Mitgliedern für die Aktionäre; Bewertung der Verfahren im Board und dessen Leistung; Sorge für angemessene Vorkehrungen zur Gewährleistung der Rechts- und Gesetzestreue des Unternehmens.

Der „Chairman of the board", also der Präsident oder Vorsitzende des „Boards", ist zugleich dessen Hauptarchitekt. Er hat maßgeblichen Einfluss auf die Zusammensetzung und bestimmt die Tagesordnung, Prioritäten und Verfahren.

Eine Effizienzsteigerung des „Boards" durch intensivierte Arbeit ergibt sich jedoch nicht nur durch den häufigeren Zusammentritt des Gesamt-„Boards", sondern in steigendem Maße durch die Ausschussarbeit in den „Committees". So verfügten 2004 alle bis auf eines der „Boards" amerikanischer Unternehmen über ein „Compensation Committee", 75 Prozent hatten ein „Nominating/ Corporate Governance Committee", die Hälfte der „Boards" hatte ein „Executive Committee" eingerichtet, ein Drittel ein „Finance Committee", 15 Prozent ein „Social/ Corporate Responsibility Committee" und zehn Prozent verfügten über ein „Investment/Pension Committee".[224]

Bei den „Directors" unterscheidet man zwei Arten: Die „Inside-Directors" und die „Outside-Directors". Erstere sind nicht nur Mitglied des Boards, sondern zugleich auch mit der (Tages-)Geschäftsführung betraut.[225] Im Zuge der „Post-Enron"[226]-Reformen wird es übereinstimmend als gute Praxis angesehen, wenn

---

223 The Business Roundtable, Corporate Governance and American Competitiveness, 1990, S. 7; American Law Institute, Principles of Corporate Governance: Analysis and Recommendation, Draft 2, 1984, S. 66 f.

224 Zwar ist dem „Board" vor allem nur die Einrichtung eines „Audit-Committees" gesetzlich verpflichtend vorgeschrieben, einige Unternehmen sehen jedoch selbst die Notwendigkeit zur Einrichtung weiterer Ausschüsse, und auch aus den Vorschriften für börsennotierte Unternehmen sowie aus den Regelungen der Einzelstaaten kann sich das Erfordernis weiterer Ausschüsse und Unterausschüsse ergeben. Vgl. MONKS/MINOW, Corporate Governance, S. 198 f.

225 Die Anzahl der „Outside-Directors" hat erheblich zugenommen (von 1992 bis 2002 um 44 Prozent), und 2002 war bei fast einem Drittel aller S&P-500-Unternehmen der CEO überhaupt der einzige „Inside-Director" (Quelle: Spencer Stuart's 2002 Study).

226 Auf diese Unternehmenszusammenbrüche wird im Zusammenhang mit dem Vergleich Vor- und Nachteile der Systeme eingegangen.

in „Audit", „*Compensation*" und „*Nomination Committee*" kein „*Inside-Director*" (mehr) vertreten ist, was in der Vergangenheit durchaus üblich war. Diese herrschende Auffassung wird nun auch in den „*Listing Standards*" der New Yorker Börse (NYSE) verbindlich kodifiziert.[227]

Neben den „Insider"-freien Ausschüssen ist man zu der Auffassung gelangt, dass das zahlenmäßige Verhältnis von „Inside-" zu „Outside-Directors" zu Gunsten eines deutlichen Übergewichts der Letzteren ausfallen sollte, da man in einer starken Mehrheit der „*Outside-Directors*" die Möglichkeit sieht, jeglicher Tendenz zum Machtmissbrauch durch Mitglieder des Managements mit der Kontrollfähigkeit des „*Boards*" entgegenzuwirken.[228]

Unter den „Outside-Directors" findet man zunehmend so genannte „Independent Outside-Directors", also unabhängige Mitglieder des „Boards". Dabei variiert die Definition von Unabhängigkeit. Zumeist stimmt man jedoch darin überein, dass es sich um Personen handeln muss, die keinerlei Verbindung zur Gesellschaft außer ihrem Sitz im „Board" haben. Demnach sind Angestellte und deren Angehörige, Rechts-, Steuer- oder sonstige Berater der Gesellschaft sowie Banker und Gläubiger des Unternehmens keine geeigneten „Independent Outside-Directors".[229] Das „Board" tritt in amerikanischen Unternehmen mit stetig steigender Frequenz mehrmals im Jahr zusammen. Die Durchschnittsanzahl von „Board"-Sitzungen lag 2001 bei 8,2. Das „Board" hat auch die „*ultimate strategic direction*" festzulegen und übt damit rechtlich die Oberleitung über das Unternehmen aus.[230]

Die Führung des Tagesgeschäfts und die allgemeine Unternehmensleitung obliegen den „Officers", den leitenden Angestellten der Corporation. Sie leiten ihre Stellung vom „Board" ab, welches das wirkliche „Day-to-day"-Geschäft des Unternehmens im normalen Fahrwasser nicht zu betreiben hat.[231] Abhängig von der Ausgestaltung der „Charter" (vergleichbar mit der Satzung) und der „Bylaws" (vergleichbar mit der Geschäftsordnung) werden die Officers[232] von den Aktionären direkt oder vom Board gewählt.

Die Bezeichnung der Officers kann gemäß den Festlegungen in Charter oder Bylaws variieren. Wenigstens der „*Chief Executive Officer*" (CEO) und der

---

227 MONKS/MINOW, Corporate Governance, S. 199.
228 VANCE, Corporate Leadership, S. 50.
229 MONKS/MINOW, Corporate Governance, S. 227.
230 „Who has the ultimate responsibility for the corporation? Who is genuinely responsible for a corporation? Legally, [...] the board is the ultimate fountain of power." MONKS/MINOW, Corporate Governance, S. 207.
231 Es gilt der Satz: „Director's position should be NIFO: Nose in, fingers out."
232 Art. 142 (a), (b) Delaware General Corporation Law.

„*Chief Financial Officer*" (CFO) sind aber bei jeder Gesellschaft anzutreffen. Beide sind in der Regel auch Mitglieder des Boards.

Der CEO als „Chef der Exekutive" hat stets die umfassende Kompetenz für den *regulären* Geschäftsbetrieb des Unternehmens,[233] wenngleich auch insofern die Befugnisse im Einzelnen von Charter und Bylaws abhängen.[234] Der maßgebliche Anteil an der strategischen Ausrichtung und unternehmerischen Führung, den die Person des CEO tatsächlich oft hat, rührt dabei nicht von der CEO-Stellung her, sondern liegt darin begründet, dass er häufig in Personalunion auch die Position des „*Chairman of the Board*" bzw. des „*President of the Board*" innehat.[235] Obwohl bei Strategieentscheidungen, da es sich um wesentliche Entscheidungen handelt, die Zustimmung des gesamten Boards erreicht werden muss, kann der Chairman/CEO den Entscheidungsprozess im Board erheblich beeinflussen.[236]

dd) Das Verhältnis von „*Board*" und „*Officers*"

Die bisherigen Ausführungen zu den rechtlichen Vorgaben betreffend „Board" und Management lassen den Schluss zu, es handele sich beim Management um eine Gruppe schwacher „Officers", die abhängig sind vom Wohlwollen der (übermächtigen) „Directors". In der Praxis ist es indes oft gerade umgekehrt, weil auch die Interessen der „Directors" wesentlich vom Management abhängen, da auch ihre Bestellung, Vergütung und die ihnen zukommenden Informationen dessen Entscheidungen unterliegen.[237]

Und tatsächlich stellt der – im monistischen System oft als besonders effektiv gerühmte – Informationsfluss zwischen „Board" und Management ein Problem dar. Da die „Directors" nie so gut mit dem operationalen Geschäft vertraut sein können wie das Management, sind sie auf die Informationen angewiesen, die das „Board" überhaupt erst einmal erreichen. Darüber entscheidet aber, gerade in den häufig anzutreffenden Gesellschaften, in denen Personalunion an der Spitze besteht, der „CEO" als „Chairman" selbst. In seinem Interesse liegt es jedoch, die Verfassung des Unternehmens – und damit den vermeintlichen oder

---

[233] Joseph Greenspon's Sons Iron & Steel Co. v. Pecos Valley Gas Co. 156 A 350 (Ch Ct 1931); Canister Co. v. National Can Corp., 63 FSupp 361 (D Del 1945).
[234] Juergens v. Venture Capital Corp., 1 Mass. App. Ct. 274, 295 N. E. 2 d 398 (1973); A. Schulmann, Inc. V. Baer Co., 197 Pa. Super. 429, 178 A. 2 d 794 (1962).
[235] Nach Angaben von MONKS/MINOW, Corporate Governance, S. 189, ist in großen amerikanischen Gesellschaften der CEO zu 76 Prozent auch der Vorsitzende des „Board of Directors".
[236] Vgl. MONKS/MINOW, Corporate Governance, S. 208 ff. und die Ausführungen im Zusammenhang mit den Nachteilen des monistischen Systems.
[237] MONKS/MINOW, Corporate Governance, S. 202.

tatsächlichen Erfolg seiner persönlichen Arbeit – in bestmöglichem Licht erscheinen zu lassen. Zu diesem Zweck fällt es ihm leicht, die anderen „Board"-Mitglieder wahlweise mit zu vielen unwichtigen, falschen, zu wenigen oder verspäteten Informationen zu versorgen.[238] Der CEO ist das Nadelöhr, durch das die Informationen das „Board" nur gefiltert erreichen.

So verwundert es nicht, dass die „Directors" zusammengebrochener und in schweres Fahrwasser geratener Unternehmen oft zu ihrem Schutz anführen, sie seien nicht ausreichend mit Informationen versorgt worden.[239] Inwieweit diese Behauptung sie indes tatsächlich zu entlasten vermag, bleibt zweifelhaft, da sie ihr Informationsdefizit zwar nicht unmittelbar verursacht, sie es aber letztendlich doch zu verantworten haben. Schließlich haben sie das Management ausgewählt und sollten die Oberleitung über das Unternehmen ausüben.[240]

Bestimmte Informationen gelten als unverzichtbar für die „Board"-Arbeit: Statements zum operativen Geschäft, Bilanzen, Cashflow-Berichte, die Abweichungen vom Plan und vom Vorjahr angeben, sowie Managementberichte betreffend das laufende Geschäft und korrigierte Ergebnisprognosen. Weiterhin zählen Protokolle der Managementsitzungen, Pressespiegel des Unternehmens, Gutachten zur Kunden- und Mitarbeiterzufriedenheit sowie Analystenberichte betreffend das eigene Unternehmen und betreffend die wichtigsten Wettbewerber zu den als absolut notwendig erachteten Informationen.[241]

Hier zeigt der Vergleich zur Pflicht des Vorstands der deutschen Aktiengesellschaft, seinem Aufsichtsrat gem. § 90 AktG zu berichten, signifikante Parallelen zwischen der amerikanischen Corporate Governance und derjenigen in der deutschen Aktiengesellschaft: Übereinstimmend ist über vergleichbare Themen (wie Geschäftsgang und Geschäftslage, Rentabilität und Geschäftspolitik) zu informieren. Dies resultiert aus der praktischen Notwendigkeit, dass die Geschäftsführung und Leitung ebenso wie deren effektive Überwachung und Kontrolle voraussetzen, dass die handelnden Personen über ihr Unternehmen „im Bilde" sind und di Informationsversorgung eine herausragende Rolle spielt. Ungeachtet der Unterschiede zwischen monistischem und dualistischem System, tragen damit beide Systeme der praktischen Notwendigkeit im Ergebnis Rechnung auch wenn sie dies im Ansatz auf unterschiedlichem Wege erreichen.

---

238 MONKS/MINOW, Corporate Governance, S. 203, 209: „As long as the CEO controls the quality, quantity and timing of the information that is presented to the directors, they can never be assured of getting what they need for true independent oversight."
239 MONKS/MINOW, Corporate Governance, S. 206.
240 „Ignorance is no excuse", MUELLER, CEOs and their Boards of Directors, S. 122.
241 SALMON, Crisis Prevention, Harvard Business Review, Jan.–Feb. 1993, S. 69.

ee) Die faktische Oberleitung des Managements

Die rechtlich klare Oberleitungsfunktion des „Boards" wird den „Directors" in der Praxis in nicht unerheblichem Maße streitig gemacht. Das resultiert wesentlich aus dem soeben dargestellten defizitären Informationsfluss zwischen Management und „Board". Zusätzlich erscheint es aber auch natürlich, dass diejenigen, die das Tagesgeschäft betreiben und somit unmittelbar am Puls der Märkte agieren, versuchen, neben der Administration auch die Innovation und Strategie an sich zu ziehen. Schließlich sind es auch die „Officers", die die Qualifikation, Infrastruktur und Zeit dazu haben.[242] Dieser Effekt erscheint nicht ungewöhnlich und lässt sich auch im Verhältnis zwischen Gesellschafter(versammlung) und Geschäftsführer in der deutschen GmbH beobachten. Zwar sind die Gesellschafter der deutschen GmbH das oberste Willensbildungsorgan der Gesellschaft.[243] Ihnen steht das Recht zur Satzungsänderung und damit zur Ausweitung der eigenen Befugnisse im Sinne einer Kompetenz-Kompetenz ebenso zu wie bestimmte Grundlagenentscheidungen zwingend den Gesellschaftern vorbehalten bleiben. Insbesondere hat die Gesellschafterversammlung umfassende Weisungskompetenz gegenüber dem Geschäftsführer in Geschäftsführungsfragen, soweit im Gesellschaftsvertrag nichts anderes vorgesehen ist.[244] Trotzdem werden auch die strategischen Geschicke einer GmbH oftmals nicht unwesentlich von den Geschäftsführern bestimmt – schon allein deshalb weil sie die Entscheidungen der Gesellschafter vorbereiten.

Die sich daraus ergebene Spannung, dass das „Board" die Oberleitung rechtlich ausüben soll, die „Officers" sie paradoxerweise aber faktisch viel eher ausüben können, muss aber nicht automatisch negativ sein; denn finden Management und „Board" die richtige Balance, so kann sich aus dem „Streit" um die Oberleitung ein produktiver und kreativer Stress entwickeln, der dem Unternehmenswohl dient.[245] Freilich müssen die „Directors" dazu auch das Ringen um die Oberleitung aufnehmen, was bislang wohl die eigentliche Herausforderung darstellt. Dies belegen auch die Unternehmensskandale der letzten Jahre, die bei der Darstellung der US-amerikanischen Corporate Governance nicht ungenannt bleiben dürfen, da das Bild der monistischen Verwaltung von US-amerikanischen Unternehmen lückenhaft wäre, würde man nicht auch die spek-

---

242 MONKS/MINOW, Corporate Governance, S. 207.
243 BAYER, in: Lutter/Hommelhoff (Hrsg.), § 45 GmbHG, Rn. 4; WICKE, GmbHG, § 45, Rn. 2.
244 KLEINDIEK, in: Lutter/Hommelhoff (Hrsg.), § 37 GmbHG, Rn. 17 ff.
245 DEMP/NEUBAUER, The Corporate Board, Oxford University Press 1992, S. 70, 97.

takulären und weit reichenden Unternehmenszusammenbrüche des Jahres 2002 in der Darstellung benennen.[246]

ff) Sarbanes-Oxley Act

Als Reaktion auf die genannten Skandale wurden in den Vereinigten Staaten börsennotierte Gesellschaften stärker reguliert. Diese kapitalmarktrechtlichen Vorschriften haben große Bedeutung für die Corporate Governance und das US-amerikanische Systems der monistischen Unternehmensverwaltung verändert. In den Vereinigten Staaten spielen für die Organisation des „Boards" die Vorschriften der *„Regulation Agencies"* (Aufsichtsämter) eine wesentliche Rolle. Dazu gehört vor allem die Securities und Exchange Commission (SEC), die 1934 als unabhängige Bundesbehörde in Washington begründet wurde. Sie ist es auch, die mit der Umsetzung des *Sarbanes-Oxley Act* („SOA") betraut ist, der am 30. Juli 2003 vom US-Präsidenten George W. Bush unterzeichnet wurde, um das Anlegervertrauen wiederzuerlangen.[247]

Der *Sarbanes-Oxley Act* ergänzt die Vorschriften des Securities and Exchange Act von 1934. Sein Ziel ist in erster Linie, mehr Transparenz, Kontrolle und Unabhängigkeit bei der Unternehmensführung zu schaffen.[248] Der *Sarbanes-Oxley Act* richtet sich auf Grund der negativen Erfahrungen in den USA vorrangig an die Mitglieder der Leitungsorgane; er enthält vor allem Regelungen, die Bilanzfälschungen zukünftig verhindern sollen. Die Maßnahmen zur Verbesserung der internen Corporate Governance sowie verschärfte Sanktionen im Hinblick auf Verfälschungen der Berichterstattung über die Rechnungslegung dienen jedoch nicht nur der Verhinderung von Bilanzierungsskandalen, sondern sind auch als Signal an die Anleger zu verstehen, um deren Vertrauen zurück zu gewinnen. Die Regelungen des *Sarbanes-Oxley Act* erfassen vor allem auch die überwachenden Direktoren. Nach Sec. 301 des *Sarbanes-Oxley Act* ist einen Prüfungsausschuss (Audit Committee) einzurichten. Die Mitglieder dieses Audit Committee dürfen weder dem Unternehmen nahe stehende Personen noch von ihm finanziell abhängig sein.

---

246 Zu nennen sind die Exzesse der späten neunziger Jahre, in denen Unternehmen wie Enron, WorldCom oder Tyco durch Bilanzfälschung, Täuschung der Kapitalanleger und durch die Selbstbedienungsmentalität des Topmanagements in die Schlagzeilen gerieten. Die Reihe lässt sich in der aktuelle Finazmarkt- und Bankenkrise fortsetzen, wenngleich dabei zweifelhaft ist, ob und inwieweit dies auf Ursachen im monistischen System zurückzuführen sind.
247 LANFERMANN/MAUL, in: DB 2002, S. 1725 ff.
248 CARL, in: Spahlinger/Wegen, Internationales Gesellschaftsrecht, Rn. 1623.

Der *Sarbanes-Oxley Act* und seine Implementierungsvorschriften sind ein eindrucksvolles Beispiel für die Normsetzungswirklichkeit auch für große deutsche Aktiengesellschaften,[249] wenn sie auf internationalen Kapitalmärkten auftreten. Von den Regelungen des *Sarbanes-Oxley Act* wurden in Deutschland die Organe und Abschlussprüfer der Unternehmen unmittelbar betroffen, die auf Grund der Inanspruchnahme des US-amerikanischen Kapitalmarktes bei der SEC registriert sind.

e) Großbritannien

Das britische Gesellschaftsrecht ist demjenigen in den ehemaligen Kolonien, den amerikanischen Einzelstaaten, naturgemäß immer noch sehr ähnlich.[250] Insofern erklärt sich die monistische Unternehmensverwaltung britischer Prägung bereits vor dem Hintergrund der Darstellungen im vorausgehenden Abschnitt. Für das angelsächsische System der monistischen Unternehmensverwaltung ist der „Companies Act 2006" („CA 2006") maßgeblich. Abgesehen davon, dass Großbritannien als Mitgliedstaat der Europäischen Union im Unterschied zu den Vereinigten Staaten die zwingenden gesellschaftsrechtlichen EU-Richtlinien in seinem Gesellschaftsrecht umgesetzt hat, unterscheidet sich die britische Praxis hier in einem besonderen Punkt von dem in den USA: das Verhältnis von *„Chairman of the Board"* und *„Chief Executive Officer"*. Während in den Vereinigten Staaten in mehr als 90 Prozent[251] der großen Publikumsgesellschaften beide Positionen von einer Person in Personalunion ausgeübt werden, ist in Großbritannien zunehmend die Trennung des Vorsitzenden des Boards von der Position des obersten Geschäftsleiters zu verzeichnen. Eine Entwicklung, die ihren Ausgangspunkt mit der entsprechenden Empfehlung im „Corporate Governance"-Bericht[252], der 1992 unter der Leitung von Sir Adrian Cadbury erstellt wurde, nahm und seit dem Jahre 2000 im Zuge des „Combined Code"[253] der Londoner Börse für notierte Gesellschaften in verbindliche Vorschriften geron-

---

249 An der NYSE waren 2003 18 deutsche Unternehmen notiert, vgl. http://www.nyse.com/pdfs/forlist030402.pdf.
250 MONKS/MINOW, Corporate Governance, S. 165 ff.; HENN/ALEXANDER, Laws of Corporation; S. 550.
251 MONKS/MINOW, Corporate Governance, S. 175 ff.
252 Cadbury Report, The Cadbury Committee Report: The Financial Aspects of Corporate Governance, London 1992. Dies ist gewissermaßen die „Mutter" aller Corporate-Governance-Kodizes.
253 Der Kodex wird als „The Combined Code" bezeichnet, weil er aus einer Kombination der maßgeblichen Bestimmungen des „Cadbury Code of Best Practice" von 1992, des „Greenbury Report" von 1995, des „Hampel Report" von 1998 und des „Turnbull Report" von 1999 entstanden ist.

nen ist, die für den Fall einer personalunionistisch eingerichteten Spitze dies im Jahresbericht offen legen und eigens begründen müssen.[254] Darüber hinaus weist das britische Gesellschaftsrecht zum amerikanischen keine wesentlichen Unterschiede auf, wenn es um die Beschreibung der monistischen Spitzenorganisation geht.

f) Die Schweiz

Das Aktienrecht der Schweiz ist durch seine Flexibilität gekennzeichnet und lässt der privatautonomen Gestaltung viel Freiraum.[255] Fest steht jedoch, dass in der Schweiz ein singuläres Organ[256] die Aktiengesellschaft[257] leitet und überwacht. Eine Mitbestimmung der Arbeitnehmer auf Unternehmensebene ist zudem unbekannt.[258] In der Schweiz wäre jedoch 1971 auf Betreiben der Gewerkschaften beinahe eine Mitbestimmung eingeführt worden, wenn sie nicht in einer Volksabstimmung knapp verhindert worden wäre. Im Unterschied zur Mitbestimmung in Deutschland wäre die Mitbestimmung in der Schweiz natürlich nicht im Aufsichtsorgan, sondern im einzig vorhandenen Organ, dem Verwaltungsrat, angesiedelt worden, sodass sich das Problem der Arbeitnehmermitbestimmung bei der Leitung der Gesellschaft gestellt hätte.[259]

Das singuläre Organ, das den Ort der Unternehmensverwaltung darstellt, ist der „Verwaltungsrat", der „die Geschäfte der Gesellschaft führt"[260] und dessen Kompetenzen sich in erster Linie aus Art. 716 a des Schweizer Obligationsrechts in der Fassung vom 4. Oktober 1991 („OR") ergeben. Der Verwaltungsrat ist danach multifunktional und im Grundsatz allmächtig. Im Vergleich mit dem

---

254 Combined Code, Abschnitt A.2 und A.2.1.
255 FORSTMOSER, in: ZGR 2003, S. 689, 698 f.
256 BÖCKLI, Konvergenz der Systeme in der Spitzenverfassung der Aktiengesellschaft, S. 337.
257 Die Aktiengesellschaft stellt in der Schweiz die häufigste Gesellschaftsform dar, die vom Einzelpersonenbetrieb bis zum Weltkonzern universell zum Einsatz kommt. Im Jahre 2002 waren es 173.332 Unternehmen, vgl. Schweizerisches Handelsamtsblatt (SHAB), Nr. 15 vom 24. Januar 2003, S. 58.
258 Arbeitnehmerrechte sind vielmehr auf Mitwirkungsrechte am Arbeitsplatz und auf betrieblicher Ebene beschränkt.
259 Da diese Mitbestimmung den Gewerkschaften und Arbeitnehmern eine direkte Möglichkeit zur Einflussnahme in die strategische Führung der schweizerischen Unternehmen gebracht hätte, bezeichnet BÖCKLI, in: Hdb. Corporate Governance, S. 210, diese Art der Mitbestimmung als funktional weiter gehend als jene der Bundesrepublik. Eine Einschätzung, die so auch in dieser Arbeit für die Mitbestimmung in der monistischen SE herausgearbeitet werden soll.
260 Art. 716 Abs. 2 OR.

deutschen dualistischen Modell kann man sagen, dass er die Rechte und Pflichten von Aufsichtsrat und Vorstand in sich vereint.[261] Er „kann, darf und muss all das allein, was in Deutschland wenigstens von Gesetzes wegen sauber auf zwei Organe aufgeteilt ist."[262]

aa) Die Aufgaben des Verwaltungsrats

Gemäß Art. 716 a Abs. 1 OA hat der Verwaltungsrat folgende unübertragbare und unentziehbare Aufgaben:
- die Oberleitung der Gesellschaft und die Erteilung der nötigen Weisungen;
- die Festlegung der Organisation;
- die Ausgestaltung des Rechnungswesens, der Finanzkontrolle sowie der Finanzplanung, sofern diese für die Führung der Gesellschaft notwendig ist;
- die Ernennung und Abberufung der mit der Geschäftsführung und der Vertretung betrauten Personen;
- die Oberaufsicht über die mit der Geschäftsführung betrauten Personen, namentlich im Hinblick auf die Befolgung der Gesetze, Statuten, Reglemente und Weisungen;
- die Erstellung des Geschäftsberichtes sowie die Vorbereitung der Generalversammlung und die Ausführung ihrer Beschlüsse;
- die Benachrichtigung des Richters im Falle der Überschuldung.

Gemäß Art. 716 a Abs. 2 OA kann der Verwaltungsrat die Vorbereitung und die Ausführung seiner Beschlüsse oder die Überwachung von Geschäften allerdings Ausschüssen oder einzelnen Mitgliedern zuweisen.

bb) Die Kernkompetenzen des Verwaltungsrats

Zu den Kernkompetenzen des Verwaltungsrats zählt jedoch die uneingeschränkte Führungsverantwortung.[263] Darunter wird in der Schweiz die Kernkompetenz des Verwaltungsrats zur Organisation des Unternehmens[264] und ganz wesentlich die Oberleitung[265] der Gesellschaft sowie die Finanzverantwortung verstanden.

---

261 FLEISCHER, in: ZIP 2003, S. 1, 4.
262 BÖCKLI, Konvergenz der Systeme in der Spitzenverfassung der Aktiengesellschaft, S. 341.
263 Ihr kann sich der Verwaltungsrat trotz seiner Delegationsbefugnis nicht entziehen. Vgl. BÖCKLI, Konvergenz der Systeme in der Spitzenverfassung der Aktiengesellschaft, S. 341; MÜLLER/LIPP/PLÜSS, Der Verwaltungsrat, S. 64.
264 Art. 716a Abs. 1 Ziff. 2 OR 1991.
265 Art. 716a Abs. 1 Ziff. 1 OR 1991.

i. Die Oberleitung

Die Oberleitung stellt eine herausgehobene Kernkompetenz des Verwaltungsrats dar, denn der Entscheidungen über Maßnahmen in diesem Kernbereich der Unternehmensverwaltung kann sich der Verwaltungsrat nicht entledigen.[266] Daher sind in der Schweiz Begriff, Inhalt und Grenzen der Oberleitung Gegenstand rechtswissenschaftlicher Erörterung gewesen. Danach ist die Oberleitung die Festlegung der strategischen Ziele der Gesellschaft und damit die Entscheidung über die Unternehmenspolitik. So lautet denn auch die entsprechende Definitionen im *„Swiss Code of Best Practice"*: *„Der Verwaltungsrat bestimmt die strategischen Ziele, die generellen Mittel zu ihrer Erreichung und die mit der Führung der Geschäfte zu beauftragenden Personen."*[267] Zur Unternehmenspolitik zählen mithin die Festlegung bestimmter Unternehmensziele, die Bestimmungen der Wege zu deren Erreichung, die Positionierung des Unternehmens am Markt und die Prioritätensetzung für den Einsatz der Finanzmittel.

ii. Die Organisationsverantwortung

Die ebenfalls zur Kernaufgabe des Verwaltungsrats gehörende Verantwortung für die Organisation betrifft die Festlegung der Spitzenorganisation. Dazu muss im Verwaltungsrat insbesondere entschieden werden, ob seine Mitglieder selbst die Geschäftsführung ausüben sollen oder externe Dritte. Auch die Anzahl der geschäftsführenden Direktoren muss erörtert werden und es müssen Regelungen für die Berichterstattung der geschäftsführenden Direktoren an den Verwaltungsrat entwickelt werden. Schließlich gehören auch die Grundstrukturen des Unternehmens (Holdingstruktur, Zweigniederlassungs- oder Tochtergesellschaftsstruktur, funktionale oder spartenmäßige Gliederung etc.) zur Organisationsverantwortung des Verwaltungsrats.

Die Definition der Kernkompetenzen harmoniert augenfällig mit den bisher gefundenen Zwischenergebnissen dieser Arbeit in Bezug auf die inhaltliche Ausfüllung des Begriffs der Oberleitung. So besitzt der Verwaltungsrat nahezu alle Zuständigkeiten eines deutschen Vorstands für die obersten Entscheidungen der Unternehmensleitung. Er übt die oberste Führungsverantwortung, die *Oberleitung* der Gesellschaft, aus. Wie der Vorstand der deutschen AG und wie auch das Board im angelsächsischen Sinne, wenn es die *„ultimate strategic direction"* bestimmt.

---

266 BÖCKLI, Schweizer Aktienrecht, 4. Aufl., 2009, § 13, Rn. 303 ff..
267 Ziff. 9 „Swiss Code of Best Practice".

cc) Die Delegation der Geschäftsleitung

Besonderer Erwähnung bedarf die in der Praxis häufig zu beobachtende Delegation der exekutiven Führung,[268] sprich der Geschäftsführung, durch den Verwaltungsrat an ein gesondertes Gremium.[269] Eine solche Möglichkeit zur Übertragung der Geschäftsführung eröffnet Art. 716 b Abs. 1 OR als Option in den Statuten[270] (Satzung) der Gesellschaft. Die Statuten können den Verwaltungsrat ermächtigen, „die Geschäftsführung nach Maßgabe eines Organisationsreglements ganz oder zum Teil an einzelne Mitglieder oder an Dritte zu übertragen". Dabei ist der Verwaltungsrat einerseits freilich nicht gezwungen, von dieser Satzungsoption Gebrauch zu machen, was seine starke Stellung gegenüber dem Aktionär als Satzungsgeber unterstreicht, andererseits kommt seine Macht auch darin zum Ausdruck, dass er die Geschäftsführung – vergleichbar[271] der Situation in der deutschen GmbH – jederzeit und ohne wichtigen Grund[272] abberufen kann. Erfolgt eine Übertragung an Mitglieder des Verwaltungsrats, so muss jedoch weiterhin die Mehrheit des Verwaltungsrats aus nichtgeschäftsführenden Mitgliedern bestehen. Delegiert der Verwaltungsrat die Geschäftsführung, dann arbeitet sie weitgehend eigenständig, sodass das Gremium der Geschäftsführung – auch Geschäftsleitung[273] genannt – für die Entscheidungsvorbereitung, -

---

268 Freilich unter dem Vorbehalt der Zustimmung des Verwaltungsrates zu bestimmten wichtigen Geschäften im Organisationsreglement.
269 Vgl. BÖCKLI, Kernkompetenzen, S. 33 ff.; BÖCKLI, Schweizer Aktienrecht, 4. Auflage 2009, § 13, Rn. 518 ff.; MÜLLER/LIPP/PLÜSS, Der Verwaltungsrat, S. 122 ff.; KRNETA, Verwaltungsrat, Rn. 1692 ff.; TRIGO TRINDADE, Le Conseil d'Administration, S. 155 ff.
270 Die Statuten fast aller Aktiengesellschaften sehen die Möglichkeit einer vollständigen Delegation der Geschäftsführung durch den Verwaltungsrat vor; vgl. FORSTMOSER, in: ZGR 2003, S. 705.
271 Nach § 46 Nr. 5 GmbHG entscheidet die Gesellschafterversammlung im Prinzip frei über Bestellung, Abberufung und Entlastung der Geschäftsführer. Handelt es sich um eine mitbestimmte GmbH nach den Vorschriften des MitbestG 1976 ist die Zuständigkeit der Gesellschafterversammlung für Abberufung und Bestellung der Geschäftsführer ausnahmsweise zwingend auf den Aufsichtsrat verlagert, vgl. §§ 31 Abs. 1, 33 MitbestG.
272 Das unterscheidet ihn übrigens auch markant vom deutschen Aufsichtsrat, der sich von Vorständen – sobald sie einmal bestellt wurden – nur noch unter Anführung eines wichtigen Grundes (§ 83 Abs. 3 AktG) trennen kann.
273 „Geschäftsleitung" hat begrifflich im OR 1991 jedoch keinen Niederschlag gefunden.

gestaltung und -fällung im Unternehmen so große Bedeutung gewonnen hat, dass manche es mit dem deutschen Vorstand vergleichen.[274]

i. Die duale Exekutive im monistischen System

Die aus der Delegation resultierende Tendenz zur Zweigliedrigkeit der Verwaltung im monistischen System der Schweiz führt auch tatsächlich zu einer gewissen Annäherung[275] der schweizerischen Unternehmensverwaltung an das deutsche dualistische Modell, jedenfalls insofern, als auch im monistischen System der Schweiz eine Aufteilung von Verwaltungsaufgaben stattfindet und sich so eine Dualität der Gremien ergibt. Zu beachten ist freilich, dass zwar der Umstand, *dass* aufgeteilt wird, ähnlich ist, jedoch *das, was* aufgeteilt wird, sich weiterhin unterscheidet; denn es findet eine Aufgabenteilung nach anderen Inhalten statt: Trennt das deutsche dualistische Modell im Aufsichtsrat – mehr oder weniger scharf – die Überwachung von der Geschäftsführung und Leitung im Vorstand, so verläuft die Aufgabenscheide zwischen den Gremien im schweizerischen System zwischen der Führung der Tagesgeschäfte einerseits und der strategischen Leitung andererseits, teilt somit Aufgaben auf, die im deutschen Modell dem Vorstand insgesamt obliegen. Weist man der Geschäftsführung die Führung der (Tages-)Geschäfte und dem Verwaltungsrat alle strategischen Leitungskompetenzen – mithin die *„instructio"* – zu, so verläuft die Trennlinie mitten durch die Exekutivbefugnisse und nicht zwischen Leitung und Überwachung hindurch.[276]

ii. Die Oberleitung des Verwaltungsrats

Hinsichtlich der Oberleitung der Gesellschaft durch den Verwaltungsrat bleibt es daher trotz dieser gewissen Zweigliedrigkeit der Geschäftsführung dabei, dass der Verwaltungsrat alle *unternehmerischen* Aufgaben ungeteilt selbst wahr-

---

274 BÖCKLI, Konvergenz der Systeme in der Spitzenverfassung der Aktiengesellschaft, S. 347, bezeichnet die schweizerische Spitzenverfassung aus Verwaltungsrat und Geschäftsleitung als zur deutschen „spiegelsymmetrisch".
275 BÖCKLI, Verwaltungsrat oder Aufsichtsrat? Konvergenz der Systeme in der Spitzenverfassung der Aktiengesellschaft, in: FS Reist 1992. Allein der Titel illustriert augenfällig die Beobachtung dieser Tendenz.
276 BÖCKLI, in: Hdb. Corporate Governance, S. 212, weist in diesem Zusammenhang anschaulich auf die römisch-rechtliche Figur des Auftraggebers mit seinen Kernkompetenzen Auswahl, Anweisung, Aufsicht hin, dessen Denkmodell sich in der Gestaltung des schweizerischen monistischen Systems der Unternehmensverwaltung insofern widerspiegelt, dass neben der Auswahl der Geschäftsführung (Delegation) und der Aufsicht eben auch die Anweisung, also die Richtliniengebung, für den „Beauftragten" zu den ureigenen Kernkompetenzen des „Auftraggebers" gehört.

nimmt.[277] Trotz der Tatsache, dass die Geschäftsführung natürlich Impulse für die Oberleitung gibt, finanzielle Dinge der Gesellschaft handhabt und Vorschläge für die Organisation erarbeitet,[278] darf die Teilung der Exekutivbefugnis nicht darüber hinwegtäuschen, dass die Überwachung und – wenigstens – *die Entscheidung über die Oberleitung* nicht delegiert werden (dürfen) und somit der Verwaltungsrat trotz der Delegation der (Tages-)Geschäftsführung das uneingeschränkte Oberleitungsorgan der Gesellschaft bleibt.

iii. Die bestehende Divergenz der Systeme

Damit ist der Verwaltungsrat zwar dem Vorstand ähnlich, dieser übt aber im Gegensatz dazu nicht zugleich die Kontrolle über die Geschäftsführung aus. Dies unterscheidet ihn ganz wesentlich vom Vorstand, sodass von einer zunehmenden Konvergenz und Annährung der Systeme insofern doch nicht durchgängig gesprochen werden kann. Vielmehr bleibt die Aussage zutreffend, dass der schweizerische Verwaltungsrat im Vergleich mit dem dualistischen Modell Deutschlands die Aufgaben von Vorstand und Aufsichtsrat vereint und damit ein gehöriges Maß an Divergenz der Systeme fortbesteht. Und auch vor dem Hintergrund des schweizerischen Systems der Unternehmensverwaltung in seiner praktischen Ausprägung bleibt festzuhalten, dass das monistische System dem Verwaltungsrat als dem direkt von den Aktionären gewählten Gremium einzig und exklusiv die Oberleitung über die Gesellschaft zuweist.

dd) Die Ausschüsse im Verwaltungsrat

Der schweizerische Verwaltungsrat hat im Zuge der internationalen Corporate-Governance-Aktivitäten eine prägnantere Binnenstrukturierung erfahren. So gehören seit Juli 2002 – dem Inkrafttreten des „Swiss Code", der schweizerischen Empfehlungen zur Corporate Governance – die mittlerweile international gängigen Ausschüsse (*Audit Committee, Renumeration Committee* und *Nomination Committee*) zum Inventar der größeren schweizerischen Gesellschaften.[279]

---

277 v. GREYERZ, Die Aktiengesellschaft, in: Schweiz. Privatrecht, Bd. VIII/2, Basel 1982, 197.
278 MERKT, Monistische Unternehmensführung, in: ZGR 2003, S. 659.
279 Ziffer 21 ff. des „Swiss Code of Best Practice for Corporate Governance (SCBP 2002)" vom 25. März 2002, in Kraft getreten am 1. Juli 2002 und anwendbar erstmals auf das Geschäftsjahr 2002. Dieses Regelwerk gibt jedoch nur „Leitlinien und Empfehlungen", über deren Verbindlichkeit die Unternehmen selbst frei entscheiden können.

ee) Die Kritik am monistischen Modell

Die organische Einheit von Geschäftsführung und Kontrolle, wie sie das schweizerische Modell der Unternehmensverwaltung aufweist, wird mitunter auch kritisiert. Anhand dieses Modells der Spitzenverwaltung wird auch grundsätzliche dogmatische Kritik an monistischen Modellen formuliert: Im Zentrum steht dabei der Vorwurf der Widersprüchlichkeit. „Denn wer immer vor den Aktionären dazu ausersehen ist, seine Aufgabe als Verwaltungsrat übers Jahr ‚mit aller Sorgfalt' zu erfüllen und den jährlich zusammentretenden Anteilseignern rückblickend redlich Rechenschaft abzulegen, sieht sich verpflichtet, etwas zu leisten, was tatsächlich keiner kann: Er soll dauernd sich selbst überwachen."[280] Zu diesem grundsätzlichen Unbehagen gesellt sich – wieder im Zusammenhang mit der Delegation der (Tages-)Geschäftsführung – die Feststellung, dass diese Trennung in der Praxis oftmals eine theoretische sei und sie in Wirklichkeit doch weiter reiche als vorgesehen, nämlich dass der Verwaltungsrat sich bei der Ausübung seines Amtes darauf beschränke, Fragen der Oberleitung des Unternehmens zwar zu *entscheiden*, die Entwicklung (Idee, Beratung, Formulierung der Unternehmensplanung) der Oberleitung und die sie ausfüllende Strategie jedoch der Geschäftsleitung überlasse.[281] Dies liege daran, dass die Mitglieder des Verwaltungsrats in der überwiegenden Anzahl nebenamtlich tätig sind.[282] Die in der Regel auch nichtexekutiven Mitglieder[283] kämen von außen und seien auf die professionelle Geschäftsleitung – entgegen dem eigentlichen gesetzlichen Leitbild bei der Ausübung ihrer Leitungs-, Strategie- und Gestaltungsaufgaben – angewiesen.

3. Kernmerkmal des Monismus: Monoorganschaft

Auf Grund der vorangegangenen rechtsvergleichenden Darstellung von Ländern mit monistisch verfassten Aktiengesellschaften, sollen nun die Hauptmerkmale eines monistischen Systems abgeleitet werden. Es sollen mithin diejenigen Merkmale markiert werden, die eine Unternehmensverwaltung monistisch formen.

---

280 BÖCKLI, Konvergenz der Systeme in der Spitzenverfassung der Aktiengesellschaft, S. 348.
281 Nach BÖCKLI, in: Hdb. Corporate Governance, S. 212, komme es am Schluss meist im Wesentlichen dazu, dass der Verwaltungsrat zwar das „decision taking" in eigener Verantwortung erbringe, die Geschäftsleitung jedoch den ganzen Prozess des „decision shaping" von der ersten Anregung bis zur beschlussreifen Vorlage beherrsche.
282 Vgl. FORSTMOSER, in: ZGR 2003, S. 709.
283 WATTER, Nicht exekutive Mitglieder, S. 659.

Die monistische Unternehmensverfassung ist dadurch gekennzeichnet, dass die Gesellschaft neben der Gesellschafterversammlung nur *ein* weiteres (Haupt-)Organ anstelle von zwei getrennten Organen (Vorstand und Aufsichtsrat im deutschen Recht) hat.[284] Es fehlt eine vorgegebene *institutionalisierte* Trennung von Personen und Funktionen. Ein einheitliches Verwaltungsorgan ist daher im Grundsatz für alle Entscheidungen in der Gesellschaft zuständig, soweit Entscheidungen nicht ausnahmsweise der Hauptversammlung vorbehalten sind.[285]

a) Die Zuständigkeit für die Unternehmensleitung

Die Untersuchung des *„Board of Directors"* in der angloamerikanischen Corporation, des Conseil d'administration der französischen Société Anonyme und des Verwaltungsrats nach schweizerischem Recht haben bei allen Unterschieden im Detail gezeigt, dass im singulär institutionalisierten Verwaltungsgremium vor allem die *unternehmerische Leitung* der Gesellschaft stattzufinden hat. Zwar wird das *„Day to day"*-Geschäft vielfach in monistischen Systemen ausgelagert und von angestellten Managern (*„Executives"* und *„Officers"*) wahrgenommen.[286] Die Tagesgeschäftsführung ist jedoch jederzeit „rückholbar" und jedenfalls verbleibt die Endverantwortung auch für das Tagesgeschäft zwingend ebenfalls bei dem monistischen Organ. Die Oberleitung ist eben auch insoweit nicht delegierbar: Wie bei der Entscheidung über die Unternehmensplanung ist auch die Endverantwortung für das Tagesgeschäft nicht entziehbar.

Damit ist festzuhalten, dass es das kennzeichnende Strukturmerkmal monistischer Unternehmensleitung – und damit zugleich der elementare Unterschied zum dualistischen System von Vorstand und Aufsichtsrat[287] – ist, dass im monistischen System ein einziges Organ die Allzuständigkeit für die umfassende (Ober)Leitung innehat.

---

284 Dazu rechtsvergleichend KESSLER, in: RIW 1998, S. 602, 603.
285 LUTTER/KRIEGER, Rechte und Pflichten des Aufsichtsrats. § 1 Rn. 3.
286 WIESNER, in: Münch. Hdb. AG, § 19, Rn. 4.
287 Der Aufsichtsrat hat eine bedeutende, aber keine leitende Funktion bei der Unternehmensführung; vgl. etwa These 6 des „German Code of Corporate Governance" des Berliner Initiativkreises, in: AG 2001, S. 1, 14.

b) Die Zuständigkeit für die Überwachung

In einem monistisch geführten Unternehmen vereint dieses Organ weiterhin die Aufgaben von Unternehmensleitung und -kontrolle.[288] Da es nur ein Verwaltungsorgan gib, muss die Unternehmenskontrolle zwangsläufig dort angesiedelt sein. Eine Delegation auf untergeordnete Stellen wäre geradezu widersinnig. Diesem Problem der Selbstkontrolle wird zunehmend versucht, durch Maßnahmen der organschaftlichen Binnenstruktur zu begegnen.

Damit ist festzuhalten, dass es das kennzeichnende Strukturmerkmal monistischer Unternehmensleitung – und damit zugleich der elementare Unterschied zum dualistischen System von Vorstand und Aufsichtsrat[289] – ist, dass im monistischen System ein einziges Organ die Allzuständigkeit für die umfassende (Ober)Leitung einschließlich Kontrolle innehat.

4. Die Verwaltungssysteme im Vergleich

Mit dem Vergleich des dualistischen mit dem monistischen System der Verwaltung ist die Gegenüberstellung ihrer jeweiligen Vorzüge und Nachteile gemeint. Ein breit fundierter Nachweis darüber, dass eines der beiden Verwaltungssysteme rechtstatsächlich dem anderen überlegen ist, ist freilich noch nicht geführt worden[290] und wäre wohl auch schwerlich zu führen. So hat die Regierungskommission Corporate Governance in ihrem Bericht 2001 zutreffend festgestellt, dass es bislang an empirischen und ökonomischen Nachweisen für oder gegen eine Überlegenheit eines der beiden Verwaltungssysteme fehlt.[291] Holzschnittartig wird jedoch häufig gegen das Board-System argumentiert, dass niemand sich selbst überwachen könne. Dem dualistischen System wird hingegen entgegengehalten, dass nur derjenige effektiv überwachen könne, der an einer Tätigkeit intensiv teilhabe.

---

288 DAVIES, in: ZGR 2001, S. 267, 275; RAISER, Recht der Kapitalgesellschaft, § 7, Rn. 7.
289 Der Aufsichtsrat hat eine bedeutende, aber keine leitende Funktion bei der Unternehmensführung; vgl. etwa These 6 des „German Code of Corporate Governance" des Berliner Initiativkreises, in: AG 2001, S. 1, 14.
290 Vgl. LUTTER, in: ZHR 1995, S. 287, 297. Ein ausführlicher Vergleich beider Systeme findet sich bei POTTHOFF, in: BFuP 1996, S. 253.
291 BAUMS (Hrsg.), Bericht Corporate Governance 2001, Rn. 18, 312.

a) Die Konvergenz zweier inkongruenter Systeme

Neben einer offensichtlichen und grundlegenden Unterschiedlichkeit der Systeme in ihrem dogmatischen Ansatz wird jedoch zunehmend auch eine gewisse praktische Annäherung (Konvergenz) der beiden Verwaltungssysteme konstatiert. Und tatsächlich bewegt sich das dualistische System auf das monistische zu, wenn man sich etwa vergegenwärtigt, dass – obwohl die Leitung der Gesellschaft gem. § 76 Abs. 1 AktG und die Geschäftsführung der Gesellschaft gem. § 77 AktG zwar zwingend in die Hände der Vorstandsmitglieder gelegt sind – mittlerweile doch oft wenigstens einfache Geschäftsführungsaufgaben auch im deutschen Recht an untere Führungsebenen delegiert werden. Mit einiger Berechtigung lässt sich so von einer gewissen funktionalen Trennung zwischen Vorstandsmitgliedern mit eigentlichen Führungsaufgaben und der unmittelbar unterstellten Führungsebenen mit weiteren Geschäftsführungsaufgaben sprechen.[292] Umgekehrt sind bei den monistischen Systemen Tendenzen zur Binnenstrukturierung des Verwaltungsorgans entlang der Überwachungsaufgaben im weiteren Sinne zu beobachten. So ist etwa in der US-amerikanischen Praxis eine Angleichung an das deutsche System insofern zu verzeichnen, als dass Ausschüsse – so genannte *„Committees"* – gebildet werden, wodurch Kontroll- und Überwachungsaufgaben, wie sie dem deutschen Aufsichtsrat obliegen, aus der Tätigkeit des Boards als Gesamtheit ausgegliedert werden.[293] Dies ist auch eine Folge des zuvor bereits dargestellten *Sarbanes-Oxley Act*: So ist nach Sec. 301 des *Sarbanes-Oxley Act* ein Prüfungsausschuss verbindlich einzurichten. Auf einen Vergleich der beiden Systeme soll trotz ihrer Annäherung und zunehmenden Ähnlichkeit gleichwohl nicht verzichtet werden, da eben charakteristische Unterschiede bleiben.

b) Die Defizite des monistischen Systems

„Die wichtigste Fähigkeit eines ‚Board'-Mitglieds ist es, mit geschlossenem Mund zu gähnen."[294] Dieses Zitat zeigt, dass sich auch das monistische System spitzer Anfeindungen ausgesetzt sieht. Auch die persönliche Qualifikation der *„Directors"* ist nicht über jeden Zweifel erhaben. So wird trotz anständiger Gesinnung und Intelligenz oft fachliche Kompetenz und die Vertrautheit mit den zu

---

292 Diese funktionale Trennung der Geschäftsführung nähert das System gerade an die Praxis in der Schweiz an.
293 WIESNER, in: Münch. Hdb. AG, § 19 Rn. 4.
294 Tom HORTEN nach MONKS/MINOW, Corporate Governance, S. 197.

beurteilenden Sachverhalten und Geschäften vermisst.[295] Solche – eher polemischen – Stellungnahmen kann man aber auch über Aufsichtsräte im dualistischen System lesen. Unter dem Gesichtspunkt systemimmanenter Defizite ist der Blick daher auf andere Unzulänglichkeiten zu richten:

aa) Die konzeptionellen Schwächen

Soweit bereits das Konzept der einheitlichen und umfassenden Leitung Schwächen auf:
- Schon in der Theorie ist klar, dass sich niemand selbst überwachen kann. Vielfach wird daraus die Regel der Unvereinbarkeit von Leitung und Aufsicht abgeleitet.[296]
- Hinzu kommt die Schwierigkeit, bei der heterogenen Aufgabenverteilung zwischen den einzelnen Board-Mitgliedern eine umfassende Gesamtverantwortung zu konstruierendes.
- Ebenso wird beklagt, dass das monistische System keinen institutionellen Rahmen für die Kooperation verschiedener Interessen biete.[297]

bb) Die praktische Trägheit des Systems

Als praktisches Manko wird im monistischen System eine Tendenz zur Trägheit der *„Directors"* angeführt, die sich insbesondere darin äußern soll, dass sie oft erst in einer akuten Krise die Initiative ergreifen und Aktivität entfalten. Die kontinuierliche und vorausschauende Arbeit zur Krisenvermeidung komme so jedoch zu kurz.[298] Dieser Befund ist nicht monokausal, sondern hat vielschichtige Ursachen.

So wird etwa der Psychologie jedes einzelnen *„Directors"* dabei Einfluss zugeschrieben, denn jeder müsse erst einmal nicht nur faktisch sein Informationsdefizit gegenüber dem Management angleichen, sondern auch persönlich für

---

295 Warren BUFFET nach MONKS/MINOW, Corporate Governance, S. 196: „These people (directors), decent and intelligent though they were, simply did not know enough about business and/or enough about shareholders to question foolish acquisitions or egregious compensation."
296 GREYERZ, Die Aktiengesellschaft, in: Schweiz. Privatrecht, Bd. VIII/2, 1982, S. 208.
297 BLEICHER, Unternehmensverfassung und Spitzenorganisation in internationaler Sicht, S. 69.
298 William T. ALLEN, chancellor of the Delaware court, zitiert nach MONKS/MINOW, Corporate Governance, S. 225: „The view of the responsibilities of membership of the board of directors of public companies is (…) deficient. It ignores a most basic responsibility: the duty to monitor the performance of senior management in an informed way. Outside directors should function as active monitors of corporate management, not just in crisis, but continually."

sich akzeptieren, dass er die Leistung und Tätigkeit des Managements möglicherweise zu kritisieren hat, auch wenn er als „*Director*" nicht mit jedem Detail vertraut ist. Dies mag aus professioneller Gepflogenheit zwar ungewohnt sein, da man fürchtet, durch den Informationsvorsprung des Managements sich der Gefahr auszusetzen, auch unberechtigte Kritik zu äußern, doch liegt es in der Natur der Arbeitsteilung, dass der, an den die Managementaufgaben delegiert wurden, besser informiert ist, da dies sein tägliches Werk ist.[299] Wagt aber aus diesem Grund niemand der „Directors", kritisch zu hinterfragen oder Kritik zu üben, so kann auf Dauer kein „Board" seiner eigentlichen Aufgabe genügen. Und schließlich bedeutet Kritik am Management auch immer Selbstkritik, da man sich regelmäßig selbst ein Auswahlverschulden attestiert. Dies fällt niemandem leicht und schon gar nicht, wenn die Kritik auch von einem anderen „Director" geäußert werden könnte. Hinzu treten gruppendynamische Prozesse: Ein Effekt, der in Gruppen oft zu beobachteten ist, wenn die Verantwortlichkeit – wenigstens in der Praxis – der Gruppe als solche und nicht jedem Einzelnen zugeordnet ist.

Vielfach wird dem monistischen System auch eine komplizierte Entscheidungsfindung attestiert. Auf Grund der Tatsache, dass in fast allen Ausprägungen dieses Systems eine gewisse Dualität in der Exekutive gepflegt wird, indem trotz der eigentlichen Oberleitung durch den Verwaltungsrat oder das „Board" die Tagesgeschäftsführung ausgegliedert wird, kommt es zu einer gewissen „Doppelspurigkeit"[300] und einer Verlangsamung der Entscheidungsfindung.

cc) Die Kritik an der Personalunion an der Spitze

Des Weiteren wird immer wieder die im monistischen System häufige Praxis kritisiert, dass der Präsident oder Vorsitzende des Leitungs- und Verwaltungsorgans zugleich die oberste Stelle der exekutiven Geschäftsführung innehat.[301] So

---

299 Directors „feel they do not have time enough to know the company's products well and to know, especially, how truly competitive these products are. They do not have time enough to tour company plants, talk to middle managers, hear alternative points of view. While they can, in theory, criticize CEOs, punish them, and even remove them, there is immense reluctance to do so. […] This is an individual who has far more information at his fingertips than they do, who is usually devoting every waking hour to the firm's affairs, and who is in need of every bit of support the board can give", MILLSTEIN/KNOWLTON, The Board of Directors, 1988.
300 So für das schweizerische System FORSTMOSER, in: ZGR 2003, 210.
301 Vgl. für Großbritannien den Cadbury Report, Ziff. 4.7/4.9, aber auch etwa die Corporate-Governance-Debatte in Spanien: „El Gobierno de las Sociedadas Cotizadas", vorgelegt von der „Comisión Especial para el estudio de un Código Etico de los Consejos de

verhält es sich etwa beim französischen „*Président Directeur Général*" („PDG")[302] und im angloamerikanischen Rechtskreis beim „*Chairman and Chief Executive Officer*" („C/CEO").[303] Dabei ist auch in Unternehmen, in denen die zwei Funktionen formal getrennt sind,[304] der „*Chairman*" nicht immer wirklich unabhängig, da es sich häufig um den ehemaligen CEO oder eine sonst dem Management verbundene Person handelt. Empirische Untersuchungen, die belegen, dass Unternehmen mit vereinigter Spitze bessere oder schlechtere Ergebnisse erbringen, sind indes rar. Nur eine Studie[305] bescheinigt Unternehmen mit getrennten Spitzen bessere Ergebnisse. Auch einen Missbrauch der Stellung des C/CEO kann man natürlich nicht automatisch unterstellen, doch die abstrakte Möglichkeit einer mangelhaften oder abhängigen, weil von fremden Interessen geleiteten Überwachung, stellt bereits einen erheblichen Nachteil dar.

Die Personalunion bringt den C/CEO in einen offensichtlichen Interessenkonflikt: Als CEO steht er für das Management und soll – ausgestattet mit erheblicher Handlungsmacht und -freiheit – dem Unternehmensinteresse treu und erfolgreich dienen,[306] als „Chairman" wiederum sitzt er dem Gremium vor, das gerade zur uneingeschränkten Kontrolle des Managements berufen ist. Er wird damit in die Situation gebracht, seine eigene Arbeit und Leistung kritisch bewer-

---

Administración de las Sociedades" am 26. Februar 1998 in Madrid, auffindbar auf der Homepage der „Comisión Nacional del Mercado de Valores (CNMV)".

302 Der PDG entstammt der deutschen Besatzungszeit, einem Gesetz vom 16. November 1940 und einem „Dècret-Loi" vom 4. März 1943, durch den das Vichy-Regime die französischen Aktiengesellschaften dem nationalsozialistischen Führerprinzip unterwerfen wollte. Zur heutigen (modifizierten) Rechtslage des Art. 225–35 ff. C. com. und betreffend des reformierten Status des „PDG" vgl. MERLE, Droit Commercial, Nr. 417.

303 Eine Befragung von „Directors" im Jahr 1992 ergab, dass gerade die „Board"-Mitglieder selbst gegen eine Trennung in der überwiegenden Mehrzahl nichts einzuwenden haben. So bewerten 60 Prozent der Befragten eine Trennung neutral, mehr als 20 Prozent messen ihr sogar einen stark positiven Effekt zu und nur der Rest, also weniger als 20 Prozent, sehen eine Trennung negativ. Vgl. KORN/FERRY, International, Board of Directors Twentieth Annual Study, 1993.

304 So haben 519 der größten 1.900 gelisteten Unternehmen die Positionen von „CEO" und „Chairman" mittlerweile getrennt; vgl. The Corporate Library's Board Analyst Database, 2003.

305 RECHNER/DALTON, CEO Duality and Organizational Performance, Strategic Management Journal, 12, 1991, S. 155–160.

306 Die Gegner einer Trennung berufen sich indes auf die Notwendigkeit einer einzigen Führungsperson, die Zugriff auf alle Macht- und Informationsmittel des Unternehmens haben muss, ohne die insbesondere ein Chairman als bloßer „Frühstücksdirektor" anzusehen sei. „If they are not (the same person), the Chairman would be a figurehead or would usurp the role of the CEO"; KORN/FERRY, International, Board of Directors Twentieth Annual Study, 1993.

ten zu müssen.[307] Die nahe liegende Wertung zu eigenen Gunsten prägt dabei die Tendenz des Gesamt-„Boards" von der Spitze her.[308]

Ein erheblicher Nachteil ergibt sich auch aus der Möglichkeit des C/CEO, die Macht des „Boards" de facto auf das Management zu verlagern,[309] was in Extremfällen sogar zu einer völligen Entmachtung des „Boards" führen kann.[310]

dd) Die Verbesserungsüberlegungen

Die bereits besprochenen Unternehmensskandale des Jahres 2002 haben den Blick auf die praktische Ausübung des monistischen Systems verändert und auch auf der Seite der „Directors"[311] Auffassungen revidiert, die bis dahin gerade die starke Stellung des C/CEOs stets verteidigt haben. Von der in Managementkreisen hoch angesehenen[312] *„Conference Board Commission on Public Trust and Private Enterprise"* wurden in einem Bericht, verfasst von hochrangigen[313] Autoren, im Januar 2003 unter anderem die folgenden Empfehlungen vorgelegt: Das „Board" sollte eine Binnenstruktur einrichten, die eine angemessene Balance zwischen der Macht des CEOs und der „Independent Directors" erzielt.[314] Jedes *„Board"* sollte sich Verfahrensregeln geben, die sicherstellen,

---

307 MONKS/MINOW, Corporate Governance, S. 208.
308 Oder mit den Worten eines die Trennung befürwortenden „Directors" aus KORN/FERRY, International, Board of Directors Twentieth Annual Study, 1993: „When the CEO is also the chairman there is too great a temptation to ‚tilt' toward protecting CEO career interests."
309 „A Chairman who wants a passive and uninvolved board to rubber-stamp his own decisions can in time achieve such a board", PARKER, The Company Chairman, Pergamon Press, Oxford, 1990.
310 „The primary concern in many (of the corporate scandals of the recent past) is that strong CEOs appear to have exerted a dominant influence over their boards, often stifling the efforts of directors to play the central oversight role needed to ensure a healthy system of corporate governance. In such circumstances, boards have often either lacked the structure and information to perform their roles properly, or they have simply abdicated their responsibilities to provide the oversight required of them. In such circumstances, the board cannot properly oversee the CEO's performance", The Conference Board Commission on Public Trust and Private Enterprise Findings an Recommendations, Teil 2: Corporate Governance, S. 18 (The Roles of the CEO and Chairman).
311 Wobei zu erwähnen ist, dass die Sympathie für eine Trennung der Positionen von „CEO" und „Chairman" in Aktionärskreisen auch vorher nicht unüblich war.
312 MONKS/MONOW, Corporate Governance, S. 209.
313 John SNOW, Treasury Secretary, Andrew GROVE, Intel-CEO, Arthur LEVITT, ehemaliger Chairman der SEC.
314 Recommendation No. 12 of The Conference Board Commission on Public Trust and Private Enterprise, Executive Summary, Findings and Recommendations.

dass die Fähigkeit der „Independent Directors", sich zu informieren, Sachverhalte, die sie als wichtig erachten, zu diskutieren und auf einer informierten Grundlage zu handeln, nicht beeinträchtigt wird.[315] Jedes „*Board*" sollte mehrheitlich aus „Independent Directors" zusammengesetzt sein.[316] Jedes „*Board*" sollte nach den individuellen Fähigkeiten der „Directors", wie sie das spezielle „*Board*" benötigt, zusammengestellt sein.[317] Jedes „*Board*" sollte einen qualifizierten Evaluationsmechanismus hinsichtlich der Gesamtleistung des „Boards", der Leistung der „Board"-Ausschüsse und jedes einzelnen „Directors" entwickeln.[318] Für den Fall, dass unabhängige Untersuchungen sachlich erforderlich erscheinen, in die auch „*Officers*" der Gesellschaft verwickelt sind, sollte das „Board" und nicht das Management die entsprechende fachliche Beratung für die Untersuchung einholen.[319]

c) Die Vorteile des monistischen Systems

Das monistische System weist jedoch auch Vorteile gegenüber dem dualistischen System auf.

aa) Die Bekanntheit

Hierzu zählt zunächst dessen bloße Bekanntheit und internationale Verbreitetheit. Dies sagt zwar für sich natürlich nichts über seine objektive Qualität. Ein echter Vorteil kann gleichwohl darin liegen, wenn global agierende Gesellschaften über eine Leitungsstruktur verfügen, die Investoren, Mitarbeitern und anderen Beteiligten vertraut ist. So halten denn just viele institutionelle Anleger die in Großbritannien, den USA sowie in Dänemark, Griechenland, Irland, Italien, Luxemburg, Spanien, Schweden, der Schweiz und Belgien übliche mo-

---

315 Recommendation No. 13 of The Conference Board Commission „on Public Trust and Private Enterprise, Executive Summary, Findings and Recommendations.
316 Recommendation No. 15 of The Conference Board Commission „on Public Trust and Private Enterprise, Executive Summary, Findings and Recommendations.
317 Recommendation No. 16 of The Conference Board Commission „on Public Trust and Private Enterprise, Executive Summary, Findings and Recommendations: „Each board should collectively have knowledge and expertise in business, finance, accounting, marketing, public policy, manufacturing and operations, government, technology, and other areas that the board believes are desirable."
318 Recommendation No. 18 of The Conference Board Commission „on Public Trust and Private Enterprise, Executive Summary, Findings and Recommendations.
319 Recommendation No. 20 of The Conference Board Commission „on Public Trust and Private Enterprise, Executive Summary, Findings and Recommendations.

nistische „Board"-Verfassung, für geeigneter.[320] Diese Einschätzung mag dabei nicht unbedingt auf einer sorgfältigen Analyse der Systemvarianten, sondern schlicht darauf beruhen, dass ihnen das monistische System einfach bekannter ist. Dabei hat die Bekanntheit wiederum im Wesentlichen zwei Gründe: Erstens erscheint das monistische System auf den ersten Blick weniger kompliziert und einfacher als das dualistische. Zweitens ist das monistische System angesichts seiner größeren Verbreitung naturgemäß bekannter.

bb) Die Flexibilität des Management

Als weiterer Vorteil des monistischen Systems wird oft seine größere Flexibilität genannt. Dies resultiert aus der im Grundsatz richtigen Einschätzung, dass die Binnenorganisation im monistischen System weniger zwingend reglementiert ist und damit die Board-Mitglieder in sehr viel höherem Maße selber darüber entscheiden können. Damit können sie im Idealfall ihre Binnenorganisation an spezielle Bedürfnisse passgenau anpassen. Andererseits darf aber nicht übersehen werden, dass dies natürlich auch Missbrauchpotential beinhaltet. Hinzu kommt schließlich, dass natürlich auch die Binnenorganisation im monistischen System faktischen und – wie bereits etwa mit Blick auf den *Sarbanes-Oxley Act* ausgeführt – rechtlichen Zwängen unterliegt.

cc) Der pyramidale Aufbau

Neben der Bekanntheit und der allgemeinen Flexibilität verfügt das monistische System über einen weiteren Vorteil: Die Exekutivbefugnisse können auf eine einzige Person zugeschnitten werden. Damit bietet das monistische Modell einen deutlichen Vorteil gegenüber dem dualistischen Modell, das nur mit erheblichen Anstrengungen und Verbiegungen des deutschen Aktienrechtes und mit verbleibenden Einschränkungen einen solch „pyramidalen" Aufbau gestattet. Im beschleunigten und globalisierten Wirtschaftsleben wird es mitunter als Vorzug angesehen, wenn eine einzige Person – für gewöhnlich der „CEO" (Chief Executive Officer) – alle Fäden in der Hand hält. So kann er schnell und entschieden operieren. Weiterhin kann er sich selbst eine Art „Kabinett" von eigenen Führungs- und Spitzenkräften zusammenstellen. Dies optimiert einerseits seine Führung, da sich der CEO seine Mitstreiter aussucht und diese nicht vorgesetzt bekommt. Ferner unterstreicht es seine herausgehobene Machtposition.

---

320 SCHIESSEL, in: ZHR 2003, S. 167.

d) Die Defizite des dualistischen Systems

Nach der Darstellung von Vor- und Nachteilen des monistischen Systems soll sich nun dem dualistischen System zugewendet werden, das von *Böckli* als das in der Theorie – aber eben *nur* in der Theorie – beste System bezeichnet wird.[321] So birgt die institutionalisierte Trennung der Überwachung von der Geschäftsführung auch unübersehbare Nachteile. Diese treten zumeist in Form von Mängeln des Aufsichtsrats[322] als dem Platz dieser institutionellen Überwachung auf.[323]

Und tatsächlich sind in der Praxis immer wieder[324] Fälle aufgetreten, in denen gerade der Aufsichtsrat seine Überwachungsaufgabe nicht oder nur ungenügend wahrgenommen hat und sich „manifeste Mängel"[325] im deutschen Aufsichtsratssystem gezeigt haben. So sind auch in Deutschland bei dualistisch geführten Unternehmen schwere Unternehmenskrisen und Unternehmenszusammenbrüche zu verzeichnen gewesen.

Von Praktikern wurde eine *„Country-Club-Atmosphäre"* in vielen Aufsichtsräten beklagt, wo aus Dankbarkeit dafür, dabei sein zu dürfen, kaum kritische Fragen gestellt würden und die viel beschäftigten Gremienmitglieder von Krisen ihres Unternehmens häufig erst aus der Zeitung erführen.[326]

aa) Der prinzipielle Vorwurf: Trennung bedeute Isolation

Das deutsche dualistische System – *„logisch und cartesianisch"* auf dem Papier – habe den Nachteil, dass es in der wirklichen, von Menschen bewirkten Kette der Handlungen, Reaktionen und Geschehnisse eine künstliche Funktionstrennung vornehm. Niemand könne effektiv überwachen, ohne wirklich selbst dabei zu sein. Eine enge und permanente Überwachung durch den Aufsichtsrat müsse den Aufsichtsrat überfordern. Wenn die Abwesenden sprichwörtlich Unrecht haben, so deswegen, weil sie nicht reagieren könnten. Für das „Dabeisein" gebe es keinen Ersatz. Diese Bedenken sind nicht neu und wurden schon vor bald 100 Jahren von *Rathenau* geäußert, der dazu anschaulich ausführte: *„Wollte ein Auf-*

---

321 BÖCKLI, Konvergenz der Systeme in der Spitzenverfassung der Aktiengesellschaft, S. 347.
322 Vgl. BAUMS, Der Aufsichtsrat – Aufgaben und Reformfragen, passim.
323 Auf Nachteile des dualistischen Systems, die sich auf Grund der Mitbestimmung ergeben, wird im Zusammenhang mit der Mitbestimmung eingegangen.
324 Vgl. etwa Beispiele bei THEISSEN, Grundsätze einer ordnungsgemäßen Informationsversorgung des Aufsichtsrats, 1991, S. 41 ff.
325 HOMMELHOFF/MATTHEUS, in: AG 1998, S. 249.
326 Vgl. FAZ-Bericht vom 5. November 2003, S. 15, „Härtere Prüfungen für Aufsichtsräte" über eine Tagung des Deutschen Aktieninstituts (DAI).

sichtsrat auch nur von den wichtigeren Geschäften einer Großunternehmung Kenntnis nehmen – geschweige sie beraten –, so würde es nicht genügen, dass es in Permanenz tagte, und zwar jeden Tag, einschließlich sonntags, vierundzwanzig Stunden lang. Denn da ein einzelner Direktor selbst, sofern er sein Amt versteht, nur wichtige Geschäfte erledigt, so beläuft sich bei achtstündiger Arbeitszeit und einem fünfköpfigen Direktorium, die zu kontrollierende Tätigkeit auf vierzig tägliche Stunden."[327]

Überwachung als äußerst anspruchsvoller Erkenntnis- und Beurteilungsprozess verlange eine nahe, vor allem auch zeitnahe und möglichst unmittelbare, Begleitung sowohl der Abläufe wie auch der handelnden Personen. Insoweit, als dass das dualistische System, eine „Überwachung ohne Begleitung" eingerichtet habe, enthalte es letztlich eine ebenso gravierende konzeptionelle Schwäche wie der „sich selbst überwachende" Verwaltungsrat monistischer Systeme.

Dieser Vorwurf ist jedoch vor dem Hintergrund des zunehmend auch auf zeitnahe Beratung angelegten Berichtswesens gem. § 90 AktG zu relativieren: So muss der Vorstand nach § 90 Abs. 2 Nr. 4 möglichst so rechtzeitig über Geschäfte berichten, dass der Aufsichtsrat noch vor ihrem Abschluss sachlich noch Stellung nehmen kann.[328] Zusätzlich muss der Vorstand aus sonstigen wichtigen Anlässen dem Vorsitzenden des Aufsichtsrats unverzüglich, d.h. ohne schuldhaftes Verzögern nach § 121 BGB berichten. Es kommt hinzu, dass – anders als zu Rathenaus Zeiten – die technischen Möglichkeiten der modernen Kommunikation heute durchaus eine unmittelbare zeitliche Teilhabe ermöglichen können, wenn und soweit dies von den handelnden Personen gewünscht (bzw. verlangt) ist.

So mag man das fehlende *„Dabeisein"* der Aufsichtsräte weiterhin als eine institutionalisierte Isolation ansehen, die systemgegenläufig erst durch extra geschaffene Berichtspflichten und Berichtsrechte durchbrochen werden muss, damit der Aufsichtsrat über die Unternehmensgeschehnisse substanziell im Bilde ist. Ob diese institutionelle Distanz jedoch wirklich zu einer Ahnungslosigkeit führt und die strenge personelle und institutionelle Trennung den Austausch der wesentlichen Informationen wirklich übermäßig behindert, wird man jedoch bezweifeln müssen.

Vor allem dürfte dies in der Praxis kein Nachteil gegenüber dem monistischen System (mehr) sein. Auch im Verwaltungsrat wird man nicht davon ausgehen können, dass jedes Mitglied immer über alles und jedes bei anderen Mitgliedern im Bilde ist. Das dürfte nicht einmal innerhalb des Vorstands der Fall sein. Insoweit ist es im dualistischen wie im monistischen System Teil der Leis-

---

327 RATHENAU, Vom Aktienwesen, S. 13 f.
328 SPINDLER, in: Münchener Kommentar AktG, § 90 AktG, Rn. 29.

tung, dass sich die Organe und ihre jeweiligen Mitglieder so organisieren, dass die wesentlichen Themen auf den Tisch kommen, schon damit der Gesamtverantwortung der Kollegialorgane Genüge getan wird. Richtig ist, dass im monistischen System der Informationsaustausch immanent angelegt ist und sich quasi von selbst ergibt. Informationen für den Verwaltungsrat erreichen ihn ohne Umschweife, da es der Verwaltungsrat als Oberleitungsorgan ist, auf den die Informationswege hin ausgerichtet sind und auf dessen Tisch ohnehin alles Wesentliche gehört. Doch auch dort hängt dies von der Organisation des Informationsmanagements ab und auch dort werden zudem nur diejenigen Mitglieder des Verwaltungsrats erreicht werden, die zur Informationsaufnahme bereit und in der Lage sind.

bb) Der Mangel an Professionalität und Effizienz

Zahlreiche Ursachen für eine mangelnde Überwachungstätigkeit, die sich auf einzelne Aufsichtsratsmitglieder selbst, auf unzureichende Informationen durch den Vorstand und auf unzureichende Organisation der Aufsichtsratstätigkeit zurückführen lassen, wurden zusätzlich im Detail zusammengetragen[329] und beanspruchen im Grundsatz auch nach den Reformen und Sensibilisierungen der letzte Jahre – teilweise vielleicht in abgeschwächter Form – weiterhin Geltung. Beispielsweise konnte ein Mangel an Expertise, d.h. ein fehlendes Verständnis des Aufsichtsratsgremiums für unternehmensrelevante wirtschaftliche, rechtliche und technische Zusammenhänge, beobachtet werden oder auch ein Vorbereitungsdefizit (fehlende Zeit für die Vorbereitung und Themenbehandlung als Voraussetzung für eine ordnungsgemäße und effiziente Tätigkeit des Aufsichtsrats, also Tatsachenfeststellung, Urteilsbildung und Einwirkung)[330]. Als weitere mögliche Ursachen wären mangelnde Wahrung von Vertraulichkeit und Geheimhaltung von Informationen,[331] einseitige Interessennahme einzelner Auf-

---

329 SCHEFFLER, Der Aufsichtsrat – nützlich oder überflüssig?, in: ZGR 1993, S. 63, 71; RUHWEDEL/EPSTEIN, Eine empirische Analyse der Strukturen und Prozesse in den Aufsichtsräten deutscher Aktiengesellschaften, in: BB 2003, S. 161.
330 SEMLER, Die Überwachungsaufgabe des Aufsichtsrats, S. 4.; vgl. auch BÖCKLI, Konvergenz der Systeme in der Spitzenverfassung der Aktiengesellschaft, S. 345, der in diesem Zusammenhang zutreffend darauf hingewiesen hat, dass je mehr sich der Aufsichtsrat zum Ziel setzt, aus den Ex-post-Funktionen herauszutreten, um eine ereignisnahe Begleitfunktion zu übernehmen, er sich desto eher an der Tatsache stößt, dass er sich nur wenige Male pro Jahr versammelt.
331 LUTTER, Information und Vertraulichkeit im Aufsichtsrat, S. 3.

sichtsratsmitglieder oder Aufsichtsratsgruppen sowie zu starkes Rollenverständnis und persönliche Eitelkeiten[332] zu nennen. Ursachen, die nach *Scheffler* darin begründet sind, dass man bei der Zusammensetzung des Aufsichtsrats der „Prominenz den Vorzug gegenüber der Kompetenz und der Verfügbarkeit" einräume. Schon lange wird eine Professionalisierung des Aufsichtsrates gefordert.[333] Aber auch schlechte Verhandlungsführung durch den Aufsichtsratsvorsitzenden und ungenügende Ausnutzung der Ausschussarbeit tragen zur Ineffizienz der Organisation bei.[334] Generell ist zudem kritisiert worden, dass eine eher passive Haltung des Aufsichtsrats den gesteigerten Anforderungen an eine moderne Unternehmensführung nicht gerecht werden kann.[335]

cc) Die mögliche Besserung durch das BilMoG

Jüngste Änderungen der Binnenorganisation des Aufsichtsrates durch das bereits erwähnte BilMoG setzten allerdings bei der fehlenden Professionalität und Effizienz an und schaffen – was jedoch abzuwarten bleibt – möglicherweise in Teilen Abhilfe. So wird in § 107 Abs. 3 Satz 2 AktG nun ausdrücklich klargestellt, dass der Aufsichtsrat neben anderen Ausschüssen auch einen Prüfungsausschuss einrichten und diesen mit Aufgaben befassen kann, die originäre Aufgaben des Aufsichtsrats sind. Die Vorschrift konkretisiert das mögliche Aufgabenspektrum eines Prüfungsausschusses. Die Einrichtung eines Prüfungsausschusses ist ausdrücklich von dem Gedanken getragen, dass ein kleineres Gremium die ihm durch den Aufsichtsrat übertragenen Aufgaben in der Regel schneller, konzentrierter und *professioneller* erledigen kann, als der Aufsichtsrat in seiner Gesamtheit.[336] Der Prüfungsausschuss diene somit der Steigerung der *Effizienz* des Aufsichtsrats. Da zu erwarten sei, dass sich die Mitglieder des Prüfungsausschusses stärker mit den ihnen übertragenen Aufgaben identifizieren, als dies der Fall wäre, wenn sie als Mitglied des Aufsichtsrats tätig werden, steige gleichzeitig die *Qualität der Aufsichtsarbeit*.

---

332 Daten über Alter und Qualifikation, zur personellen Verflechtung und hauptberuflichen Tätigkeit von Aufsichtsratsmitgliedern bei SCHIFFELS, Aufsichtsrat als Instrument der Unternehmenskooperation, 1981 und BLEICHER, Der Aufsichtsrat im Wandel, 1987.
333 LUTTER, in: NJW 1995, S. 1133.
334 SCHEFFLER, in: ZGR 1993, S. 63, 71.
335 MERTENS, in: Kölner Komm., 1. Aufl., Vorb. § 95 Rn. 2.
336 Begründung des Gesetzentwurfes der Bundesregierung zum Entwurf eines Gesetzes zur Modernisierung des Bilanzrechts (Bilanzrechtsmodernisierungsgesetz – BilMoG) v. 30. Juli 2008, S. 103 – BT Drucks. 16/10067.

Hinzu kommt die Einführung des sog. unabhängigen Finanzexperten. Das BilMoG führt einen „unabhängigen Finanzexperten" im Aufsichtsrat bzw. im Prüfungsausschuss ein.[337] Gem. § 100 Abs. 5 AktG in der Fassung des BilMoG muss der Aufsichtsrat einer gem. § 264d AktG kapitalmarktorientierten Kapitalgesellschaft (das sind verkürzt alle Gesellschaften, die Wertpapiere i.S. von § 2 Abs. 5 WpHG emittiert haben oder die Zulassung zum Handel in einem organisierten Markt beantragt haben) künftig mit einem „unabhängigen" Mitglied besetzt sein, das über „Sachverstand auf den Gebieten Rechnungslegung oder Abschlussprüfung verfügt". Hat die Gesellschaft einen Prüfungsausschuss eingerichtet, so muss dieser gem. § 107 Abs. 4 AktG über mindestens einen solchen „unabhängigen Finanzexperten" verfügen.

e) Die Vorteile des dualistischen Systems

Neben den dargestellten Nachteilen werden dem dualistische System selbstverständlich auch Vorteile attestiert: Seit jeher weise das dualistische System jedenfalls den Vorzug auf, dass sich Leitung und Überwachung vergleichsweise klar unterscheiden lassen.[338] Des Weiteren wird in den die Aufgaben des Aufsichtsrats erweiternden Maßnahmen der letzen Jahre bereits die idealtypische Verbindung der Vorteile der monistischen „Board"-Verfassung mit den Vorzügen der dualistischen Aufsichtsratsverfassung gesehen.[339] Insgesamt habe sich das Trennungsprinzip für die Verwaltung von Großunternehmen mit zahlreichen Gesellschaftern als positive Führungsstruktur bewährt. So sei im dualistischen System gewährleistet, dass nicht nur eine Kontrolle in eigener Sache stattfinde, sondern die Kontrolle durch ein getrenntes und im Grundsatz von Vorstand und Hauptversammlung unabhängiges Organ, dem Aufsichtsrat, ausgeübt wird. Eine unabhängige Kontrolle des Managements wäre alternativ zum Aufsichtsrat nur durch die direkte Kontrolle der Hauptversammlung selbst zu erreichen, was – gerade bei Publikums-Aktiengesellschaften – angesichts der Schwerfälligkeit eines solch großen und unübersichtlichen Organs wenig effektiv sei.[340]

f) Zwischenergebnis

Somit lässt sich als – nicht sonderlich überraschendes – Zwischenergebnis festhalten, dass keines der beiden Verwaltungssysteme entscheidende Vor- oder Nachteile aufweist. Aus diesem Grund erscheint es aber besonders interessant,

---

337 GRUBER, in: NZG 2008, S. 12.
338 KORT, in: Großkomm. AktG,, Vor § 76, Rn. 3; HUECK, § 76 AktG, Rn. 7.
339 LUTTER/KRIEGER, Rn. 58.
340 HEFERMEHL, in: Geßler/Hefermehl, Vor § 76, Rn. 2.

wie sich eine monistische Leitung im deutschen Rechtsraum entwickeln wird, der von der dualistischen Unternehmensverwaltung geprägt ist. Wie diese monistische Verwaltung in Gestalt der Europäischen Aktiengesellschaft in Deutschland aussehen soll, ist Gegenstand der folgenden Erörterung.

5. Die Verwaltung der SE

Nach der allgemeinen Darstellung des dualistischen Verwaltungssystems, der im Wege der Rechtsvergleichung erfolgten Charakterisierung allgemeiner Kernmerkmale monistischer Verwaltungssysteme und dem Vergleich beider Systeme soll der Blick nun auf die Verwaltung der Europäischen Aktiengesellschaft gerichtet werden. Wie im Verlauf der Arbeit bereits mehrfach angesprochen wurde, stellt die SE für deutsche Unternehmen nicht nur eine neue Rechtsform an sich dar, sondern hält hinsichtlich der Unternehmensverwaltung mit dem monistischen System eine besondere Innovation bereit. Ein Schwerpunkt der Darstellung dieses Abschnitts liegt daher auf der Behandlung der monistischen Unternehmensverwaltung in der SE.[341] Um die spezifische Ausgestaltung dieser Verwaltungsart einer SE zu beleuchten, sollen zunächst die einschlägigen Bestimmungen des Statuts der Europäischen Gesellschaft vorgestellt werden. Dabei erhält auch hier das monistische System seine Prägnanz vor dem Hintergrund und in Abgrenzung zum dualistischen System, das für die SE ebenfalls vorgesehen ist. Beides soll in einer Gesamtschau abgehandelt werden.

Zusätzlich regelt[342] auch der deutsche Gesetzgeber Bereiche des monistischen Systems der Unternehmensverwaltung in einem begleitenden Ausführungsgesetz,[343] wozu er durch die SE-VO ermächtigt und verpflichtet ist.[344] Daher wird neben den Regelungen der SE-VO auch auf die Vorschriften des Ausführungsgesetzes der SE-Verordnung (SEAG) einzugehen sein. Das SEAG liegt seit dem 29. Oktober 2004 nunmehr als Art. 1 des Artikelgesetzes SEEG[345] vor, das neben der Einführung des SEAG weitere Artikel zum Gegenstand hat. Dazu zählt insbesondere Art. 2, der die Umsetzung der SE-Richtlinie in Form eines nationalen Umsetzungsgesetzes betrifft. Darauf wird jedoch erst im nächsten Kapitel eingegangen, das die Mitbestimmung in der SE behandelt. Dem SEEG

---

341 Übersicht bei HOFFMANN-BECKING, in: ZGR 2004, S. 355, 368 ff.
342 Grundlegend zum Regelungsauftrag: TEICHMANN, in: ZGR 2002, S. 383 ff.
343 Gesetz zur Ausführung der Verordnung (EG Nr. 2157/2001 des Rates vom 8. Oktober 2001 über das Statut der Europäischen Gesellschaft (SE) – (SE-Ausführungsgesetz – SEAG); siehe auch TEICHMANN, Vorschläge für das deutsche Ausführungsgesetz zur Europäischen Aktiengesellschaft, in: ZIP 2002, S. 1109 ff.
344 Vgl. Art. 43 Abs. 4 SE-VO.
345 Gesetz zur Einführung der Europäischen Gesellschaft (SEEG), BGBl. I 3675.

ging der Entwurf des SEEG[346] sowie ein Diskussionsentwurf (DiskE) des Bundesjustizministeriums betreffend das Gesetz zur Einführung der Europäischen Gesellschaft voraus.[347]

a) Die Verwaltung nach der SE-Verordnung

Unter der Überschrift „*Aufbau der SE*" behandelt das Statut der Europäischen Aktiengesellschaft die Verwaltung der SE im III. Titel der SE-Verordnung. Dieser Titel ist in vier Abschnitte untergliedert: Der erste Abschnitt betrifft das dualistische System,[348] der zweite Abschnitt das monistische System,[349] der dritte Abschnitt hat gemeinsame Vorschriften[350] für das monistische und das dualistische System zum Gegenstand und der vierte Abschnitt schließlich befasst sich mit der Hauptversammlung[351] und ist im vorliegenden Zusammenhang von nachrangiger Bedeutung.

b) Das Optionsmodell

Die Abschnitte einleitend – gewissermaßen vor der Klammer – konstituiert Art. 38 SE-VO die Organe der SE und legt damit die Strukturoptionen[352] der SE fest.[353] Nach dieser für das Thema der Arbeit bedeutsamen Kernvorschrift verfügt eine SE gem. Art. 38 Buchst. b SE-VO *entweder über „ein Aufsichtsorgan und ein Leitungsorgan (dualistisches System) oder ein Verwaltungsorgan (monistisches System)."*

---

346 Entwurf eines Gesetzes zur Einführung der Europäischen Gesellschaft (SEEG) v. 21. 6. 2004, BT-Drucks 15/3405.
347 Zu den dem SEEG vorangehenden Entwürfen vgl. den Referentenentwurf v. April 2004, den Diskussionsentwurf (DiskE) des Gesetzes zur Einführung der Europäischen Gesellschaft, abgedruckt in AG 2003, S. 204 ff., sowie insb. NEYE/TEICHMANN, in: AG 2003, S. 169 ff.
348 Art. 39 bis Art. 42 SE-VO.
349 Art. 42 bis Art. 45 SE-VO.
350 Art. 46 bis Art. 51 SE-VO.
351 Art. 52 bis Art. 60 SE-VO.
352 Im englischen Text ist der Abschnitt folgerichtig mit „Structure of the SE" überschrieben.
353 LUTTER, in: BB 2002, 1, 4, und BUNGERT/BEIER, in: EWS 2002, 1, 3, weisen zutreffend auf die Unschärfe der Verordnung hinsichtlich der Frage hin, ob sich das Binnenstrukturwahlrecht bereits zwingend aus ihr ergibt oder ob sie diese Möglichkeit den Mitgliedstaaten lediglich eröffnen will. Jedenfalls faktisch stehe nach ihrer wohl richtigen Auffassung das Wahlrecht nicht zur Disposition der Mitgliedstaaten, weswegen Art. 39 Abs. 5 und 43 Abs. 4 VO sogar als imperative Kompetenznorm auszulegen sei.

Art. 38 SE-VO gibt damit gewissermaßen einen „Numerus clausus" der Aufbauvarianten der SE vor. Zwar haben die Aktionäre gem. Art. 38 Buchst. b SE-VO die Wahl bezüglich der Variante in der Satzung; entscheiden sie sich jedoch für eines der beiden Systeme, so muss die Verwaltung tatsächlich in der einen oder anderen spezifischen Art und Weise eingerichtet werden. Das deutsche Ausführungsgesetz stellt dieses Wahlrecht rechtlich nicht in Frage und bestimmt in § 20 SEAG für den Fall, dass eine SE in ihrer Satzung das monistische System mit einem Verwaltungsorgan wählt, dass anstelle der nationalen Vorschriften des Aktiengesetzes die Vorschriften des SEAG das monistische System (§§ 20 ff. SEAG) betreffend zur Anwendung gelangen.

c) Die Legaldefinition des monistischen Systems

Art. 38 Buchst. b SE-VO definiert für die SE das monistische System: Monistisch ist das Verwaltungssystem einer SE danach, wenn die SE (nur) über *ein* einheitliches Verwaltungsorgan verfügt. Das unterscheidet das monistische vom dualistischen System, das für die Verwaltung über *zwei* Organe verfügt, die – funktional separiert – einerseits Aufsicht und andererseits Leitung zum Gegenstand haben.

Aus der Zusammenschau der Aussagen, dass das monistische System über ein Organ, das dualistische über zwei Organe, nämlich Aufsichts- und Leitungsorgan, verfügt, ergibt sich eine zweite weiter reichende Folgerung: Der Verwaltungsrat vereinigt die Funktionen von Aufsicht und Leitung definitionsgemäß in einem einzigen Organ. Vergleicht man insbesondere die Aufgaben von Verwaltungsorgan einerseits und Aufsichts- und Leitungsorgan andererseits, so kann es keine Aufgabe des Verwaltungsorgans geben, die nicht auch in einem der zwei Organe des dualistischen Systems anzutreffen ist, und umgekehrt. Die Aufgaben, Zuständigkeiten und Kompetenzen von Aufsichts- und Leitungsorgan einerseits und Verwaltungsrat andererseits müssen daher deckungsgleich sein, weil sie sich nach der SE-VO im Aufbau der SE gegenseitig substituieren können. Es gibt auch keinen Anhaltspunkt dafür, dass etwa die Wahl des monistischen Systems eine mangelnde organische Verortung der Unternehmensaufsicht zur Folge haben soll. Steht fest, dass das Aufgabenportfolio beider Verwaltungssysteme deckungsgleich sein muss, so geben schon die Konkretisierungen der einen Verwaltungsvariante maßgebliche Anhaltspunkte für die andere. Bereits die Bezeichnung der Organe im dualistischen System gibt eindeutige Hinweise auf die den Organen zufallenden Aufgaben und Aufschluss über die Aufgaben des Verwaltungsorgans, wie sie durch die SE-VO vorgegeben sind. Dass das Verwaltungsorgan an die Stelle von Aufsichts- und Leitungsorgan treten kann, impliziert, dass auch dem Verwaltungsorgan Leitung und Aufsicht als Kernaufgaben zufallen. Von der Einheit zwischen Leitung und Kontrolle im Verwaltungsrat geht auch das SEAG aus. So bestimmt § 22 Abs. 1 SEAG: „Der Verwaltungsrat *leitet* die Gesellschaft, bestimmt die *Grundlinien ihrer Tätigkeit* und *überwacht* deren Umsetzung." (Hervorhebung durch den Verfasser)

d) Einzelne Charakteristika des monistischen Systems

Die SE-Verordnung weist insgesamt eine gegenüber Vorentwürfen[354] geringe Regelungsdichte auf. Einzelne Charakteristika des monistischen Systems der Unternehmensverwaltung können jedoch wie folgt aufgelistet werden:

Die Hauptversammlung wählt die Mitglieder des Verwaltungsrats für einen von der Satzung festzulegenden Zeitraum von nicht länger als sechs Jahren.[355] Die Hauptversammlung wählt damit im Unterschied zum dualistischen System die Anteilseignervertreter im Leitungsorgan der Gesellschaft direkt.[356]

Jedes Mitglied des Verwaltungsrats kann von allen Informationen, die dem Verwaltungsrat übermittelt werden, Kenntnis nehmen.[357] Dabei stehen ihm als Leitungsorgan grundsätzlich alle Unternehmensinformationen offen. Das ergibt sich zusätzlich auch daraus, dass eine dem Art. 41 Abs. 3 und 4 SE-VO entsprechende Regelung für den Verwaltungsrat fehlt. So kann im Unterschied zum Verwaltungsrat das Aufsichtsorgan im dualistischen System nur diejenigen Informationen vom Leitungsorgan verlangen, die für die Ausübung der Kontrolle gem. Art. 40 Abs. 1 SE-VO erforderlich sind, und Überprüfungen nur zur Erfüllung seiner Aufgaben durchführen oder durchführen lassen.

Gemäß § 29 Abs. 1 SEAG können schließlich Mitglieder des Verwaltungsrats, die von der Hauptversammlung ohne Bindung an einen Wahlvorschlag gewählt worden sind, vor Ablauf ihrer Amtszeit mit einer Dreiviertelmehrheit durch die Hauptversammlung abberufen werden. Für die Mitglieder des Leitungsorgans im dualistischen System gilt dieses nicht, dort können Mitglieder des Vorstands regelmäßig nur durch den Aufsichtsrat und nur bei Vorliegen eines wichtigen Grundes abberufen werden.[358]

---

354 In den vorangegangenen Entwürfen hatte man noch eine rundum abschließende Kodifikation auch bei der Unternehmensverwaltung zu erreichen versucht. Vgl. BLANQUET, ZGR 2002, S. 20–65. Zur Flexibilitätsnotwendigkeit im monistischen System: MERKT, in: ZGR 2003, S. 652 f.
355 Art. 43 Abs. 3 Satz 1 SE-VO; Art. 46 Abs. 1 SE-VO. Das SEAG verweist gem. § 28 Abs. 1 auf diese Regelung in der SE-VO.
356 Jedenfalls soweit es die Vertreter der Anteilseigner betrifft.
357 Art. 44 Abs. 2 SE-VO.
358 Vgl. nur HÜFFER, AktG, § 84 Rn. 25 f.

e) Die Geschäftsführung

Gemäß Art. 43 Abs. 1 Satz 2 SE-VO kann ein Mitgliedsstaat vorsehen, dass Geschäftsführer die laufenden Geschäfte in eigener Verantwortung führen. Hiervon hat der deutsche Gesetzgeber in § 40 Abs. 2 Satz 1 SEAG Gebrauch gemacht. Trotz der definitionsmäßigen Einheit von Leitung und Kontrolle ist also die Ausgliederung der Geschäftsführung möglich.

Für die SE mit Sitz in Deutschland hat der Gesetzgeber, gestützt auf Art. 43 Abs. 4 SE-VO, dem Verwaltungsrat ein weiteres, subordiniertes Organ an die Seite gestellt: die Führung des Tagesgeschäfts sowie die Vertretung der Gesellschaft ist Aufgabe geschäftsführender Direktoren, die vom Verwaltungsrat als ihre „Hilfspersonen"[359] bestellt werden, von diesem jederzeit abberufen werden können und die Weisungen des Verwaltungsrats unterliegen. Auch ein Mitglied des Verwaltungsrats kann zum geschäftsführenden Direktor bestellt werden, sofern die Mehrheit des Verwaltungsrats weiterhin aus nicht geschäftsführenden Mitgliedern besteht.[360]

Dies darf jedoch nicht über die generelle Kompetenz des Verwaltungsrats, die Geschäfte der Gesellschaft zu führen, hinwegtäuschen. denn die ausgegliederte Geschäftsleitung ist nur zur Führung der *laufenden Geschäfte* berufen, während das Verwaltungsorgan die Geschäfte der SE gem. Art. 43 Abs. 1 Satz 1 SE-VO im *umfassenden* Sinne zu führen hat.[361]

Es wurde gleichwohl in Frage gestellt, ob das Konzept des SEAG danach überhaupt als wirklich monistisch zu bezeichnen ist,[362] weil die Führung der Geschäfte der Gesellschaft einerseits und die allgemeine Unternehmensleitung andererseits *zwingend* getrennt seien. Dazu ist zu sagen, dass das Gebot der zwingenden Bestellung von geschäftsführenden Direktoren keine „zwingende" Trennung im v.g. Sinne darstellt, da eben auch (nur) Mitglieder des Verwaltungsrats selbst geschäftsführende Direktoren sein können.

Hinzu kommt, dass – jedenfalls die Möglichkeit – der Bestellung von geschäftsführenden Direktoren für monistische Systeme keine Seltenheit ist und gerade in der Schweiz in der Praxis weit verbreitet ist, so dass die durch die

---

359 TEICHMANN, in: Lutter/Hommelhoff (Hrsg.), SE-Kommentar, § 40 SEAG, Rn. 28.
360 Vgl. § 40 Abs. 1 Satz 2 SEAG.
361 Die Gesetzesbegründung zu § 22 SEAG führt demgemäß dazu aus, dass ungeachtet der Bestellung von geschäftsführenden Direktoren gem. § 40 SEAG die Leitungsverantwortung beim Verwaltungsrat verbleibe.
362 FORSTMOSER, in: ZGR 2003, S. 703 – allerdings im Zusammenhang mit dem DiskE eines SEEG aus dem Jahre 2003 –, empfindet so das System des DiskE auch als „halbherzige" Umsetzung des monistischen Konzepts und fragt, ob es nicht eher als „Mischsystem" denn als monistisches System bezeichnet werden müsste.

Vorgabe von geschäftsführenden Direktoren bei der deutschen SE gebildete Verwaltungsstruktur damit durchaus vergleichbar ist.

Immer schon neigten die Schweizer Verwaltungsräte dazu, die Befugnisse zur täglichen Führung der Geschäfte zu delegieren. Konkret unterscheidet man drei Möglichkeiten der grundsätzlichen Gestaltung einer Delegation: Delegation der Geschäftsführung an ein Mitglied des Verwaltungsrats („Delegierter des Verwaltungsrates"); Delegation an „Dritte", an Personen außerhalb des Verwaltungsrats („Direktoren"), oder Einrichtung eines eigenständig konzipierten „Organs" kraft Delegation („Geschäftsleitung" oder „Konzernleitung"). Zwar sind auch keine Delegation und die Führung der Geschäfte durch den Verwaltungsrat als solchem möglich. Allerdings nur in den allerkleinsten Verhältnissen, vor allem bei Einpersonen-Gesellschaften oder im Falle einer in Liquidation stehenden Gesellschaft ist die völlige Identität von Verwaltungsrat und Geschäftsführung praktisch denkbar.[363]

f) Die Oberleitung durch den Verwaltungsrat

Wenn der Verwaltungsrat nach der SE-VO die Geschäfte im umfassenden Sinne zu führen hat und ihm im Sinne des SEAG die Leitungsverantwortung des Unternehmens nicht genommen werden kann, dann zählt zu seinen Kompetenzen vor allem auch die *Oberleitung* der Gesellschaft, wie sie als Kernmerkmal der monistischen Unternehmensverwaltung im vorigen Kapitel bereits herausgearbeitet wurde. Dies ergibt sich schon allein daraus, dass in einem Unternehmen naturgemäß wenigstens an einer Stelle die Oberleitung ausgeübt werden muss. Verfügt das Unternehmen, wie die SE monistischer Verwaltung, nur über ein Organ, welches die Geschäfte der SE führt, so muss zwangsläufig die Oberleitung der Gesellschaft dort verankert sein. Auch aus einer Auslagerung der Geschäftsführung im Sinne von Art. 43 Abs. 1 Satz 2 SE-VO ergibt sich nichts anderes, denn zu den laufenden Geschäften gehört die Unternehmensoberleitung nicht.

g) Zum Vergleich: Oberleitung im dualistischen System

Wie bereits angesprochen, führt im dualistischen System das Leitungsorgan die Geschäfte der SE in eigener Verantwortung.[364] Demnach ist im Einklang mit den Ausführungen zum monistischen System die Oberleitung im dualistischen System exklusiv beim Leitungsorgan angesiedelt, denn dem Aufsichtsorgan ist es gem. Art. 40 Abs. 1 Satz 2 SE-VO ausdrücklich untersagt, die Geschäfte der

---
363 BÖCKLI, Schweizer Aktienrecht, 4. Aufl., 2009, § 13, Rn. 518 f.
364 Art. 39 Abs. 1 Satz 1 SE-VO.

SE selbst zu führen. Seine Aufgabe ist darauf beschränkt, die Führung der Geschäfte durch das Leitungsorgan zu überwachen.[365] Dabei unterstreicht die gegenüber Art. 43 Abs. 1 SE-VO ergänzende Formulierung in Art. 39 Abs. 1 SE-VO, wonach das Leitungsorgan die Geschäfte der SE in „eigener Verantwortung" führt, dass die SE-VO dem Leitungsorgan im dualistischen System (in Deutschland also dem Vorstand) die Unternehmensoberleitung exklusiv beimisst, denn unter „eigener Verantwortung" ist insbesondere die Ausübung der Leitungsaufgaben ohne Bindung an Weisungen anderer Gesellschaftsorgane zu verstehen.[366] Diese Bestimmung ist im dualistischen System erforderlich, da mit dem Aufsichtsorgan (in Deutschland dem Aufsichtsrat) ein anderes Gesellschaftsorgan vorhanden ist, das auf die Oberleitung der Gesellschaft Einfluss nehmen könnte. Im monistischen System ist diese Klarstellung hingegen entbehrlich, da das Verwaltungsorgan die Geschäfte ohnehin nur in eigener Verantwortung führen kann, da gar kein zweites Organ dazu in Betracht kommt. Die Hauptversammlung scheidet insoweit von vornherein aus.

---

365 Art. 40 Abs. 1 Satz 1 SE-VO.
366 So jedenfalls die Auslegung im Sinne des deutschen Aktiengesetzes. Vgl. nur HÜFFER, AktG, § 76, Rn. 10; SEIBT, in: Lutter/Hommelhoff (Hrsg.), SE-Kommentar, Art. 39 Rn. 5.

IV. Die Mitbestimmung

Die Mitbestimmung spielt bei der Europäischen Aktiengesellschaft eine entscheidende Rolle, denn bei dieser typischen Rechtsform für Großunternehmen[367] mit oft mehreren tausend Beschäftigten in verschiedenen Ländern stellt sich die Frage nach dem Einfluss der Arbeitnehmer auf die Gesellschaft automatisch. Generell setzt die Beteiligung der Arbeitnehmer auf zwei unterschiedlichen Ebenen an: erstens auf der Ebene des Betriebes, also bei der so genannten betrieblichen Mitbestimmung, welche die Mitwirkung der Arbeitnehmer an den personellen, sozialen und wirtschaftlichen Belangen am konkreten Arbeitsplatz zum Ziel hat.[368] Zweitens findet Arbeitnehmermitbestimmung auf der Ebene des Unternehmens in Form der *unternehmerischen Mitbestimmung*[369] statt. Unternehmerische Mitbestimmung ist die Form der Mitbestimmung, die im Hinblick auf das Thema der vorliegenden Fragestellung von Interesse ist, da es eine besondere Herausforderung darstellt, die Mitbestimmung der Arbeitnehmer auf unternehmerischer Ebene zu organisieren.

In Deutschland wird die Mitbestimmung zwar nicht immer geliebt, aber doch wenigstens respektiert. Die Mitbestimmung in Zweifel zu ziehen, galt lange als Tabu.[370] Von Zeit zu Zeit wird sie in Deutschland gleichwohl immer wieder (kritisch) diskutiert.[371] In den anderen Mitgliedstaaten ist die unternehmerische Mitbestimmung eher unbekannt. Nur in Dänemark, den Niederlanden, Luxemburg, Österreich, Finnland, sowie einigen osteuropäischen Staaten und Schweden[372] ist sie zu finden. Dabei ist sie dort auch nicht paritätisch ausgeformt wie in Deutschland. So wundert es nicht, dass gerade die unterschiedli-

---

367 Für SE deutscher Prägung ergibt sich dies bereits daraus, dass in Deutschland die AG die typische Rechtsform für Großunternehmen darstellt. So haben in Deutschland Aktiengesellschaften oftmals ein sehr hohes Grundkapital und zahlreiche Aktionäre. Für die SE insgesamt ergibt sich die Größe aus dem Mindestgrundkapital von 120.000 Euro nach Art. 4 Abs. 2 SE-VO. Vgl. auch Erwägungsgrund Nr. 13 der SE-VO.
368 KLINKHAMMER/WELSAU, Mitbestimmung in Deutschland und Europa, Rn. 12.
369 Folgend werden „Mitbestimmung", „Unternehmensmitbestimmung" und „unternehmerische Mitbestimmung" synonym verwendet.
370 ASSMANN, in: AG 2004, 165.
371 André LEYSEN, in FAZ vom 15. Dezember 2003: „Die Mitbestimmung wird Deutschland zunehmend isolieren, da im Ausland niemand etwas von ihr wissen will." Berthold HUBER, in FAZ vom 18. Dezember 2003: „Ich weiß auch schon, welches Schwein als Nächstes durchs Land getrieben werden wird. Das wird die Mitbestimmungsfrage sein. Hier wird versucht, das Modell Deutschland in seiner inneren Verfasstheit, die nach 1945 gewachsen ist, sturmreif zu schießen."
372 In Frankreich ist die Mitbestimmung weitgehend freiwillig.

chen Mitbestimmungskulturen[373] in den Mitgliedstaaten der EU beim Ringen um die SE jahrzehntelange Kontroversen stifteten und dieser „Zankapfel" zu einem vergleichsweise zähen Normsetzungsprozess beigetragen hat.[374] Erst der Durchbruch auf höchster politischer Ebene in der Frage der Arbeitnehmermitbestimmung beim Europäischen Rat der Staats- und Regierungschefs der EU-Mitgliedstaaten im Dezember 2000 in Nizza hat den Weg für die SE freigemacht. Freilich trägt der politische Kompromisscharakter der Mitbestimmungsregelungen auch zu ihrer Komplexität bei.

1. Einleitung: Mitbestimmung der deutschen AG

Die Mitbestimmung in der Aktiengesellschaft ist eine deutsche Erfindung.[375] Mit der Europäischen Aktiengesellschaft trifft sie erstmals auf eine europäische Rechtsform, die SE deutscher Prägung.[376] Zunächst soll daher nun die Darstellung der Mitbestimmung in der AG erfolgen. Die deutsche Mitbestimmung in der AG soll jedoch darüber hinaus auch deshalb beleuchtet werden, weil sie den Bewertungshintergrund für die Zentralfrage dieser Arbeit vervollständigt, nämlich wie sich die Übertragung der Mitbestimmung in eine monistische SE deutscher Prägung unter dem Gesichtspunkt der Eigentumsgarantie verhält. Dazu soll nach einer kurzen Einführung in die Historie der deutschen Mitbestimmung insbesondere auf die tatsächliche Situation der paritätischen Mitbestimmung nach dem Mitbestimmungsgesetz von 1976 eingegangen werden, da diesem Mitbestimmungsregime die meisten Aktiengesellschaften – soweit sie für eine SE in Frage kommen – unterliegen. Schließlich soll in diesem Zusammenhang auf häufig genannte Nachteile der deutschen Mitbestimmung eingegangen werden.

---

373 Zur uneinheitlichen europäischen Mitbestimmungslandschaft: FIGGE, Mitbestimmung auf Unternehmensebene in Vorschlägen der Europäischen Gemeinschaften, S. 747 ff. Vgl. auch den Abschlussbericht der Davignon-Sachverständigengruppe von Mai 1997.
374 Übersicht bei HOPT, in: ZIP 1998, 96 ff.; HEINZE, in: AG 1997, 289 f.; PLUSKAT, in: EuZW 2001, 524 ff., THOMA/LEUERING, in: NJW 2002, 1449 ff.; BLANQUET, in: ZGR 2002, 20 ff.; HERFS-RÖTTGEN, in: NZA 2001, 424 ff.
375 Erstmals eingeführt im Betriebsrätegesetz vom 4. 2. 1920, RGBl. S. 147, bzw. im Gesetz betreffend die Entsendung von Betriebsratsmitgliedern in den Aufsichtsrat vom 15. 2. 1922, RGBl. S. 209; vgl. LUTTER/KRIEGER, Rechte und Pflichten des Aufsichtsrats, S. 1.
376 Eine Harmonisierung der Mitbestimmung in Europa ist bislang nicht erfolgt. KOLVENBACH, Mitbestimmungsprobleme im gemeinsamen Markt, S. 22 ff.; SCHWARZ, Europäisches Gesellschaftsrecht, S. 25 ff.; LUTTER, Europäisches Unternehmensrecht, 4. Aufl. 1996, S. 233 ff.

a) Geschichte der Mitbestimmung in Deutschland

Die Mitbestimmung[377] wird politisch und wissenschaftlich seit langem kontrovers diskutiert.[378] Die Diskussion über die Mitbestimmung begann mit der Revolution von 1848, als die Arbeiterschaft erste Versuche unternahm, Mitbestimmung einzuführen. Gesetzlich wurde die Mitbestimmung erstmals durch eine Novelle der Gewerbeordnung im Jahr 1890 geregelt, und zwar durch die Errichtung von Arbeiterausschüssen in betrieblicher Form. Die Weimarer Reichsverfassung nahm diese Entwicklung 1919 auf und verankerte in Art. 165 Abs. 2 WRV die Wahrnehmung der sozialen und wirtschaftlichen Interessen von Arbeitnehmern durch Betriebsarbeiterräte. Zeitgleich erfolgte durch Sondergesetze für die Kohle- und die Kaliwirtschaft auch der Einstieg in die unternehmerische Mitbestimmung, die jedoch 1934 durch die Nationalsozialisten wieder abgeschafft wurde.

Nach dem Zweiten Weltkrieg wurde zunächst in der Montanindustrie eine paritätische Mitbestimmung auf Unternehmensebene eingeführt. Zur Abwehr der Demontage industrieller Anlagen verbündete sich die (kompromittierte) deutsche Großindustrie mit den Gewerkschaften. Im Montan-Mitbestimmungsgesetz von 1951 wurde die hierdurch entstandene Praxis gesetzlich verankert und durch das 1956 erlassene Montan-Mitbestimmungsergänzungsgesetz weiter gefestigt. Für sonstige Unternehmensformen sah das – mittlerweile im Drittelbeteiligungsgesetz (DrittelbG) aufgegangene – Betriebsverfassungsgesetz von 1952 eine Vertretung der Arbeitnehmer in den Aufsichtsräten vor.

Den Höhepunkt der politischen Durchsetzung der Mitbestimmungsidee setzt wohl das Mitbestimmungsgesetz von 1976. Es wurde mit großer Mehrheit, das heißt den Stimmen der damaligen SPD/FDP-Regierung wie auch überwiegend der oppositionellen CDU/CSU-Fraktion, beschlossen. Und auch der Bundesrat erhob keinen Einspruch.

Eine Verfassungsbeschwerde von Großunternehmen und Arbeitgeberverbänden sowie der Schutzvereinigung für Wertpapierbesitz führte im März 1979 zu dem sog. Mitbestimmungsurteil des Bundesverfassungsgerichts, das die Vereinbarkeit des Mitbestimmungsgesetzes mit der Verfassung bekräftigte.[379] Damit wurde nach heftigem und grundsätzlichem Ringen[380] im Nachkriegsdeutsch-

---

377 HOMMELHOFF, Mitbestimmung in Unternehmen, in: Lutter/Semler (Hrsg.), Rechtsgrundlagen freiheitlicher Unternehmenswirtschaft, 1990, S. 135 ff.
378 Näher zur Geschichte der Mitbestimmung in Deutschland OETKER, in: Großkomm AktG, Vorbem. MitbestG Rn. 1 ff.; RAISER, MitbestG, Einl. Rn. 1 ff.
379 BVerfG 1. 3. 1979, BVerfGE 50, 290.
380 Vgl. Mitbestimmungskommission 1998, S. 31: „In der frühen Nachkriegszeit sahen die Gewerkschaften die unternehmerische Mitbestimmung als Instrument der gesamtwirt-

land, ein „30-jähriger Krieg um das deutsche Gesellschaftsrecht und seine Lehren"[381] für lange Zeit beendet. Im Jahr 1982 entschied der Bundesgerichtshof, dass das Mitbestimmungsgesetz „als das Ergebnis grundlegender, nach langjährigen Auseinandersetzungen gefundener Entscheidungen ein besonderes gesellschaftspolitisches Gewicht" besitze, dem Wohl der Allgemeinheit diene und mit seiner gesamtwirtschaftlichen Zielsetzung innerhalb der Rechtsordnung einen hohen Rang einnehme.[382]

Die unternehmerische Mitbestimmung war zugleich permanenter Gegenstand von Kommissionen und Stellungnahmen. Hierzu gehören insbesondere der 1970 präsentierte Abschlussbericht der so genannten Biedenkopf-Kommission, der Bericht der Unternehmensrechtskommission von 1980 sowie im Jahr 1998 der Abschlussbericht „Mitbestimmung und neue Unternehmenskulturen" einer von der Bertelsmann Stiftung sowie der Hans-Böckler-Stiftung gebildeten Kommission.[383] Auf europäischer Ebene ist insbesondere der Bericht der so genannten Davignon-Sachverständigengruppe aus dem Jahr 1997 zu erwähnen.[384]

Seit Mitte der 90er Jahre wird die unternehmerische Mitbestimmung vor allem durch die Corporate Governance-Diskussion geprägt und hierdurch mitunter in die Defensive gedrängt. Politisch war die unternehmerische Mitbestimmung in Deutschland lange Zeit ein Tabu-Thema[385] und hinderte so den Fortschritt bei der Vereinheitlichung des europäischen Gesellschaftsrechts.[386] Mittlerweile hat das Anliegen Deutschlands an einer Bewahrung seines Mitbestimmungsniveaus bei grenzüberschreitenden Sachverhalten auf europäischer Ebene allerdings eine gewisse Anerkennung gefunden. Dies betrifft namentlich den für das SE-Statut gefundenen Kompromiss.

---

schaftlichen Planung oder gar als Zwischenstufe auf dem Weg zu einer Neuordnung der Besitzverhältnisse am Produktivkapital. Mittlerweile ist jedoch unumstritten, dass die unternehmerische Mitbestimmung ausschließlich ein Element der einzelwirtschaftlichen Leitungs- und Entscheidungsstruktur ist von am Markt operierenden, dem Wettbewerb ausgesetzten und gegeneinander um die beste Position konkurrierenden Unternehmen, deren strategische Positionierung sie im Interesse der von ihr vertretenen Belegschaft von innen und innerhalb eines marktwirtschaftlichen Ordnungsrahmens zu beeinflussen suchen."

381 RITTNER, in: FS Peltzer 2001, S. 367 ff.
382 BGHZ 83, 106, 110.
383 Bertelsmann Stiftung, Hans-Böckler-Stiftung (Hrsg.), Mitbestimmung und neue Unternehmenskulturen, Gütersloh 1998 (erhältlich über www.bertelsmann-stiftung.de).
384 Abschlussbericht der Sachverständigengruppe „European Systems of Worker Involvement". Näher hierzu OETKER, in: Großkomm AktG, Vorbem. MitbestG Rn. 123 f.
385 SCHIESSEL, in: ZHR 2003, S. 235, 237; ULMER, in: ZHR 2002, S. 271, 272.
386 HOPT, in: ZIP 1998, S. 96; HORN, in: NJW 2004, S. 893, 899 f.

Im Hinblick darauf, dass die Europäische Aktiengesellschaft es gestattet, die Mitbestimmung der Arbeitnehmer im Wege einer Vereinbarungslösung zu regeln und die Größe des Aufsichtsrats zu reduzieren, haben einige deutsche Unternehmen die Rechtsform der AG mittlerweile verlassen und diejenige der SE gewählt. Dies scheint die Diskussion über die Mitbestimmung in jüngster Zeit weiter zu beleben. Die Vorstände bzw. Geschäftsführungen großer mitbestimmter Unternehmen tragen die Mitbestimmung während ihrer Amtszeit in Deutschland zwar regelmäßig mit. Familienunternehmen und ausländische Investoren hingegen empfinden zumindest die paritätische Mitbestimmung nach wie vor als zu weitgehend. Kritisch werden insbesondere die Beteiligung bei der Bestellung von Organmitgliedern (§ 31 MitbestG) und die Präsenz externer Gewerkschaftsvertreter im Aufsichtsrat (§ 7 Abs. 2 MitbestG) gesehen.[387] Um einer „Flucht aus der AG" zu begegnen, hat etwa ein aus sieben unabhängigen Hochschullehrern bestehender Arbeitskreis „Unternehmerische Mitbestimmung" einen Gesetzesvorschlag entwickelt, der eine Verhandlungslösung auch für die AG und die GmbH zulässt.[388]

b) Zur Praxis paritätischer mitbestimmter Aufsichtsräte

Die Praxis in paritätisch mitbestimmten Aufsichtsräten kann abhängig von den handelnden Personen naturgemäß sehr unterschiedlich aussehen. Dennoch haben sich gewisse Usancen herausgebildet, die zum „guten Ton"[389] gehören und einiges über die Zusammenarbeit im mitbestimmten Aufsichtsrat aussagen. Dazu zählt etwa die Vorberatung nach Bänken

aa) Die Vorberatung nach Aufsichtsratsbänken

Wenn der Aufsichtsrat tagt, so tagt oft nicht ein einheitliches Gremium, sondern es sitzen sich zwei Gruppen gegenüber, die so genannten „Bänke" (Arbeitgeber- oder Anteilseignerbank einerseits und die Arbeitnehmerbank andererseits), mit jeweils unterschiedlicher Wahl- und Legitimationsbasis, deren Existenz die Unternehmenspraxis nicht wenig bestimmt.[390] Diese zwei Bänke legen ihre Marschroute in isolierten Vorbesprechungen – bei der Anteilseignerbank oft un-

---

387 Götze /Winzer/Arnold, Unternehmerische Mitbestimmung – Gestaltungsoptionen und Vermeidungsstrategien, in: ZIP 2009, S. 245.
388 Arbeitskreis „Unternehmerische Mitbestimmung", in: ZIP 2009, S. 885.
389 BÖCKLI, in: Hdb. Corporate Governance, S. 207.
390 GÖTZ, Überwachung der Aktiengesellschaft, S. 347; BERNHARD, Aufsichtsrat, S. 14; ROE, Differences in Corporate Governance, S. 67; BAUMS, Der Aufsichtsrat, S. 14; ENDRES, Unternehmensleitung, S. 454; DAVIS, in: ZGR 2001, S. 268, 283.

ter Einschluss des Vorstands – fest und klären gerade die wichtigen Geschäfte vorab. Dieses Verhaltensmuster hat sich bei den Anteilseignervertretern in zahlreichen Unternehmen etabliert, da man dem Vorstand – jedenfalls im Plenum – keine kritischen Fragen stellen will; um ihn nicht vor den Augen der Arbeitnehmervertreter in Bedrängnis zu bringen, berät man sich vor.[391] Die Arbeitnehmervertreter wollen dabei nicht hinten anstehen und beanspruchen die Vorbesprechung ebenfalls für sich, so dass sich eine Plattform für die Organisation eigener Gruppeninteressen herausgebildet hat.

Eine Bewertung dieser gesonderten Vorberatungen fällt nicht einheitlich aus. So regt der deutsche Corporate-Governance-Kodex die gesonderte Vorbereitung von Aufsichtsratssitzungen durch die beiden Bänke und für beide Seiten gegebenenfalls unter Einbeziehung bestimmter Vorstände in Ziffer 3.6 an, während aus internationaler Perspektive darin – wohl nicht zu Unrecht – eine Art *Doppeldualismus* erkannt[392] wird, der die Funktionsweise des dualistischen Systems in Deutschland für Außenstehende weiter vernebelt und zu einer mit Blick auf den gesetzlichen Überwachungsauftrag ungünstigen „Verkastung" des Aufsichtsrats und zu einem intransparenten Überwachungsprozess führt.

bb) Die tendenziell geringe Beratungsintensität im Plenum

Die Vorberatung im Vorfeld führt weiter oft dazu, dass in der eigentlichen offiziellen Aufsichtsratssitzung nicht oder nur oberflächlich beraten wird. Dies hat seine Ursache jedoch nicht nur in den Vorbesprechungen, sondern gerade bei genehmigungspflichtigen – also brisanten – Geschäften darin, dass die Geschäftsleitung die entscheidende Information aus Sorge vor Indiskretionen dem Aufsichtsrat in seiner Gänze erst kurzfristig vorlegt, so dass den Aufsichtsräten eine fundierte Beratung schon mangels Einarbeitungszeit oftmals nicht möglich ist. Dabei ist die Wahrscheinlichkeit einer Indiskretion schon allein statistisch angesichts der Größe des Gremiums von bis zu 20 Personen sehr hoch. Diese Gefahr wird noch verstärkt, wenn eine der Bänke aus einem gezielten Informationsleck einen taktischen Vorteil ableiten kann – was gerade bei wichtigen und für das Unternehmen oder einzelne Betriebsstätten existenziellen Angelegenheiten der Fall sein kann.[393]

---

391 Mitbestimmungskommission 1998, S. 103.
392 BÖCKLI, in: Hdb. Corporate Governance, S. 207.
393 LEYSEN, a. a. O: „Wir haben im Aufsichtsrat in der Vergangenheit schon innerhalb von zehn Minuten und ohne die Dokumente zu kennen über Milliarden entschieden."

cc) Die ritualisierte Kompromissfindung

Im eigentlichen Aufsichtsratsalltag, also der Sitzung des Plenums, kann dann trotz der gesetzlich vorgesehenen kontroversen Mehrheitsentscheidung ein Hang zum Konsens konstatiert werden,[394] so dass die große Mehrzahl der Entscheidungen hier einstimmig getroffen werden.[395] Der Vorsitzende des Aufsichtsrats muss also nur ausnahmsweise von seinem Doppelstimmrecht Gebrauch machen. Dieser Hang zum Konsens erklärt sich wie folgt: Die Arbeitnehmervertreter sind darauf bedacht, es möglichst nicht zu kontroversen Abstimmungen kommen zu lassen, weil sie wegen der fehlenden Parität im Konfliktfall ohnehin in der Verliererposition wären und sie daher ein Interesse daran haben, ihre Verhandlungsfähigkeit im Vorfeld von Entscheidungen des Aufsichtsrats zu erhalten. Vorständen und Anteilseignern wiederum ist vor allem daran gelegen, für geplante Maßnahmen einen Konsens zu erreichen, um auf diese Weise die spätere Umsetzung von Beschlüssen in die Praxis zu erleichtern.[396]

Zusätzlich lösen der Aufsichtsratsvorsitzende, der Wortführer der Arbeitnehmer und der Vorstandsvorsitzende im Vorfeld – zumeist am Vorabend – der eigentlichen Sitzung die Konfrontationen, die sich etwa aus den Vorbesprechungen der Bänke ergeben können, so dass in der Regel ohnehin nur Kompromisse Eingang in die Sitzung finden und somit eine Konsensentscheidung vorgezeichnet ist.

Beide Seiten teilen mittlerweile die Auffassung, dass die Vorlage von Fragen oder Initiativen in der eigentlichen Aufsichtsratssitzung, die nicht schon in der Vorbesprechung auf dem Tisch waren, gewissermaßen gegen die Aufsichtsratssitte verstößt. Daher werden die Sitzungen wohl nicht zu Unrecht mitunter auch als „Rollenspiel" bezeichnet.[397] Die daraus resultierende Problematik für den Überwachungsauftrag des Aufsichtsrats liegt auf der Hand: Wie soll das einzelne Aufsichtsratsmitglied seine Überwachungsaufgabe effektiv wahrnehmen, wenn das, was ihm vorgelegt wird, gefiltert ist und er gewissermaßen nur eine Statistenrolle spielt? Dennoch kann man dem Hang zum Konsens zumindest wegen seiner den Unternehmensfrieden erhaltenden Funktion auch positive Aspekte abgewinnen.

Die paritätische Mitbestimmung macht den Aufsichtsrat zum ritualisierten Austragungsort für den Interessenausgleich zwischen Arbeitnehmern und Kapi-

---

394 LEYSEN, a. a. O.: „Wenn sich der deutsche Aufsichtsrat irrt, dann irrt er einstimmig." Wobei einstimmig bedeutet, dass sich die Minorität auf einer Bank der Majorität gefügt hat.
395 Mitbestimmungskommission 1998, S. 95.
396 Mitbestimmungskommission 1998, S. 103.
397 BERNHARDT, Aufsichtsrat, S. 312.

talgebern.[398] Auch dem kann durchaus Positives abgewonnen werden: So hat die Stabilität des Sozialfriedens in der deutschen Wirtschaft sicherlich auch etwas mit dem institutionalisierten Interessenausgleich zwischen Arbeitnehmern und Kapitalgebern zu tun.[399] Mit Berechtigung kann man aber auch fragen, ob dieser Ausgleich unbedingt im Aufsichtsrat erfolgen muss und ob dadurch an dieser Stelle nicht ein (Neben-)Kampfplatz eröffnet wird, dessen Pulverdampf dem Aufsichtsrat den Blick für die eigentliche Aufgabe verstellt und unnötig Zeit und Kraft raubt, die für die Überwachung der Geschäftsführung – der eigentlichen Aufgabe des Aufsichtsrats – benötigt würde.

2. Mitbestimmung nach SE-Richtlinie allgemein

Die Mitbestimmung in der SE bestimmt sich maßgeblich nach der SE-Richtlinie, die in Deutschland durch das Gesetz über die Beteiligung der Arbeitnehmer in einer Europäischen Gesellschaft (SE-Beteiligungsgesetz – SEBG) umgesetzt wurde.[400] Ohne eine Regelung für die Beteiligung der Arbeitnehmer im Sinne der SE-RL kann eine SE nicht ordnungsgemäß ins Leben treten, da sie im Register nicht eingetragen werden kann (Art. 12 Abs. 2 SE-VO).

Neben den Vorschriften über die Unterrichtung und Anhörung der Arbeitnehmer sieht die SE-RL die Beteiligung der Arbeitnehmer auf „Unternehmensebene" vor. Nach Art. 2 Buchst. k SE-RL bedeutet das die Einflussnahme des Organs zur Vertretung der Arbeitnehmer und/oder Arbeitnehmervertreter auf die Angelegenheiten einer Gesellschaft entweder durch die Wahrnehmung des Rechts, ein Teil der Mitglieder des Aufsichts- oder Verwaltungsorgans der Gesellschaft zu wählen oder zu bestellen, oder durch die Wahrnehmung des Rechts, die Bestellung eines Teils oder aller Mitglieder des Aufsichts- oder Verwaltungsorgans der Gesellschaft zu empfehlen und/oder abzulehnen.

Der Umsetzung der Mitbestimmung liegen dabei weder ein auf die SE anwendbares einheitliches europäisches Modell der Mitbestimmung noch unionsrechtlich vorgesehene Systeme der Mitbestimmung zu Grunde. Die Richtlinie verfolgt deshalb nicht das Ziel, über die SE eine Angleichung der Mitbestimmung in der Union zu erreichen. Ihr Zweck liegt vielmehr in der Sicherung bestehender Mitbestimmungsrechte bei der Gründung der SE.

Diesen Schutz verwirklicht die SE-RL durch das so genannte Vorher-Nachher-Prinzip. Wenn vor der Gründung der SE in den beteiligten Gesellschaften Mitbestimmungsrechte der Arbeitnehmer bestanden haben, sollen diese nach der Gründung nicht gegen den Willen der Mehrheit der Arbeitnehmer verringert

---

398 BÖCKLI, in: Hdb. Corporate Governance, S. 206.
399 BÖCKLI, in: Hdb. Corporate Governance, S. 206.
400 Artikel 2 des SEEG – BGBl. I, 3675.

werden können. Diese Sicherung der Mitbestimmung hat primär im Wege der Verhandlungslösung zu erfolgen (Verhandlungsprinzip).[401] Erst wenn eine entsprechende Vereinbarung nicht zustande kommt, kommt eine Auffangregelung zum Tragen (Art. 7 in Verbindung mit Teil 3 des Anhangs der SE-RL).

a) Das Vorher-Nachher-Prinzip

Die Vielfalt der Mitbestimmungssysteme in den Mitgliedstaaten hat dazu geführt, dass die ursprüngliche Idee eines einheitlichen europäischen Modells der Arbeitnehmerbeteiligung in der SE aufgegeben worden ist. Die SE-RL gibt nur noch eine einheitliche Grundstruktur für deren Ausgestaltung vor. Die unterschiedlichen Möglichkeiten der Gründung einer SE können unterschiedliche Auswirkungen auf die beteiligten Gesellschaften und damit auch auf dort bestehende Beteiligungsrechte der Arbeitnehmer haben. In Erwägungsgrund Nr. 3 SE-RL heißt es deshalb ausdrücklich, dass durch die SE-RL und ihre Umsetzung die Ziele der Union im sozialen Bereich gefördert werden sollen, die SE-Gründung mithin nicht zur Beseitigung oder zur Einschränkung der Gepflogenheiten der Arbeitnehmerbeteiligung führen dürfe, die in den an der Gründung der SE beteiligten Gesellschaften herrschen. Entscheidendes Grundprinzip und erklärtes Ziel der Richtlinie,[402] auf die sich auch der deutsche Gesetzgeber beruft,[403] ist deshalb der Schutz erworbener Rechte der Arbeitnehmer durch das Vorher-Nachher-Prinzip. Der bei den Gründungsgesellschaften vorhandene Bestand an Beteiligungsrechten der Arbeitnehmer soll sich grundsätzlich auch in der SE wieder finden. Dabei setzt die Richtlinie zwar, wie auch deren Erwägungsgrund Nr. 8 verdeutlicht, in erster Linie auf praxisnahe Lösungen im Wegen von Verhandlungen (Art. 4 SE-RL, Verhandlungsprinzip), die allerdings durch eine gesetzliche Auffangregelung (Art. 7 SE-RL in Verbindung mit dem Anhang) flankiert werden.

b) Die Verhandlungslösung

Zur Erzielung einer Vereinbarung schreibt die SE-Richtlinie ein bestimmtes Verhandlungsverfahren vor. Darin wird die Mitbestimmung zwischen der Leitung der beteiligten Gesellschaften einerseits und den Arbeitnehmern der Gesellschaften andererseits im Idealfall ausgehandelt. Die SE-Richtlinie sieht obli-

---

401 Erwägungsgrund Nr. 8 SE-RL.
402 Vgl. auch Erwägungsgrund Nr. 7, 18 SE-RL; WISSMANN, FS Wiedemann, 2002, S. 694 f.
403 BR-Drucks. 438/04 S. 102.

gatorische Verhandlungen mit dem Ziel einer Vereinbarung[404] – gewissermaßen als „maßgeschneiderte Regelung"[405] – vor. In der Richtlinie wird damit ein Instrument aufgegriffen, das im Zuge der Arbeiten an der Richtlinie über die europäischen Betriebsräte[406] und im *Davignon*-Bericht[407] entwickelt worden ist. Als Inhalt einer Vereinbarung über die Mitbestimmung im Aufsichts- oder Verwaltungsorgan der SE gibt Art. 2 Buchst. g SE-RL die Zahl der Mitglieder, welche die Arbeitnehmer wählen oder bestellen oder deren Bestellung sie empfehlen oder ablehnen können, ferner das Verfahren, nach dem die Arbeitnehmer diese Mitglieder wählen oder bestellen oder deren Bestellung sie empfehlen oder ablehnen können, sowie die Rechte dieser Mitglieder vor.[408] Um bei der SE-Gründung durch Umwandlung eine Minderung der Mitbestimmungsrechte auszuschließen, bestimmt Art. 4 Abs. 4 SE-RL, dass die Vereinbarung in diesem Fall das gleiche Mitbestimmungsniveau gewährleisten muss, wie es in der umzuwandelnden Gesellschaft besteht. Verhandlungspartner auf Arbeitgeberseite ist das zuständige Organ, auf Seiten der Arbeitnehmer das sog. besondere Verhandlungsgremium (BVG).[409] Dessen Besetzung richtet sich nach recht artifizieller[410] Formel. Für die Beschlussfassung im BVG gilt grundsätzlich nichts anderes als bei Vereinbarungen über die Unterrichtung und Anhörung der Arbeitnehmer (absolute Mehrheit).

Der qualifizierten Mehrheit des § 3 Abs. 6 SE-RL bedarf ein Beschluss des BVG, vom Abschluss einer Mitbestimmungsvereinbarung gänzlich abzusehen. Diese Möglichkeit ist bei der Gründung einer SE durch Umwandlung einer mitbestimmten Aktiengesellschaft nationalen Rechts ausgeschlossen (Art. 3 Abs. 6

---

404 Vgl. Erwägungsgrund Nr. 8 SE-RL. Zur Vereinbarung von Mitbestimmung schon früh HOMMELHOFF, Vereinbarte Mitbestimmung, in: ZHR 1984, S. 118 ff.
405 BLANQUET, in: ZGR 2002, S. 20 ff.
406 Richtlinie 94/95/EG des Rates vom 22. September 1994 über die Einsetzung eines europäischen Betriebsrates oder die Schaffung eines Verfahrens zur Unterrichtung und Anhörung der Arbeitnehmer in gemeinschaftsweit operierenden Unternehmen und Unternehmensgruppen, Amtsblatt EG Nr. L 254 vom 30. September 1994, S. 64 ff.
407 „Abschlussbericht der Sachverständigengruppe European Systems of Worker Involvement", 1997; dazu HEINZE, in: ZGR 2002, S. 66, 70 f.
408 Art. 3 Abs. 2 Buchst. b SE-Richtlinie. Neben der Umsetzung der Richtlinie in nationales Recht verbleiben dem nationalen Gesetzgeber beim Verhandlungsverfahren eigene Ausgestaltungsoptionen nur hinsichtlich von Wahl- und Bestellungsverfahren. Vgl. dazu HERFS-RÖTTGEN, in: NZA 2002, S. 358, 359; KÖSTLER, in: Theisen/Wenz, Die Europäische Aktiengesellschaft, 2002, S. 301, 307 ff.
409 BUNGERT/BEIER, in: EWS 2002, S. 1, 4.
410 HEINZE, in: ZGR 2002, S. 66, 81, bezeichnet die Regelungen hinsichtlich der arbeitnehmerseitigen Mitglieder des besonderen Verhandlungsgremiums als unnötig kompliziert.

Abschnitt 3 SE-RL). Ferner ist die qualifizierte Mehrheit erforderlich, wenn die Verhandlungen mit der Arbeitgeberseite zu einer Minderung der Mitbestimmungsrechte führen (Art. 3 Abs. 4 Abschnitt 1 Satz 2 SE-RL).[411] Wird diese qualifizierte Mehrheit nicht erreicht und damit keine Verständigung über die Reduzierung der Mitbestimmungsrechte erzielt, greift unter den Voraussetzungen des Art. 7 Abs. 1 SE-RL die Auffangregelung ein. Die qualifizierte Mehrheit kommt dabei nur dann zum Tragen, wenn bestimmte Schwellenwerte erreicht werden, die den Anteil der Arbeitnehmer mit Mitbestimmungsrechten in Relation zur Gesamtzahl der Arbeitnehmer die an der SE beteiligten Gesellschaften setzen (Art. 3 Abs. 4 Abschnitt 1 Satz 2 SE-RL). Damit soll den unterschiedlichen nationalen Mitbestimmungstraditionen Rechnung getragen werden.

Weil das Schutzbedürfnis in Bezug auf die Mitbestimmung der Arbeitnehmer bei den vier Formen der SE-Gründung unterschiedlich intensiv ist, sind die Schwellenwerte unterschiedlich hoch: Bei der Gründung einer Holding- oder Tochter-SE bleiben die Gründungsgesellschaften und damit auch die in ihnen bestehenden Mitbestimmungssysteme erhalten. Der Schwellenwert ist deshalb mit mindestens 50 Prozent der Gesamtzahl der Arbeitnehmer der beteiligten Gesellschaften vergleichsweise hoch. Mitbestimmungsrechtlich problematischer ist die Verschmelzung zur SE, bei der die Gründungsgesellschaften und deren Mitbestimmungssysteme nicht erhalten bleiben. Der Schwellenwert ist deshalb auf 25 Prozent reduziert. Ausgeschlossen ist eine Verschlechterung des Mitbestimmungsstandards schließlich bei der Gründungsform der Umwandlung. Bei ihr muss die neu gegründete SE – wie schon erwähnt – mindestens das gleiche Mitbestimmungsniveau aufweisen, das in der umzuwandelnden Gesellschaft vor der Umwandlung in die SE bestanden hatte (Art. 4 Abs. 4 SE-RL).

c) Die Auffangregelung

Die Auffangregelungen für die Mitbestimmung in der SE sind ebenfalls in Art. 7 SE-RL geregelt – und zwar im Zusammenhang mit Teil 3 des Anhangs. Sie ist zunächst unter den gleichen Voraussetzungen anzuwenden wie bei der Unterrichtung und Anhörung. Weitere Hürden errichtet darüber hinaus Art. 7 Abs. 2 SE-RL. Die Anwendung der Auffangregelung setzt bei der Gründung einer SE durch Umwandlung voraus, dass die umzuwandelnde Gesellschaft der Mitbestimmung nach nationalem Recht unterlag (Buchst. a). Bei der Gründung durch Verschmelzung und durch Errichtung einer Holding- oder Tochter-SE setzt sie

---

411 Zur Frage, in welchem Fall nach der SE-RL von einer Minderung von Mitbestimmungsrechten auszugehen ist, HERFS-RÖTTGEN, in: NZA 2002, S. 361; REICHERT/ BRANDES, in: ZGR 2003, S. 777 f., 784 ff.; WISSMANN, in: FS Wiedemann, S. 691 f.

die Überschreitung bestimmter Schwellenwerte voraus (Buchst. b und c): Die Auffangregelung greift ein, wenn – gemessen an der Gesamtzahl der Arbeitnehmer der beteiligten Gesellschaften – bei der Verschmelzung mindestens 25 Prozent und bei der Gründung einer Holding- oder einer Tochter-SE mindestens 50 Prozent der Arbeitnehmer Mitbestimmungsrechte hatten. Werden diese Werte unterschritten, kann das BVG in beiden Fällen einen entsprechenden Beschluss fassen. Kommt danach die Auffangregelung zum Tragen, finden bei der Umwandlung alle Komponenten der Mitbestimmung, die bisher galten, weiterhin Anwendung (Anhang Teil 3 Buchst. a SE-RL). In den anderen Fällen richtet sich die Zahl der von den Arbeitnehmern zu bestellenden Mitgliedern des Aufsichts- oder Verwaltungsorgans „nach dem höchsten maßgeblichen Anteil in den beteiligten Gesellschaften vor der Eintragung der SE" (Anhang Teil 3 Buchst. b Abschnitt 1 SE-RL).

Steht fest, welches Mitbestimmungssystem auf die SE anzuwenden ist und wie viele Sitze im Aufsichts- oder Verwaltungsorgan auf die Arbeitnehmervertreter entfallen, entscheidet das Vertretungsorgan nach Anhang Teil 3 Buchst. b Abschnitt 3 SE-RL über deren Verteilung. Maßgeblich ist der jeweilige Anteil der in den Mitgliedstaaten beschäftigten Arbeitnehmer der SE. Jeder Mitgliedstaat hat das Recht, die ihm im Aufsichts- oder Verwaltungsorgan zugewiesenen Sitze festzulegen. Die Arbeitnehmervertreter im Aufsichts- oder Verwaltungsorgan sind vollberechtigte Mitglieder mit den gleichen Rechten und Pflichten wie die Vertreter der Seite der Anteilseigner (Anhang Teil 3 Abschnitt 4 SE-RL).

3. Speziell: Mitbestimmter SE-Verwaltungsrat

In Fällen der Auffangregelung kann es bei einer monistischen SE deutscher Prägung dazu kommen, dass paritätische Mitbestimmung im Verwaltungsrat zu integrieren ist.[412] Es stellt sich in diesen Fällen die Frage nach der Stellung der Arbeitnehmervertreter im Verwaltungsrat. Insbesondere interessiert dabei, inwieweit sich diese von der Stellung der Arbeitnehmervertreter im Aufsichtsrat unterscheidet.

Es ist evident, dass sich die Art und Intensität der Mitbestimmung im Verwaltungsrat von der Mitbestimmung im Aufsichtsrat unterscheidet. *Böckli* hat bereits im Zusammenhang mit der in den siebziger Jahren in der Schweiz diskutierten Einführung der Mitbestimmung festgestellt, „wie viel weiter eine mitten

---

412 NAGEL, Die Europäische Aktiengesellschaft (SE) und die Beteiligung der Arbeitnehmer, in: AuR 2004, S. 281 ff.

im gesetzlichen Exekutivorgan ansetzende Mitbestimmung" gegenüber dem deutschen Modell geht.[413]

Vor dem Hintergrund der bisherigen Feststellungen lässt sich die Stellung der Arbeitnehmer im Verwaltungsrat im Vergleich zur Stellung der Arbeitnehmer im Aufsichtsrat zusammengefasst wie folgt skizzieren, wenn man paritätische Mitbestimmung *ohne Einschränkung* in den Verwaltungsrat integriert.

a) Anzahl der Arbeitnehmer im Verwaltungsrat

In *quantitativer Hinsicht*, also im Hinblick auf die *Anzahl* der Arbeitnehmervertreter im Verwaltungsrat, führt die einschränkungslose Integration der paritätischen Mitbestimmung in den Verwaltungsrat dazu, dass die Hälfte der Mitglieder des Verwaltungsrats Arbeitnehmervertreter sein müssen. Gemäß Teil 3 Buchst. b Unterabsatz 1 des Anhangs der SE-Richtlinie soll sich die Zahl der Arbeitnehmervertreter im Verwaltungsrat „*nach dem höchsten maßgeblichen Anteil in den beteiligten Gesellschaften vor der Eintragung der SE*" bemessen.

Verglichen mit der Situation im dualistischen System, wo nur der Aufsichtsrat zur Hälfte mit Arbeitnehmervertretern besetzt ist, der Vorstand jedoch gar nicht mit Arbeitnehmervertretern besetzt ist, bedeutet dies eine relative Ausweitung der Mitbestimmung, weil nicht mehr nur ein Teil sondern die Gesamte Unternehmensführung paritätisch besetzt ist.

b) Stellung der Arbeitnehmer im Verwaltungsrat

In *qualitativer* Hinsicht führt die einschränkungslose Integration der paritätischen Mitbestimmung in den Verwaltungsrat dazu, dass die Arbeitnehmervertreter im Verwaltungsrat an der unternehmerischen Oberleitung beteiligt werden. Dies ergibt sich zwangsläufig aus der Kompetenz des Verwaltungsrats für die unternehmerische Oberleitung. Eine Differenzierung zwischen den Mitgliedern des Verwaltungsrats scheidet nach dem ausdrücklichen Wortlaut der SE-Richtlinie aus. Gemäß Teil 3 Buchst. b Unterabsatz 4 des Anhangs der SE-Richtlinie sollen alle Arbeitnehmervertreter im Verwaltungsrat „*vollberechtigte Mitglieder*" des Verwaltungsrats „*mit denselben Rechten (...) und denselben Pflichten wie die Mitglieder, die die Anteilseigner vertreten*" sein. Die Arbeitnehmervertreter im Verwaltungsrat einer monistischen SE deutscher Prägung sollen mithin in jeder Hinsicht dem anteilsseitigen Führungspersonal der Gesellschaft gleichgestellt sein.

---

413 BÖCKLI, Konvergenz der Systeme in der Spitzenverfassung der Aktiengesellschaft, S. 344.

Der Vergleich zum dualistischen System zeigt danach Folgendes: Die Arbeitnehmervertreter im Aufsichtsrat sind an der unternehmerischen Oberleitung nicht beteiligt. Die Kompetenz des Aufsichtsrats beschränkt sich im Kern auf Überwachung und Beratung. Zwar misst man – wie gezeigt wurde – dem Aufsichtsrat neben seiner klassischen Überwachungsfunktion aus § 111 Abs. 1 AktG auch zunehmend Bedeutung in Fragen der Beteiligung an der Unternehmensleitung zu.[414] Doch verbleibt es gerade auch in Fragen der Unternehmensplanung, einer Kardinalfacette der Unternehmensleitung (§ 90 Abs. 1 Satz 1 Nr. 1 AktG), immer bei einem beratenden Charakter. Der Vorstand hat im dualistischen System dem Aufsichtsrat zwar zu berichten, er hat seinen Rat auch anzuhören und manche Zustimmungen einzuholen, aber letztlich ist eben der Vorstand das Organ der unternehmerischen Oberleitung, er entwickelt regelmäßig die Ideen, welche der Unternehmensplanung zu Grunde liegen, er hat mit dem Initiativrecht das „Heft des Handelns in der Hand" und bereitet entsprechende Beschlussvorschläge vor.

Die Stellung der Arbeitnehmervertreter im Verwaltungsrat würde mithin gegenüber der Macht im mitbestimmten Aufsichtsrat signifikant ausgeweitet.

---

414 Vgl. LUTTER, in: Entrepreneurial Spirits, FS Albach 2001, S. 226 ff.

V. Mitbestimmung und Monismus im Konflikt

Im folgenden Kapitel soll der grundrechtliche Konflikt herausgearbeitet werden, der sich ergibt, wenn die paritätische Mitbestimmung auf die monistische Unternehmensverwaltung in der SE trifft. Um die Prüfung der Eigentumsgarantie vorzubereiten, die sich im nächsten Kapitel anschließt, sollen hier die Normen markiert werden, die die Mitbestimmung im monistischen System in einer Weise regeln, dass die Eigentumsgarantie gefährdet sein könnte. Daraufhin soll das gesamte Recht der Europäischen Aktiengesellschaft überprüft werden.

1. Potentiell konfliktträchtige Rechtsquellen

Das Recht der Europäischen Aktiengesellschaft, also alle die SE betreffenden Normen und Bestimmungen, besteht aus einer mannigfaltigen Verzahnung und Verschränkung von Vorschriften europäischer und nationaler Gestalt,[415] so dass eine „kunstvoll aufgeschichtete Rechtsquellenpyramide"[416] entsteht. Dies führt zu einer zunächst wenig transparent anmutenden normativen Gemengelage.[417] Das war ursprünglich anders konzipiert.[418] So hatte man in früheren Vorschlägen der Jahre 1970[419] und 1975[420] für ein „europäisches Recht über die Aktiengesellschaft"[421] eine geschlossene Kodifikation für nahezu alle Bereiche der SE im Sinn gehabt.[422] Das aktuelle Recht der SE speist sich demgegenüber aus

---

415 CASPER, Der Lückenschluss im Statut der Europäischen Aktiengesellschaft, in: FS Ulmer 2003, S. 51, 52.
416 HOMMELHOFF, in: AG 2001, S. 279, 285.
417 BUNGERT/BEIER, in: EWS 2002, S. 1, 2, sprechen vom „Dickicht" europäischer, nationaler und satzungsrechtlicher Regelungen.
418 LINDACHER, in: Lutter (Hrsg.), Die Europäische Aktiengesellschaft – Eine Stellungnahme zur Vorlage der Kommission an den Ministerrat der Europäischen Gemeinschaften über das Statut für Europäische Aktiengesellschaften vom 30. April 1975.
419 Vorschlag einer Verordnung (EWG) des Rates über das Statut für europäische Aktiengesellschaften, vorgelegt von der Kommission am 30. Juni 1970, ABl. EG Nr. C 124/1 v. 10.10.1970.
420 Geänderter Verordnungsvorschlag vom 13. Mai 1975, abgedruckt bei LUTTER, Europäisches Gesellschaftsrecht, S. 278 ff.
421 SANDERS, in: AWD 1960 [heute: RIW], S. 1 ff.
422 THEISEN/WENZ, Die Europäische Aktiengesellschaft, S. 47 ff.; BRANDT/SCHEIFELE, Europäische Aktiengesellschaft, S. 547–555; SCHWARZ, in: ZIP 2001, S. 1874 ff; TEICHMANN, Einführung der Europäischen Aktiengesellschaft, in: ZGR 2002, S. 383–409.

mehreren Rechtsquellen. Das sind Bestimmungen der *Satzung*[423] einer SE, die SE-*Verordnung* sowie schließlich *Vorschriften nationalen Rechts*[424] des Sitzstaates der SE, die den „Regelungstorso"[425] der SE-Verordnung ausfüllen.[426] Hinzu treten „ergänzend" die SE-Richtlinie und ihre (jeweilige) nationale Umsetzung. Damit hat sich der Unionsrechtssetzer für eine dualistische[427] Rechtssetzung entschieden, wie sie eher ungewöhnlich ist. Die Aufteilung der unionsrechtlichen Rechtsakte wurde auch nicht seit Anbeginn der Rechtssetzungsgeschichte der SE vorgenommen. Die Teilung der die SE betreffenden Rechtsmaterie in zwei unionsrechtliche Rechtsakte tauchte im Verlauf der Rechtssetzungshistorie erstmals im Vorschlag der Kommission vom 25. August 1989 auf.

Genau genommen handelt es sich weniger um eine Teilung der Materie als um die Abspaltung eines Bereiches. So regelt die Richtlinie nur die Stellung der Arbeitnehmer, während die Verordnung alle wesentlichen gesellschaftsrechtlichen Aspekte betrifft.[428] Diese Abspaltung entsprang wohl der im Zusammenhang mit den Vorschlägen von 1970 und 1975 gewonnen Erkenntnis, dass insbesondere die Regelung der Vertretung von Arbeitnehmern in Organen der SE in Form einer unmittelbar anwendbaren Verordnung, bei der die nationalen Parlamente keine Mitsprache gehabt hätten, aussichtslos erschien und die Verwirklichung das Rechtssetzungsvorhaben erheblich gefährdete. Im Folgenden sollte dies berücksichtigt werden und in die formale Trennung keine besondere inhaltliche Bedeutung hineininterpretiert werden.

a) Das SE-Unionsrecht: Verordnung und Richtlinie

Im Hinblick auf einen möglichen Konflikt zwischen Mitbestimmung und Monismus sind zunächst die SE-Richtlinie und die SE-Verordnung zu überprü-

---

423 Gem. Art. 9 Abs. 1 Buchst. b SE-VO unterliegt die SE den Bestimmungen der Satzung der SE, sofern die SE-VO dies ausdrücklich bzw. nach den gleichen Voraussetzungen wie das nationale Aktienrecht in Fällen des Art. 9 Abs. 1 Buchst. c Ziff. iii vorschreibt. Für SE deutscher Prägung bedeutet das die Geltung der Satzungsstrenge aus § 23 Abs. 5 AktG.
424 Vgl. Art. 9 Abs. 1 Buchst. c Ziff. i) und Ziff. ii) SE-VO.
425 TEICHMANN bezeichnet die Entwicklung der Verordnung als einen Prozess vom „Vollstatut zum Torso", vgl. TEICHMANN, in: ZGR 2002, S. 390; ebenso CASPER, Der Lückenschluss im Statut der Europäischen Aktiengesellschaft, in: FS Ulmer 2003, S. 51.
426 Weiter gibt es Regelungen, die vom nationalen Gesetzgeber in Umsetzung der SE-Richtlinie erlassen werden.
427 HENSSLER, Mitbestimmung in der Societas Europaea, in: FS Ulmer 2003, S. 195, spricht von zwei verschiedenen „Regelungsvehikeln".
428 BLANQUET, in: ZGR 2002, S. 20, 21.

fen. Die SE-Verordnung wird häufig auch als SE-Statut bezeichnet und verfügt als europäische Verordnung gemäß Art. 249 Abs. 2 EG über allgemeine Geltung. Sie ist in allen Teilen verbindlich und gilt unmittelbar in jedem Mitgliedsstaat. Dies wird auch verordnungseinleitend in einem Erwägungsgrund nochmals klarstellend formuliert: „Neben den bisherigen Gesellschaftsformen nationalen Rechts ist daher die Schaffung von Gesellschaften vorzusehen, deren Struktur und Funktionsweise durch eine in allen Mitgliedstaaten unmittelbar geltende unionsrechtliche Verordnung geregelt werden."[429] Für Bereiche, die von der Verordnung abschließend geregelt werden, ist für einen Rückgriff auf Regelungen mitgliedstaatlichen Ursprungs – etwa vermittels Verweisungen – kein Raum.[430] Die SE-Richtlinie bedurfte hingegen der nationalen Umsetzung durch die Mitgliedstaaten. In Deutschland geschah dies durch das SEBG.

b) Die Vorschriften in nationalem Gewand

Ermächtigungen, Verweisungen[431] und Rechtssetzungsimperative innerhalb der SE-Verordnung sowie die bereits erwähnte Umsetzungsbedürftigkeit der SE-Richtlinie ergänzen das Rechts der Europäischen Aktiengesellschaft mit Vorschriften in nationalem Gewand, die ebenfalls daraufhin zu untersuchen sind, ob und inwieweit sie zu einem Konflikt zwischen Mitbestimmung und Monismus führen. Sie haben ergänzenden Charakter, indem sie durch Verweisung[432] in der Verordnung für Bereiche herangezogen werden, die nicht von ihr geregelt sind, ohne die eine Aktiengesellschaft aber nicht existieren kann. Es muss sich dabei um Bereiche handeln, die zum Regelungsbereich der SE-VO gehören, ohne dass sie eine konkrete (umfassende oder teilweise) Normierung durch die Verordnung selbst erfahren haben.[433] Der Regelungsbereich der SE-VO reicht nämlich weiter als die Summe ihrer Einzelnormen. Sie normiert gewissermaßen nur einen Teil ihres gesamten Regelungsbereichs und begründet damit zwar das „Recht der SE" umfassend, formuliert es aber nur teilweise aus.[434]

---

429 Erwägungsgrund Nr. 6 der SE-Verordnung.
430 Vgl. MAUL, Die faktisch abhängige SE im Schnittpunkt zwischen deutschem und europäischem Recht, S. 13 f.
431 Die Verweisungen ergeben sich insbesondere aus der Generalverweisung des Art. 9 der SE-VO. Zusätzlich verfügt die VO jedoch auch über einige Spezialverweisungen.
432 Vgl. zur Konzeption der Verweisung GROTE, Das neue Statut der Europäischen Aktiengesellschaft zwischen europäischem und nationalem Recht, 1991.
433 BRANDT/SCHEIFLE, in: DStR 2002, S. 547, 551.
434 Dem liegt die Auffassung zu Grunde, dass der Regelungsbereich der SE-VO anhand einer unionsrechtlichen Qualifikation zu erfolgen hat, d.h., dass sich der Regelungsbereich verordnungsautonom und unter Rückgriff auf unionsrechtliche Auslegungsgrund-

In den alten Entwürfen des Vollstatuts war der Rückgriff auf nationales Recht noch ausdrücklich ausgeschlossen. So lautete die einschlägige Regelung des Art. 7 Abs. 11 Satz 1 SE-VO 1970: „Vorbehaltlich entgegenstehender Vorschriften sind die von dem Statut behandelten Gegenstände selbst hinsichtlich der Rechtsfragen, die nicht ausdrücklich geregelt werden, der Anwendung des Rechts der Mitgliedstaaten entzogen." Im geltenden Recht der SE hat man jedoch einen anderen Weg eingeschlagen und nationale Vorschriften – auch im Vertrauen darauf, dass diese in erheblichem Umfang zwischenzeitlich unionsrechtliche Harmonisierung erfahren haben – eben sehr wohl zur Anwendung berufen.

Innerhalb der Regelungen im nationalen Gewand können die folgenden Arten unterschieden werden, die als primäres und subsidiäres SE-Ergänzungsrecht bezeichnet werden können:

aa) Das SE-Ausführungsgesetz

Für Deutschland sind die Vorschriften des SEAG zu nennen. Diese Vorschriften, wurden vom Mitgliedsstaat Deutschland in Anwendung der speziell die SE betreffenden Unionsmaßnahmen in Bezug auf die von der SE-Verordnung nicht erfassten Aspekte erlassen.[435]

bb) Das SE-Beteiligungsgesetz

Des Weiteren sind diejenigen Vorschriften zu nennen, die der nationale Gesetzgeber in Umsetzung der SE-Richtlinie gemäß Art. 249 Abs. 3 EG erlassen hat. Die Relevanz dieser Vorschriften für das Recht der SE ergibt sich bereits aus der richtlinienimmanenten Umsetzungsanordnung. Zur Umsetzung der SE-RL gibt es in Deutschland das Gesetz über die Beteiligung der Arbeitnehmer in einer Europäischen Gesellschaft - das SE-Beteiligungsgesetz (SEBG).

cc) Das (rein) nationale Ergänzungsrecht

Darüber hinaus sind Vorschriften der Mitgliedstaaten zu nennen, die auf eine nach dem Recht des Sitzstaates der SE gegründete Aktiengesellschaft Anwendung finden und die Aspekte betreffen, die von der SE-Verordnung nicht erfasst sind, weil die SE-Verordnung einen Bereich nicht oder nur teilweise regelt[436] und auch die speziell für die SE erlassenen nationalen Gesetze keine Regelung

---

sätze bestimmt. Vgl. WAGNER, Der Europäische Verein, 2000, S. 46.; VOM BROCKE, Die Europäische Genossenschaft, S. 14 zu EUGEN-VOV.
435 Art. 9 Abs. 1 Buchst. c i SE-VO.
436 Art. 9 Abs. 1 Buchst. c ii SE-VO.

vorsehen. Hierunter fallen in Deutschland etwa Normen des AktG oder des MitbestG.

c) Die Satzung der SE

Neben der SE-Verordnung, dem SEAG, den nationalen Vorschriften des subsidiären SE-Ergänzungsrechts und dem SEBG gibt es noch eine weitere Rechtsquelle im Recht der SE, und zwar die Satzung einer SE. Nicht unerheblicher Gestaltungsraum wird der SE nämlich durch die SE-Verordnung in Form von Wahl- und Gestaltungsmöglichkeiten in ihrer Satzung eingeräumt.

d) Zur Rechtsquellenhierarchie

Neben der Darstellung der Rechtsquellen im Recht der SE ist schließlich auch das Verhältnis der einzelnen Rechtsquellen zueinander von Interesse. Hierarchisch ordnet deren System Art. 9 Abs. 1 zur Normenpyramide,[437] der auch als zentrale Rechtsanwendungsvorschrift[438] im Recht der Europäischen Aktiengesellschaft angesehen werden kann. Generell lässt sich aus dieser Vorschrift ableiten, dass an oberster Stelle die Normen des SE-Statuts angesiedelt sind.[439] Sie verdrängen alle anderen Vorschriften. Den Verordnungsvorschriften folgen die Satzungsregelungen, die auf Grund von Ermächtigungen in der SE-VO aufgestellt wurden. Die Vorschriften der SE-Verordnung und Satzungsbestimmungen, soweit sie sich aus einer Ermächtigung in der SE-Verordnung ergeben, lassen sich dabei als „*unmittelbares SE-Recht*" bezeichnen. Diesem nachgeordnet sind Normen, die nicht in der Verordnung geregelte Sachverhalte betreffen. Innerhalb dieser Gruppe verdrängen wiederum die speziell für die SE erlassenen nationalen Ausführungs- und Umsetzungsnormen[440] die allgemein für nationale Aktiengesellschaften geltenden Normen.[441] Das untere Ende der Rechtsquellenpy-

---

437 HOMMELHOFF/TEICHMANN, in: Lutter/Hommelhoff (Hrsg.), SE-Kommentar, Art. 9 SE-VO. Rn. 34 ff.
438 Der Anwendungsbereich des Art. 9 Abs. 1 ist auf Angelegenheiten innerhalb des Regelungsbereichs der SE-VO zu begrenzen. Vgl. dazu sowie zum Begriff BRANDT/SCHEIFLE, in: DStR 2002, S. 547, 549 m. w. N.
439 Soweit Art. 9 die SE-VO an sich zur Anwendung beruft, gehören dazu naturgemäß auch die speziellen Verweisungen, über welche die Verordnung in einiger Zahl verfügt. Daher können neben dem Weg über Art. 9 auch vermittels einer insoweit vorrangig heranzuziehenden Spezialverweisung Vorschriften mitgliedstaatlichen Ursprungs zur Anwendung gelangen.
440 Das sind die Vorschriften des SEAG und des SEBG. Vgl. SCHRÖDER/FUCHS, in: MANZ/MAYER/SCHRÖDER, Art. 9 SE-VO, Rn. 18.
441 Etwa das deutsche Aktiengesetz.

ramide bilden schließlich Satzungsregelungen, die nicht auf Ermächtigung in der SE-VO beruhen.[442]

2. Potentiell konfliktauslösenden Einzelnormen

Da nun die Gemengelage der Rechtsquellen im Recht der SE allgemein dargestellt worden ist, sollen jetzt die einzelnen Regelungen im Recht der SE identifiziert werden, die zu einem Grundrechtskonflikt von Mitbestimmung und Monismus führen können. Es sollen mithin die Bestimmungen isoliert werden, die für sich genommen oder in ihrem Zusammenwirken mit anderen in Widerspruch zu höherrangigem Recht geraten können und insbesondere Gefahr laufen, grundrechtswidrig zu sein. Dies erfolgt mit dem Ziel, diese Bestimmungen im weiteren Verlauf der Untersuchung im Einzelnen zu prüfen.

a) Die Wahl des monistischen Systems in der Satzung

Als konfliktauslösend könnte man zunächst die Wahl des monistischen Systems in der Gesellschaftssatzung in Betracht ziehen. Voraussetzung dafür, dass die Mitbestimmung überhaupt auf das monistische System treffen kann, ist die entsprechende Wahl des monistischen Systems in der Satzung der Gesellschaft. Diese Wahlmöglichkeit eröffnet das SE-Statut unmittelbar in Art. 38 Buchst. b SE-VO. Folgerichtig setzt § 20 SEAG darauf auf und bestimmt: *„Wählt eine SE gemäß Artikel 38 Buchstabe b der Verordnung in ihrer Satzung das monistische System mit einem Verwaltungsorgan (Verwaltungsrat), so gelten anstelle der §§ 76 bis 116 Aktiengesetz die nachfolgenden Vorschriften."* Dies sind die §§ 21 bis 49 SEAG. Damit wird gemäß der SE-Verordnung durch den Satzungsgeber, also durch die Entscheidung der Hauptversammlungen der Gründungsgesellschaften vom Wahlrecht zwischen dem monistischen und dem dualistischen System zu Gunsten des monistischen Systems Gebrauch gemacht.

Die Wahl des monistischen Systems in der Satzung führt für sich genommen jedoch noch nicht zu einem Konflikt mit der Mitbestimmung. Die Satzungsbestimmung, mit der lediglich von dem Wahlrecht der SE-Verordnung gebrauch gemacht wird, ist daher insoweit unkritisch.

b) Das Wahlrecht in Art. 38 Buchst. b SE- Verordnung

Als konfliktauslösende Bestimmung kommt daher eher das Wahlrecht in Art. 38 Buchst. b der SE-Verordnung selbst in Betracht. So könnte es ohne das Wahlrecht in der SE-Verordnung schon gar nicht zur Wahl eines monistischen Sys-

---

442 Vgl. BUNGERT/BEIER, in: EWS 2002, S. 1, 2.

tems durch die Satzung kommen. Wird das monistische Wahlrecht gewählt und kommt Mitbestimmung hinzu, können Mitbestimmung und Monismus in Konflikt geraten. In dem Falle löst den Konflikt jedoch nicht der Monismus, sondern die Mitbestimmung aus. Der Monismus ist gewissermaßen „gesetzt", die Mitbestimmung kommt konfliktauslösend hinzu, denn die monistische Option ist – anders als die Mitbestimmung – Teil des Regelungskerns der SE-Verordnung.

Dies ergibt sich wie folgt: Die SE-Verordnung gliedert sich in sieben Kapitel. Neben Kapiteln mit vorwiegend rechtstechnischen Regelungen, wie den Kapiteln „*Allgemeine Vorschriften*" (Kapitel I), „*Ergänzungs- und Übergangsbestimmungen*" (Kapitel VI) und „*Schlussbestimmungen*" (Kapitel VII), gibt es nur vier weitere Kapitel, die den Regelungskern der SE-Verordnung ausmachen. Das sind die Kapitel „*Gründung*" (Kapitel II), „*Jahresabschluss und konsolidierte Abschluss*" (Kapitel IV), „*Auflösung, Liquidation, Zahlungsunfähigkeit und Zahlungseinstellung*" (Kapitel V) sowie „*Aufbau der SE*" (Kapitel III). Danach stehen die Bestimmungen der SE-Verordnung zum Aufbau der SE (neben den Bestimmungen zur Gründung und Liquidation) im Zentrum der SE-Verordnung und machen ihren Regelungskern aus. Dieses Kapitel zum Aufbau der SE wird durch Art. 38 eingeleitet und durch die darin angeordnete Struktur beherrscht. Da das Wahlrecht gem. Art. 38 Abs. 2 Buchst. b der SE-Verordnung in Art. 38 SE-VO angesiedelt ist und eine grundlegende Strukturanordnung darstellt, zählt gerade die Option für das monistische System zum Regelungskern der SE-Verordnung.

Dieser Befund wird durch die dokumentierten Erwägungsgründe des Verordnungsgebers bekräftigt. Nach Erwägungsgrund Nr. 14 der SE-Verordnung hält er es ausdrücklich für „*erforderlich*", der SE „*alle Möglichkeiten*" einer Geschäftsführung, das bedeutet hinsichtlich der Verwaltung der Aktiengesellschaften sowohl das monistische als auch das dualistische System an die Hand zu geben. Die Mitbestimmung hat hingegen nur ergänzenden Charakter. So bezeichnet Erwägungsgrund Nr. 19 der SE-Verordnung die SE-Richtlinie lediglich als „*Ergänzung*". Sogar im Titel der SE-Richtlinie kommt dies ausdrücklich zum Ausdruck: „*Richtlinie 2001/86/EG des Rates vom 8. Oktober 2001 zur <u>Ergänzung</u> des Statuts der Europäischen Gesellschaft hinsichtlich der Beteiligung der Arbeitnehmer.*" (Hervorhebung durch den Verfasser)

Daraus ergibt sich, dass dem Wahlrecht für das monistische System nach der SE-Verordnung überragende Bedeutung beizumessen ist. Dieses Wahlrecht darf nicht leer laufen. Das unionsrechtliche Erfordernis des „*effet utile*" gebietet, dass die in der Verordnung vorgegebene Wahlmöglichkeit zwischen Aufsichtsrats- und Verwaltungsratssystem weder rechtlich noch tatsächlich – z.B. durch eine ineffiziente Ausgestaltung des Verwaltungsrats[443] – praktisch auf die Wahl des Aufsichtsratssystems beschränkt wird.[444]

c) Die Auffangregelung der SE-Richtlinie

Als konfliktträchtige Einzelbestimmungen sind daher vielmehr die folgenden Teile der Auffangregelung der SE-Richtlinie in Betracht zu ziehen:
- Teil 3 Buchst. b Unterabsatz 1 des Anhangs der SE-Richtlinie bestimmt: „In den Fällen der Gründung einer SE haben die Arbeitnehmer der SE, ihrer Tochtergesellschaften und Betriebe und/oder ihr Vertretungsorgan das Recht, einen Teil der Mitglieder des Verwaltungs- oder des Aufsichtsorgans der SE zu wählen oder zu bestellen oder deren Bestellung zu empfehlen oder abzulehnen, wobei die Zahl dieser Mitglieder sich nach dem höchsten maßgeblichen Anteil in den beteiligten Gesellschaften vor der Eintragung der SE bemisst."
- Teil 3 Buchst. b Unterabsatz 4 des Anhangs der SE-Richtlinie bestimmt: „Alle von dem Vertretungsorgan oder gegebenenfalls den Arbeitnehmern gewählten, bestellten oder empfohlenen Mitglieder des Verwaltungsorgans oder gegebenenfalls des Aufsichtsorgans der SE sind vollberechtigte Mitglieder des jeweiligen Organs mit denselben Rechten (einschließlich des Stimmrechts) und denselben Pflichten wie die Mitglieder, die die Anteilseigner vertreten."

In den v.g. Regelungen der SE-Richtlinie ist der Konflikt zwischen Mitbestimmung und Monismus angelegt. Hier ist die Integration der Mitbestimmung im Verwaltungsrat geregelt. Allerdings gelten die Bestimmungen der SE-Richtlinie nicht unmittelbar, sondern erst vermittels ihrer Umsetzung durch den nationalen Gesetzgeber. Der die Grundrechtsträger belastende Konflikt zwi-

---

443   Vgl. ROTH, in: ZfA 2004, S. 431, 445, der in der Übertragung der paritätischen Mitbestimmung auf den Verwaltungsrat einen Verstoß gegen das uniomsrechtliche Erfordernis des „effet utile" sieht, da die in der Verordnung vorgegebene Wahlmöglichkeit zwischen Aufsichtsrats- und Verwaltungsratssystem nicht durch eine ineffiziente Ausgestaltung des Verwaltungsrats praktisch auf die Wahl des Aufsichtsratssystems beschränkt werden dürfe.

444   Die Auslegung der SE-VO selbst vollzöge sich eigenständig nach europäischem Recht – also auch nach europäischen Auslegungsgrundsätzen. Vgl. ZULEEG, in: EuR 1969, S. 97; BLECKMANN, in: NJW 1982, S. 1177, 1178 ff.; DERS., Europarecht, Rn. 537 ff.; EVERLING, in: RabelsZ 1986, S. 193, 210 f.; ANWEILER, Die Auslegungsmethoden des Gerichtshofes der Europäischen Gemeinschaften, S. 25 ff.; HOMMELHOFF, in: Schulze (Hrsg.), Auslegung europäischen Privatrechts und angeglichenen Rechts, S. 29, 32 ff.; SCHWARZ, Europäisches Gesellschaftsrecht, Rn. 86 ff.; CASPER, in: FS Ulmer 2003, S. 51, 52.

schen Mitbestimmung und Monismus wird daher unmittelbar erst durch die umsetzenden Bestimmungen des SEBG ausgelöst.[445] Das ist die sog. „Mitbestimmung kraft Gesetzes".

d) Die Mitbestimmung kraft SE-Beteiligungsgesetz

Die „Mitbestimmung kraft Gesetzes" nach den §§ 35 bis 38 SEBG findet gem. § 34 Abs. 1 SEBG Anwendung, wenn die Voraussetzungen des § 22 SEBG vorliegen. Das ist insbesondere dann der Fall, wenn die Verhandlungen über eine Mitbestimmungsvereinbarung gescheitert sind. Die Mitbestimmung kraft Gesetzes regelt das SEBG in Kapitel 2 Abschnitt 2. Im Verdacht einen Konflikt mit dem Monismus auszulösen stehen v.a. die folgenden Bestimmungen:
- Gem. § 35 Abs. 2 Satz 1 SEBG gilt: Bei der im vorliegenden Zusammenhang interessierenden Gründung einer Holding-SE, Tochter-SE oder bei Gründung einer SE durch Verschmelzung haben *„die Arbeitnehmer der SE, ihrer Tochtergesellschaften und Betriebe oder ihr Vertretungsorgan das Recht, einen Teil der Mitglieder des Aufsichts- oder Verwaltungsorgans der SE zu wählen oder zu bestellen oder deren Bestellung zu empfehlen oder abzulehnen".*
- Gem. § 35 Abs. 2 Satz 2 SEBG gilt: Dabei bemisst sich „die Zahl dieser Arbeitnehmervertreter im Aufsichts- oder Verwaltungsorgan nach dem höchsten Anteil an Arbeitnehmervertretern, der in den Organen der beteiligten Gesellschaften vor der Eintragung der SE bestanden hat." Bei paritätischer Mitbestimmung wäre danach i.S. von § 7 MitbestG je eine gleiche Zahl von Anteilseigner- und Arbeitnehmervertretern im Verwaltungsrat anzusiedeln.
- Gem. § 38 Abs. 1 SEBG gilt: „Die Arbeitnehmervertreter im Aufsichts- oder Verwaltungsorgan der SE haben die gleichen Rechte und Pflichten wie die Mitglieder, die die Anteilseigner vertreten". Demnach wären die Arbeitnehmervertreter uneingeschränkt an der Oberleitung durch den Verwaltungsrat zu beteiligen.

3. Auslegung konfliktauslösender Bestimmungen

Nach erstem Anschein ordnen die v.g. potentiell konfliktauslösenden Bestimmungen des SEBG eine 1:1-Übertragung der Mitbestimmung vom Aufsichtsrat in den Verwaltungsrat einer SE vor. Dies würde zu einer Ausweitung der Mitbestimmung gegenüber dem Status quo der Mitbestimmung im Aufsichtsrat einer deutschen Gründungsgesellschaft führen. Die weitere Prüfung der konfliktauslö-

---

445 Von der Tatsache, dass die Prüfung beim nationalen Umsetzungsgesetz ihren Ausgang nehmen soll, darf indes nicht vorschnell darauf geschlossen werden, dass es sich nur um eine Prüfung anhand nationaler Maßstäbe handeln wird.

senden Bestimmungen setzt jedoch voraus, ihre Bedeutung genau zu ermitteln. Die Bedeutung von Normen bestimmt sich nicht nur nach dem formalen Wortlaut, vielmehr kommt es auf den eigentlichen Regelungsgehalt, die „Rekonstruktion des dem Gesetz innewohnenden Gedankens"[446] an, der sich erst durch Auslegung[447] und in bestimmten Fällen auch durch gerichtliche Inhaltsbestimmung in Form der Rechtsfortbildung[448] ergibt.

Das SEBG ist anhand der klassischen nationalen Auslegungskriterien auszulegen. Auch bei der Auslegung von Bestimmungen des deutschen Rechts, die der Umsetzung von Richtlinien der Europäischen Union dient, muss zunächst von den gleichen Grundsätzen ausgegangen werden wie bei sonstigen nationalen Rechtsvorschriften, da die Grundlage des im Rahmen einer Richtlinie erlassenen Rechts die Rechts- und Verfassungsordnung der jeweiligen Mitgliedstaaten ist.[449] Demnach sind für die Auslegung der Norm der Wortsinn, der Bedeutungszusammenhang, die Entstehungsgeschichte und ihr Zweck maßgeblich.[450]

a) Die Wortlautauslegung von § 35 Abs. 2 Satz 2 SEBG

Für den Fall, dass Arbeitnehmer das Recht haben, einen Teil der Mitglieder des Verwaltungsorgans der SE zu wählen, bestimmt § 35 Abs. 2 Satz 2 SEBG seinem Wortlaut nach wie folgt: *„Die Zahl dieser Arbeitnehmervertreter im Aufsichts- oder Verwaltungsorgan der SE bemisst sich nach dem höchsten Anteil an Arbeitnehmervertretern, der in den Organen der beteiligten Gesellschaften vor der Eintragung der SE bestanden hat."* (Hervorhebungen durch den Verfasser)

Ist also an der Gründung der SE eine deutsche mitbestimmte Gesellschaft beteiligt, muss nach dem Wortlaut der zahlenmäßige Anteil der Arbeitnehmervertreter von *der Hälfte* (bei mehr als 2000 Arbeitnehmern)[451] auf die SE übertragen werden. Es wird vertreten, dass der nationale Gesetzgeber in Deutschland angesichts des Wortlauts der Auffangregelung in der Richtlinie diese Parität ha-

---

446 SAVIGNY, System des heutigen Römischen Rechts I, 1840.
447 Ein Gesetz auszulegen, heißt, die Bedeutung der Gesetzesworte zu ermitteln, also jene Tatsachen-, Wert- und Sollensvorstellung zu gewinnen, die durch sie bezeichnet sein sollen. Vgl. ZIPPELIUS, Methodenlehre, S. 39.
448 Zur Rechtsfortbildung nach dem Grundgesetz vgl. KIRCHHOF, in: FS der Juristischen Fakultät zur 600-Jahr-Feier der Ruprecht-Karls-Universität Heidelberg, S. 11–38. Zu höchstrichterlicher Rechtsfortbildung im Gesellschaftsrecht vgl. ULMER, ebd., S. 389–418.
449 EVERLING, in: ZGR 1992, S. 376, 378.
450 Vgl. die Auslegungskriterien der „grammatischen", „logischen", „historischen" und „systematischen" Anhaltspunkte als Bestimmungsmittel für den Sinn des Gesetzes bei SAVIGNY, System des heutigen Römischen Rechts I, 1840.
451 Gemäß § 1 Mitbestimmungsgesetz.

be vorsehen müssen.[452] Dafür, dass der nationale Gesetzgeber selbst ebenfalls davon ausgegangen ist, dass die Übertragung der paritätischen Mitbestimmung auf den Verwaltungsrat gem. § 35 Abs. 2 Satz 2 SEBG zu einem „Sitzanteil von 50 Prozent" führt, spricht (mittelbar) seine Gesetzesbegründung zu § 35 Abs. 2 Satz 2 SEBG. Dort geht die Begründung jedenfalls davon aus, dass es zu einem Arbeitnehmeranteil von 50 Prozent kommen kann. Eindeutig ist die Gesetzesbegründung allerdings nicht.

An dem Befund, dass Parität bei einer beteiligten Gesellschaft vor Eintragung zur zahlenmäßigen Parität auch im Verwaltungsrat führt, ist anhand einer Auslegung allein am Wortlaut von § 35 Abs. 2 Satz 2 SEBG jedenfalls schwer zu rütteln.[453]

b) Die Wortlautauslegung von § 38 Abs. 1 SEBG

Auch bei der Auslegung von § 38 Abs. 1 SEBG ist zunächst vom Wortsinn auszugehen. Demnach haben die Arbeitnehmervertreter im Verwaltungsorgan die *„gleichen Rechte"* wie die Mitglieder, welche die Anteilseigner vertreten. Die Rechte der Mitglieder des Verwaltungsrats werden insbesondere durch § 22 Abs. 1 SEAG bestimmt. Danach *„[leitet] der Verwaltungsrat [...] die Gesellschaft, bestimmt die Grundlinien ihrer Tätigkeit und überwacht deren Umsetzung"*. Eine Definition, die dem französischen Code de commerce (Artikel L. 225–35) entlehnt ist. Sie stellt klar, dass die Leitungsverantwortung[454] uneingeschränkt beim Verwaltungsrat verbleibt – und damit die Letztverantwortung für die Unternehmenspolitik. In § 22 Abs. 1 SEAG wird so deutlich, dass die Aufgaben des Verwaltungsrats damit weiter reichen als diejenigen des Aufsichtsrats im dualistischen Modell.[455] Demnach stünde den Arbeitnehmervertretern im Verwaltungsrat die Leitung der Gesellschaft in gleichem Maße zu wie den Ver-

---

452 KÖSTLER, in: ZGR 2003, S. 800, 804
453 A.A. TEICHMANN, in: Lutter/Hommelhoff (Hrsg.), Europäische Gesellschaft, S. 216, der in § 35 Abs. 2 SEBG eine „offene" Formulierung sieht, da dort für den neuen Anteil im Verwaltungsrat darauf abgestellt sei, dass sich der Anteil nach dem vorher in den Organen herrschenden Anteil „bemesse". Bei der Bemessungsgrundlage könne daher ein Wechsel vom dualistischen zum monistischen System Berücksichtigung finden, indem geschäftsführende Mitglieder des Verwaltungsrats bei der Bemessung ausgenommen werden.
454 Die Formulierung „Leitungsverantwortung" bringt natürlich auch zum Ausdruck, dass es sich bei der Unternehmensleitung um eine Pflicht handelt. Hier kommt es aber vor allem auf die dieser Verantwortung entspringenden Rechte an, wie es sich etwa im Recht des Verwaltungsrates gem. § 40 Abs. 5 SEAG äußert, geschäftsführende Direktoren jederzeit abzuberufen.
455 Vgl. Gesetzesbegründung zu § 22 SEAG, BT-Drucks 15/3405.

tretern der Anteilseigner. Auch die Gesetzesbegründung zu § 38 Abs. 1 SEBG interpretiert den Wortsinn in diese Richtung, indem sie bereits in der SE-Richtlinie „ausdrücklich" klargestellt sieht, dass Arbeitnehmervertreter im Verwaltungsrat gleichberechtigte Mitglieder seien.[456] Die Arbeitnehmervertreter seien ebenso letztverantwortlich für die Unternehmenspolitik wie die Vertreter der Anteilseigner im Verwaltungsrat. Der Wortlaut von § 38 Abs.1 SEBG ist eindeutig. Der Wortlaut eröffnet keine Möglichkeit, die Bedeutung der Formulierung „gleiche Rechte" abzuschwächen. „Gleichberechtigt" beschreibt in jeder denkbar möglichen Bedeutungsnuance des konventionellen Sprachsinns die Notwendigkeit von identischen Rechten.

c) Die richtlinienkonforme Auslegung des SEBG

Bei der Auslegung des SEBG ist allerdings zu berücksichtigen, dass es sich bei dem SEBG um die Umsetzung der SE-Richtlinie handelt. Bei der Auslegung des Umsetzungsgesetzes ist das Unionsrecht zu berücksichtigen, zu dessen Umsetzung es erlassen wurde. Die nationalen Umsetzungsgesetze[457] sind danach v.a. einer richtlinienkonformen[458] Auslegung[459] zu unterziehen. Es entspricht der gefestigten Rechtsprechung des EuGH,[460] dass nationale Vorschriften eines Umsetzungsgesetzes durch die einzelstaatlichen Gerichte *richtlinienkonform* auszulegen sind.[461] Unter richtlinienkonformer Auslegung[462] ist die Auslegung einer

---

456 Gesetzesbegründung zu § 38 Abs. 1 SEBG, BT-Drucks 15/3405. Wenn dort weiter festgestellt wird, dass die Gleichberechtigung der Arbeitnehmervertreter im Verwaltungsrat den Prinzipien des deutschen Mitbestimmungsrechts entspricht, kann dem im Übrigen schwerlich gefolgt werden. Denn da das deutsche Recht Mitbestimmung im Verwaltungsrecht bislang nicht gekannt hat, kann es insoweit auch keine einschlägigen Prinzipien geben.
457 Vgl. zum Rangverhältnis zwischen nationalem Recht und Unionsrecht grundlegend GRABITZ, Gemeinschaftsrecht bricht nationales Recht, Hamburg 1966.
458 BLECKMANN, Probleme der Auslegung europäischer Richtlinien, in ZGR 1992, S. 364 ff.; zur verfassungskonformen Auslegung vgl. BETTERMANN, Die verfassungskonforme Auslegung – Grenzen und Gefahren; GÖTZ, V., Europäische Gesetzgebung durch Richtlinien – Zusammenwirken von Gemeinschaft und Staat, in: NJW 1992, S. 1849 ff.; vgl. auch HERMANN, Richtlinienumsetzung durch die Rechtsprechung, Berlin 2003; KLEIN, Objektive Wirkung von Richtlinien, in: FS Everling, Bd. 1, S. 641 ff.
459 GRUNDMANN/RIESENHUBER, Die Auslegung des Europäischen Privat- und Schuldvertragsrechts, in: JuS 2001, S. 529 ff.
460 EuGH, Slg. 1984, 1891 – v. Colson und Kamann; Slg. 1984, 1991 – Harz; Slg. 1987, 3969 (3970) – Kolpinghuis; Slg. 1990, S. I-3941 (3976) – Dekker; Slg. 1990 S. I–4135 – Marleasing.
461 JARASS, in: EuR 1991, S. 211; DI FABIO, in: NJW 1990, S. 948; GÖTZ, in: NJW 1992, S. 1849, 1853.

Norm anhand der Richtlinie zu verstehen, deren Umsetzung die Norm im nationalen Recht dient.[463]

Der EuGH hat dabei bestimmt, dass eine richtlinienkonforme Auslegung *„unter voller Ausschöpfung des Beurteilungsspielraums, den [...] das nationale Recht einräumt"*, durchzuführen ist.[464] Im Urteil[465] *Pfeiffer* vom 5. Oktober 2004 hat der EuGH dazu etwa wie folgt Stellung genommen: *„Ermöglicht es das nationale Recht durch die Anwendung seiner Auslegungsmethoden, eine innerstaatliche Bestimmung unter bestimmten Umständen so auszulegen, dass eine Kollision mit einer anderen Norm innerstaatlichen Rechts vermieden wird, oder die Reichweite dieser Bestimmung zu diesem Zweck einzuschränken und sie nur insoweit anzuwenden, als sie mit dieser Norm vereinbar ist, so ist das nationale Gericht verpflichtet, die gleichen Methoden anzuwenden, um das von der Richtlinie verfolgte Ziel zu erreichen."* Das zeigt, dass der EuGH unter Auslegung nicht nur Auslegung im engeren Sinne versteht, sondern mit Auslegungsmethoden jedes nationalrechtlich mögliche Instrument zur Bedeutungsmodifikation einer Norm meint. Demnach ist auch eine richterliche Rechtsfortbildung in Betracht zu ziehen und bei der richtlinienkonforme „Auslegung" des SEBG auch eine richtlinienkonforme *Rechtsfortbildung*[466] - u.U. auch unter Überwindung des Wortlauts[467] – zu erwägen.

aa) Die Auslegung der Richtlinie nach dem Wortlaut

In der gewählten Fallgestaltung sind die Bestimmungen der Auffangregelung in Teil 3 des Anhangs der SE-RL auszulegen. Diese sind gem. Art. 7 Abs. 1 SE-RL für Fälle maßgeblich, in denen nicht bis zum Ende des in Art. 5 SE-RL genannten Zeitraums[468] keine Vereinbarung zustande gekommen ist.

Für die Auslegung einer SE-Richtlinie kommen nicht ohne weiteres die deutschen Grundsätze und Auslegungsmethoden zur Anwendung.[469] Nach Ana-

---

462 CANARIS, Die richtlinienkonforme Auslegung und Rechtsfortbildung im System der juristischen Methodenlehre, in: FS Bydlinski 2001, S. 48.
463 MÜLLER/CHRISTENSEN, Methodik, Europarecht, S. 118 ff.
464 EuGH, Slg. 1984, 1891, Rn. 28 – v. Colson und Kamann.
465 EuGH, Urteil v. 5. 10. 2004, verbundene Rsn. C-397/01 bis C-403/01, Rn. 116.
466 Zum Begriff vgl. SCHNORBUS, Die richtlinienkonforme Rechtsfortbildung im nationalen Privatrecht, in: AcP 2001, S. 860 ff.
467 BGH NJW 2009, S. 427; PFEIFFER, in: NJW 2009, S. 412ff..
468 Sechs Monate ab Einsetzung des Verhandlungsgremiums.
469 Vgl. HOMMELHOFF, in: SCHULZE (Hrsg.), Die Auslegung europäischen Privatrechts und angeglichenen Rechts, wonach „der deutsche Exeget, der zur Auslegung einer EU-Richtlinie und ihrer Bestimmungen aufgerufen ist, nicht ohne weiteres davon

lyse der EuGH-Rechtsprechung kann jedoch konstatiert werden, dass der Gerichtshof auch zur Auslegung des Unionsrecht[470] die bekannten Auslegungskriterien *Savignys* verwendet: Wortlaut, Entstehung, systematischer Zusammenhang sowie Sinn und Zweck der Regelung. Auch bei der Auslegung der Richtlinie beginnt die Auslegung damit anhand des Wortlauts.

Der Wortlaut der Richtlinie sieht zum einen nominale Parität im Verwaltungsrat vor (für Fälle, in denen paritätische Mitbestimmung den höchsten maßgeblichen Anteil bei einer beteiligten Gesellschaft vor Eintragung war) und postuliert zum anderen die Gleichstellung der Verwaltungsratsmitglieder innerhalb des Verwaltungsrats:

i. Die uneingeschränkte nominale Parität

So bestimmt Teil 3 Buchst. b Unterabsatz 1 des Anhangs der SE-Richtlinie wörtlich: „In den Fällen der Gründung einer SE haben die Arbeitnehmer der SE, ihrer Tochtergesellschaften und Betriebe und/oder ihr Vertretungsorgan das Recht, einen Teil der Mitglieder des Verwaltungs- oder des Aufsichtsorgans der SE zu wählen oder zu bestellen oder deren Bestellung zu empfehlen oder abzulehnen, wobei die Zahl dieser Mitglieder sich nach dem höchsten maßgeblichen Anteil in den beteiligten Gesellschaften vor der Eintragung der SE bemisst."

Auch der Wortlaut der Richtlinie bestimmt damit die Anzahl der Arbeitnehmervertreter im Verwaltungsrat eindeutig. Der Vergleich mit der französischen Textfassung *(„un nombre de membres [...] égale à la plus élevée des proportions en vigueur dans les sociétés participantes [...]")* und der englischen Textfassung (*„equal to the highest proportion.[...]"*) bekräftigt den Befund, dass es nach dem Wortlaut auf eine rein zahlenmäßig anteilige Gleichheit ankommt.

ii. Die materielle Gleichstellung

Teil 3 Buchst. b Unterabsatz 4 des Anhangs der SE-Richtlinie bestimmt: „Alle von dem Vertretungsorgan oder gegebenenfalls den Arbeitnehmern gewählten, bestellten oder empfohlenen Mitglieder des Verwaltungsorgans oder gegebenenfalls des Aufsichtsorgans der SE sind vollberechtigte Mitglieder des jeweiligen Organs mit denselben Rechten (einschließlich des Stimmrechts) und denselben Pflichten wie die Mitglieder, die die Anteilseigner vertreten."

---

ausgehen (kann), für die Richtlinienauslegung auf das gewohnte methodische Rüstzeug zurückgreifen zu dürfen."

470 Wenngleich die Entscheidungen des EuGH zur Auslegung von Richtlinien oft als kurz und „rätselhaft" bezeichnet werden. Vgl. BASEDOW, Grundlagen des europäischen Privatrechts, in JuS 2004, S. 94.

Der Wortlaut der Richtlinie bestimmt damit auch die Stellung der Arbeitnehmervertreter im Verwaltungsrat eindeutig.[471] Nach allen in Betracht kommenden Varianten des Wortsinns muss ein Arbeitnehmervertreter, der Mitglied im Aufsichtsrat der deutschen Gründungsgesellschaft war, im Verwaltungsrat der monistischen SE über die gleichen Rechte und Pflichten verfügen, wie ein Mitglied des Verwaltungsrats der Anteilseigner.[472]

bb) Die Auslegung der Richtlinie nach Sinn- und Zweck

Der Wortlaut hat bei der Auslegung einer Richtlinie allerdings geringere Bedeutung wie im nationalen Recht hat. Dem Wortlaut einer Richtlinienbestimmung misst der EuGH – gerade im Bereich des Gesellschaftsrechts – keine so entscheidende Bedeutung bei.[473] Der Argumentationsschwerpunkt liegt bei der Auslegung von Richtlinien weniger beim Wortlaut als vielmehr beim Regelungszweck. Dies kann nicht verwundern, da es gerade das Wesen der Richtlinie ist, Ziele – mithin Sinn und Zweck – einer Regelung vorzugeben. Es ist daher festzustellen, dass das Ziel einer Richtlinie[474] das wichtigste Auslegungsmittel des EuGH zu sein scheint, da er seit langem in den meisten Urteilen auf die teleologische Methode zur Auslegung zurückgreift.[475] Geht somit der Zweck einer Regelung im Unionsrecht dem Wortlaut einer Regelung vor, so sind vor allem Sinn und Zweck der SE-Richtlinie zur Auslegung heranzuziehen. Dieser Sinn ist anhand der Zweckbestimmung der SE-Richtlinie zu ermitteln.

i. Der Zweck: Bestandssicherung der Mitbestimmung

Der Regelungszweck einer Richtlinie bestimmt sich nach den konkreten Begründungserwägungen in ihrer Präambel.[476] Für die SE-Richtlinie lassen sich im Hinblick auf die kritischen Bestimmungen insoweit besonders die folgenden Erwägungsgründe zusammenstellen:

Die *Sicherung erworbener Rechte* der Arbeitnehmer über ihre Beteiligung an Unternehmensentscheidungen ist fundamentaler Grundsatz und erklärtes Ziel

---

471 OETKER, in: Lutter/Hommelhoff (Hrsg.), SE-Kommentar, § 35 SEBG, Rn. 12; KÖSTLER, in: ZGR 2003, S. 800, 804 f.; HABERSACK, in: Ulmer/Habersack/Henssler (Hrsg.), Mitbestimmungsrecht, § 35 SEBG, Rn. 12.
472 TEICHMANN, in: BB 2004, S. 53, 57.
473 HOMMELHOFF, in: Schulze (Hrsg.), Auslegung europäischen Privatrechts und angeglichenen Rechts, S. 32.
474 Das gilt auch für die anderen Akten wie Verordnungen oder Entscheidungen.
475 Vgl. schon Nachweise bei BLECKMANN, in: NJW 1982, S. 1177, 1178.
476 BLECKMANN, in: NJW 1982, S. 1178.

der SE-Richtlinie.[477] Die Richtlinie soll dazu die SE-Verordnung ergänzen[478] Mit der Richtlinie soll gewährleistet werden, dass die Gründung einer SE *nicht zur Beseitigung* oder zur *Einschränkung der Gepflogenheiten* der Arbeitnehmerbeteiligung führt, die in den Gründungsgesellschaften herrschen.[479] Sofern und *soweit* es in einer oder mehreren Gründungsgesellschaften Mitbestimmungsrechte gibt, sollten sie durch Übertragung an die SE nach deren Gründung daher *erhalten bleiben*.[480] Standardanforderungen sollten für die SE von der Gründung an die Mitbestimmung der Arbeitnehmer in dem einschlägigen Organ der SE gewährleisten, sofern und *soweit* es eine derartige Mitbestimmung vor der Errichtung der SE in einer der beteiligten Gesellschaften gegeben hat.[481]

Der Hauptzweck der Richtlinie besteht damit unzweifelhaft im Bestandsschutz von Mitbestimmungsrechten, wie sie Arbeitnehmern in den Gründungsgesellschaften zugestanden haben. Die Richtlinie soll lediglich gewährleisten, dass erworbene Rechte der Arbeitnehmer durch die Gründung der SE nicht verloren gehen. Danach verstieße eine Auslegung der Auffangregelung, die weniger Mitbestimmung in der SE als in einer Gründungsgesellschaft mit sich brächte, gegen den Zweck der Richtlinie.

ii. Aber: Mitbestimmungsausweitung nicht verboten

Es fragt sich jedoch, ob mit dem Zweck der Richtlinie damit umgekehrt auch eine Auslegung der Auffangregelung nicht zu vereinbaren wäre, die in der SE ein höheres Maß an Mitbestimmung zur Folge hätte, als zuvor in der Gründungsgesellschaft mit dem höchsten Mitbestimmungsniveau galt oder ob die Richtlinie im Hinblick auf die nominale Parität (Unterabsatz 1 Teil 3 Anhang SE-Richtlinie) und uneingeschränkter Gleichstellung (Unterabsatz 4 Teil 3 Anhang SE-Richtlinie) für den Fall paritätischer Mitbestimmung im monistischen Organ teleologisch zu reduzieren ist.

Ob also in der Terminologie des *„Vorher-Nachher-Prinzips"* formuliert zu gelten hat, dass nachher in der SE nicht nur nicht weniger Mitbestimmung als zuvor in der maßgeblichen Gründungsgesellschaft, sondern nachher in der SE auch *nicht mehr* Mitbestimmung herrschen darf als zuvor in der maßgeblichen Gründungsgesellschaft.

Für eine solche teleologische Reduktion spricht zunächst allgemein, dass nach den Erwägungsgründen der Richtlinie die Mitbestimmung eben nur ge-

---

477 Vgl. RL-Erwägungsgrund Nr. 18.
478 Vgl. RL-Erwägungsgrund Nr. 3 Satz 2.
479 Vgl. RL-Erwägungsgrund Nr. 3 Satz 1.
480 Vgl. RL-Erwägungsgrund Nr. 7.
481 Vgl. RL-Erwägungsgrund Nr. 11.

schützt werden, „sofern" und v.a. „soweit" sie vorher bestanden hat. Der Schutz ist danach lediglich auf das Maß beschränken, das bereits bei der maßgeblichen Gründungsgesellschaft herrschte.[482] Dies legt eine Auslegung in dem Sinne nahe, dass nachher nicht nur nicht weniger, sondern auch nicht mehr Mitbestimmung herrschen darf.

(1) Im Hinblick auf die nominale Parität

Im Hinblick auf die nominale Parität könnte dies zunächst bedeuten, dass der Richtlinienwortlaut von Unterabsatz 1 Teil 3 des Anhangs der SE-Richtlinie dahingehend teleologisch zu reduzieren wäre, dass bei der Integration paritätischer Mitbestimmung in das monistische System eine Ausweitung der Mitbestimmung im Hinblick auf die Zahl (bzw. den Anteil) der Arbeitnehmervertreter vermieden wird.

Mit dem Hinweis darauf, dass Verwaltungsrat und Aufsichtsrat funktional nicht miteinander vergleichbar seien halten es etwa *Reichert/Brandes* wegen Sinn- und Zweck der SE-Richtlinie daher für angemessen, die Mitbestimmung bei der Wahl der Verwaltungsratsmitglieder von vornherein auf eine Beteiligung der Arbeitnehmer bei der Wahl der nicht-geschäftsführenden Verwaltungsräte zu beschränken. Die Mitbestimmung wäre danach im Ergebnis auf die Hälfte (nur) der nicht-geschäftsführenden Verwaltungsräte zu erstrecken.[483]

Mit Blick auf Sinn und Zweck möchte auch *Teichmann* die Richtlinie an dieser Stelle nicht „wörtlich" nehmen.[484] Er plädiert bei der Berechnung der Parität ebenfalls dafür, diejenigen Mitglieder des Verwaltungsrats nicht mitzuzählen, die zugleich geschäftsführende Direktoren sind. Dies sichere den Arbeitnehmern eine Vertretung, die derjenigen im dualistischen Modell gleichwertig ist; denn auch dort blieben selbstverständlich die Mitglieder des Vorstands bei der Berechnung der Parität im Aufsichtsrat außer Betracht. Diese Interpretation folge Erwägungsgrund Nr. 18 der Richtlinie, wonach die vor der Gründung bestehenden Rechte der Arbeitnehmer Ausgangspunkt für die Gestaltung ihrer Beteiligungsrechte in der SE sein sollen. Wäre der Verwaltungsrat hingegen strikt paritätisch zu besetzen, also ohne Berücksichtigung der Tatsache, dass einzelne seiner Mitglieder zugleich geschäftsführende Direktoren sind, hätten die Arbeitnehmervertreter in der Gruppe der nicht geschäftsführenden Mitglieder die Mehrheit. Sollten geschäftsführende Direktoren und Vertreter der Anteilseigner in Einzelfragen verschiedener Ansicht sein, läge die Beschlussmehrheit faktisch

---

482 Die Erwägungsgründe bestimmen den Bestandsschutz stets, „sofern und soweit" in den Gründungsgesellschaften Mitbestimmung herrschte.
483 REICHERT/BRANDES, in: ZGR 2003, S. 775, 792.
484 TEICHMANN, in: BB 2004, S. 53, 57.

in den Händen der Arbeitnehmervertreter. Auf den Stichentscheid des Vorsitzenden käme es gar nicht mehr an, denn dieser greift nur bei Stimmengleichheit. Mit anderen Worten: Ausgerechnet der geschäftsführende Direktor, dessen Tätigkeit die nicht geschäftsführenden Verwaltungsratsmitglieder überwachen sollen, wäre bei Abstimmungen das Zünglein an der Waage. Die Aufteilung in geschäftsführende und nicht geschäftsführende Mitglieder würde damit ihren eigentlichen Sinn verfehlen. Dies könne nach *Teichmann* nicht Sinn und Zweck der SE-Richtlinie sein. Eine Auslegung der SE-Richtlinie, die diesen Weg verbaue, hält er für nicht systemgerecht.

(2) Im Hinblick auf die Gleichstellung

Im Hinblick auf die Gleichstellung könnte dies bedeuten, dass der Richtlinienwortlaut von Unterabsatz 4 Teil 3 des Anhangs der SE-Richtlinie dahingehend teleologisch zu reduzieren wäre, dass von Arbeitnehmern gewählte Mitglieder des Verwaltungsorgans nur soweit vollberechtigte Mitglieder mit denselben Rechten und Pflichten wie die Mitglieder, welche die Anteilseigner vertreten, sind, wie ihnen damit nicht mehr Rechte und Pflichten zugeordnet werden als Arbeitnehmervertretern im Aufsichtsrat der maßgeblichen Gründungsgesellschaft zugeordnet waren.

Demgemäß hat etwa *Kallmeyer*[485] vorgeschlagen, die überschießende Mitbestimmung deshalb durch eine Differenzierung bei Arbeitnehmervertretern und Anteilseignervertretern im Hinblick auf Stimmrecht[486] und Ausschussbesetzung einzuschränken. Dies könne „zwanglos" dadurch geschehen, dass den Arbeitnehmervertretern im Verwaltungsrat bei allen Leitungsentscheidungen einschließlich Weisungsbeschlüssen ein Stimmverbot auferlegt werde. Das stehe insofern auch mit der SE-Richtlinie in Einklang, als zwar das Teilnahmerecht untrennbar mit der Mitgliedschaft verbunden sei, nicht aber das Stimmrecht. Wenn man davon ausgehe, dass die SE-Richtlinie lediglich einen Bestandsschutz anstrebe und keine Erweiterung der Mitbestimmung bezwecke, so stehe eine solche Regelung mit der SE-Richtlinie in Einklang und werde von der Richtlinie geradezu gefordert.

Die Differenzierung zwischen reinen Überwachungsbeschlüssen nach Art des deutschen Aufsichtsrats einerseits und Leitungsbeschlüssen andererseits dürfte auch keine Probleme bereiten. Eine weitergehende Funktionstrennung lasse sich zudem dadurch erreichen, dass die Vorbereitung von Leitungsbeschlüssen in Ausschüsse verlagert werde, an denen die Arbeitnehmervertreter

---

485 KALLMEYER, in: ZIP 2003, S. 1531, 1534.
486 Explizit gegen die von KALLMEYER vorgeschlagene Differenzierung beim Stimmrecht: TEICHMANN, in: BB 2004, S. 53, 57.

nicht beteiligt sind. Die Zulässigkeit ihrer Besetzung nur mit Anteilseignervertretern folge daraus, dass ihre Zuständigkeit sich nur auf Gegenstände beziehe, die beim deutschen Aufsichtsrat nicht der Mitbestimmung unterliegen.
Den Gedanken einer Differenzierung nach Ausschüssen verfolgen u.a. auch *Reichert* und *Brandes*, die die Vorbereitung bestimmter Entscheidungen, teilweise auch bestimmter Entscheidungsbefugnisse, auf Ausschüsse, die je nach ihrer Funktion paritätisch oder gerade nicht paritätisch mit Arbeitnehmer- bzw. Anteilseignervertretern zu besetzen sind, delegiert werden.[487]

(3)   Was gegen eine teleologische Reduktion spricht

Den Kritikern der nominalen Parität und der einschränkungslosen Gleichstellung ist darin zuzustimmen, dass eine Auslegung, die zu einer einschränkungslosen „Durchpausung" paritätischer Mitbestimmung auf alle Mitglieder des Verwaltungsrates führen, über das Ziel der Richtlinie hinaus schießen. Die Berücksichtigung auch der geschäftsführenden Verwaltungsratsmitglieder führt nicht nur zu einer Wahrung des Mitbestimmungsniveaus sondern zu einer Ausweitung der Mitbestimmung. Das gleiche gilt für die umfassende Teilhabe der Arbeitnehmervertreter an der Oberleitung der Gesellschaft.

Ob die Ausweitung der Mitbestimmung allerdings bereits eine teleologische Reduktion auf Grund der Zielsetzung der Richtlinie gebietet ist fraglich. Zwar ist der Zweck der der SE-Richtlinie in der Tat lediglich auf die Sicherung der Mitbestimmung beschränkt. Dies bedeutet aber nicht, dass eine Ausweitung der Mitbestimmung, weil sie den Zweck gewissermaßen übererfüllt, deswegen (d.h. allein auf Grund der Zwecksetzung der Richtlinie) zwingend auf das Maß zu beschränken ist, das bereits bei den maßgeblichen Gründungsgesellschaften herrschte. Eine solche Auslegung ist aus der Richtlinie heraus nicht geboten, da die Richtlinie die Mitbestimmung zwar nur „soweit" schützen soll, wie sie vorher herrschte, die Erwägungsgründe eine Ausweitung der Mitbestimmung aber auch nicht verbietet. Die Richtlinie schützt danach das einmal erreichte Mitbestimmungsniveau also vor Reduktion, eine Extension des Mitbestimmungsniveaus wird durch die Richtlinie aber nicht ausdrücklich ausgeschlossen.

iii. Verbleibende Zweifel an der Rechtsverträglichkeit

Auch wenn danach weder Wortlaut noch Zwecksetzung der SE-Richtlinie eine Einschränkung der Mitbestimmungsausweitung gebietet, bleiben doch Zweifel

---

487   REICHERT/BRANDES, in ZGR 2003, S. 767, 793; Zuvor mit ähnlichem Ansatz für einen unternehmerischen Planungsausschuss GRUBER/WELLER, in: NZG 2003, S. 297, 300; EDER, in: NZG 2004, S. 544, 546, steht (Exekutiv-)Ausschüssen tendenziell auch positiv gegenüber.

an der Rechtsverträglichkeit der Ausweitung der Mitbestimmung im Verwaltungsrat.

Der Verdacht der Rechtsunverträglichkeit wird durch die Stellungnahme des Bundesrats vom 9. Juni 2004 zum Entwurf des SE Einführungsgesetz[488] (SEEG-E) gestützt. Dort wird wie folgt ausführt:

„Der Bundesrat bittet [...] zu prüfen, wie die Mitbestimmung im monistischen System, entsprechend dem [...] Vorher-Nachher-Prinzip, verfassungs- und europarechtskonform umgesetzt werden kann. Mitbestimmung im dualistischen System nach deutschem Recht bedeutet bisher im Wesentlichen die Wahrnehmung von Kontroll- und Überwachungsaufgaben im Aufsichtsrat. Nach dem Entwurf soll jedoch der Arbeitnehmeranteil aus dem Mitbestimmungsrecht des dualistischen Systems 1:1 in das auch für die Geschäftsführung zuständige Verwaltungsorgan nach dem monistischen System übertragen werden. Da sich die Aufgaben in einem Aufsichtsgremium erheblich von denen in einem Verwaltungsorgan unterscheiden, wird diese Lösung dem Grundgedanken des Vorher-Nachher-Prinzips nicht gerecht."[489] „Sehr problematisch – [...] mit Blick auf die Leitungsfunktion des Verwaltungsrats – erscheint die [...] vorgegebene Mitwirkung von Arbeitnehmervertretern im Verwaltungsrat. Die hier vorgesehenen Rechte bedeuten einen Bruch mit den bisherigen Regelungen in Deutschland zur Mitbestimmung, da diese bisher im Wesentlichen auf Überwachungsaufgaben beschränkt sind."[490]

Die Bundesregierung hat sich dem in der Prüfbitte zum Ausdruck gebrachten Anliegen des Bundesrates nicht anzuschließen vermocht: Bei der Ausgestaltung der Mitbestimmung in einer SE unterscheide die Richtlinie nicht zwischen dem monistischen und dualistischen System. Alle Mitglieder im Aufsichts- oder Verwaltungsrat der SE hätten die gleichen Rechte und Pflichten. An diese Vorgaben, die das Umsetzungsgesetz beachtet, sei der nationale Gesetzgeber gebunden. Eine andere Ausgestaltung wäre mit europäischem Recht nicht vereinbar.[491]

---

488 Der Bundestag beschloss am 29. Oktober 2004 das Gesetz zur Einführung der Europäischen Gesellschaft, kurz: SEEG. Dessen Art. 1 beinhaltet das SE-Ausführungsgesetz (SEAG - Gesetz zur Ausführung der Verordnung (EG) Nr. 2157/2001 des Rates vom 8. Oktober 2001 über das Statut der Europäischen Gesellschaft). In Art. 2 des SEEG findet sich das Gesetz über die Beteiligung der Arbeitnehmer in einer europäischen Aktiengesellschaft (SE-Beteiligungsgesetz - SEBG).
489 Nr. 4 der Stellungnahme des Bundesrates v. 9. 7. 2004 zum SEEG-E, BR-Drucks 438/04.
490 Nr. 17 der Stellungnahme des Bundesrates v. 9. 7. 2004 zum SEEG-E, BR-Drucks 438/04.
491 BT-Drucksache 15/3656, S. 8.

Die Einschätzung der Bundesregierung ist mit Blick allein auf Wortlaut und Zweck der SE-Richtlinie wie gezeigt wurde zutreffend. Die Einbeziehung auch des europäischen Primärrechts in die Bewertung erfordert allerdings möglicherweise eine abweichende Einschätzung.

iv. Der Hebel: Das Primärrecht

Das Verbot einer Extension des Mitbestimmungsniveaus könnte sich auf Grund höherrangigen Rechts in Form einer primärrechtskonformen Interpretation[492] der SE-Richtlinie ergeben. Die letztverbindliche Auslegungszuständigkeit liegt dabei beim Europäischen Gerichtshof.[493] Bei der primärrechtskonformen Interpretation geht es dabei nicht um ein unmittelbare[494] Konformität des SEBG mit dem Primärrecht der Union, sondern um die Konformität der Richtlinie als unionsrechtliches Sekundärrecht mit dem Primärrecht der Union. Eine derartige Auslegung führt jedoch gewissermaßen zu einer mittelbaren unionsrechtlichen Wirkung auf die Bestimmungen des SEBG. Unmittelbar wird dagegen die SE-Richtlinie auf ihre Konformität mit dem Primärrecht der Union geprüft. Bei der primärrechtskonformen Interpretation handelt es sich um eine normkontrollierende Auslegung vom höherrangigen Recht her. Diese Pflicht zur Interpretation von Sekundärrecht in Übereinstimmung mit Primärrecht ist in dessen Höherrangigkeit begründet,[495] die dabei im Ergebnis unbestritten ist und sich aus der Parallelität zum nationalen Verhältnis von Verfassung und einfachem Gesetz ergibt, so dass das Primärrecht der Union mitunter[496] auch begrifflich als „Verfassung" der Rechtsordnung Europas verstanden wird.[497] Die Pflicht zur Interpretation von Sekundärrecht in Übereinstimmung mit diesem höherrangigen Recht ist von dem Gedanken abgeleitet, dass der Gesetzgeber, der – in Form vom Sekundärrechtssetzung auf Grund der Ermächtigung im Primärrecht – eine

---

492 Die primärrechtskonforme Interpretation wird auch als primärrechts-, europarechts-, unionsrechtskonforme Auslegung bzw. Interpretation bezeichnet.
493 MÜLLER-GRAFF, Europäisches Gemeinschaftsrecht und Privatrecht, in: NJW 1993, S. 13.
494 Der Europäische Gerichtshof hat dazu entscheiden, dass nationales Recht unionsrechtskonform ausgelegt werden muss. Vgl. EuGH, Slg. 1988, S. 673, Nr. 11 – Murphy.
495 MÜLLER/CHRISTENSEN, Methodik Europarecht, S. 323.
496 OPPERMANN, Europarecht, Rn. 394 ff.
497 Die Bezeichnung der Verträge als Verfassung wird zwar mit Verweis darauf, dass sie „nicht Ausdruck der Selbstbestimmung einer Gesellschaft über Form und Ziel ihrer politischen Einheit" seien, kritisiert, einig ist man sich jedoch darin, dass „die Verträge gegenüber der öffentlichen Gewalt der Europäischen Union wesentliche Funktionen wahrnehmen, die innerlich der Verfassung zukommen". Vgl. GRIMM, Vertrag oder Verfassung, S. 9 ff., 17.

ranghöhere Norm durchführt, sich an dieser ausrichten wird.[498] So wird aus Art. 249 Abs. 1 EG, wonach die Organe der Union Rechtshandlungen „nach Maßgabe des Vertrages" erlassen, eine Rangordnung abgeleitet, die sich äußert, indem die in der Vorschrift genannten Rechtshandlungen im Rang unter dem primären Unionsrecht stehen. In der Suprematie des Vertrages artikuliert sich das Prinzip des Vorrangs der Verfassung.[499] Im Rahmen der Normauslegung wirken so übergeordnete Normsysteme auf niedrigeren Ebenen. Dies ist ein allgemeiner Grundsatz der Norminterpretation[500] der auch im Unionsrecht Geltung hat. Daher ist das Gebot der primärrechtskonformen Auslegung im Unionsrecht auch hier zu beachten. Konkret bedeutet dies, dass Bestimmungen des abgeleiteten Unionsrechts möglichst so auszulegen sind, dass sie mit dem primären Unionsrecht vereinbar sind.[501] Dies ist durch die ständige Rechtsprechung des EuGH anerkannt, wonach eine Bestimmung des sekundären Unionsrechts so auszulegen ist, dass sie mit dem EG-Vertrag und den allgemeinen Grundsätzen des Unionsrechts vereinbar ist.[502]

Wie gezeigt wurde, kann die Inhaltsbestimmung der SE-Richtlinie betreffend Zahl und Stellung der Arbeitnehmervertreter im Verwaltungsrat mit Blick auf den Regelungszweck unterschiedlich erfolgen. Mithin sind verschiedene Deutungsvarianten gegeben, denn wenn der Regelungszweck der Richtlinie vor allem auf die *Sicherung bereits erworbener* Rechte abzielt, ist dem Zweck sowohl dann genüge getan, wenn – nah am Wortlaut – die Stellung der Arbeitnehmervertreter als identisch mit derjenigen der Anteilseignervertreter im Verwaltungsrat, als auch dann, wenn die Stellung der Arbeitnehmervertreter im

---

498 BUCK, Auslegungsmethoden des Gerichtshofes, S. 186.
499 SCHROEDER, Gemeinschaftsrechtssystem, S. 363 ff.
500 WAHL, Der Staat 1981, S. 485 ff.
501 STREINZ, EUV/EGV, § 249, Rn. 17.
502 EuGH Slg. 1991, S. I-1647ff., 1672 – Rauh; EuGH Slg. 1983, S. 4063 ff., 4075 – Kommission/Rat; EuGH Slg. 1986, S. 3663 ff., 3707 – Kommission/Frankreich; EuGH Slg. 1986, S. 3713 ff., 3747 – Kommission/Dänemark; EuGH Slg. 1986, S. 3755 ff., 3812 Kommission/BRD; EuGH Slg. 1986, S. 3817 ff., 3848 – Kommission/Irland; EuGH Slg. 1991, S. I-3617 ff., 3637 – Neu u. a.; EuGH Slg. 1994, S. I-223 ff., 253 – Herbrink; s. auch bereits EuGH Slg. 1969, S. 125 ff., 135 – Torrekens/Caisse Régionale de sécurité social du Nord de la France; EuGH Slg. 1967, S. 505 ff., 518 – Couture/Office National des Pensions und EuGH Slg. 1966, S. 637 ff., 645 – Hagenbeek/Raad van Arbeid Arnheim; vgl. auch die Nachweise bei KUTSCHER, Thesen zu den Methoden der Auslegung des Gemeinschaftsrechts, aus der Sicht eines Richters, in: Begegnung von Justiz und Hochschule, Teil I, Hrsg.: Gerichtshof der Europäischen Gemeinschaften, 1976, S. I-40 f.; BLECKMANN, Zu den Auslegungsmethoden des Europäischen Gerichtshofs, in: NJW 1982, S. 1181 f.; GRUNDMANN, Die Auslegung des Gemeinschaftsrechts durch den Europäischen Gerichtshof, 1997, S. 332.

Verwaltungsrat (nur) als identisch mit ihrer Stellung im Aufsichtsrat der Gründungsgesellschaft erachtet wird. Die erste Deutungsvariante begegnet wegen der damit verbundenen Expansion der Mitbestimmung primärrechtlichen Bedenken, so dass möglicherweise der zweiten Variante Vorzug gegeben werden muss, denn die Auswahl der maßgeblichen Deutungsvariante der Richtlinienbestimmung hat danach zu erfolgen, welche der Deutungen mit dem Primärrecht in Einklang steht.[503]

4. Zwischenergebnis

Es wurden aus der normativen Gemengelage im Recht der SE mit § 35 Abs. 2 Satz 2 SEBG und § 38 Abs. 1 SEBG diejenigen Bestimmungen identifiziert, die potentiell einen Konflikt zwischen Mitbestimmung und Monismus auslösen, weil sie zu einer Ausweitung der Mitbestimmung führen. Des Weiteren wurde festgestellt, dass diese Ausweitung nicht durch eine teleologische Reduktion des Wortlauts auf Grund der Zielsetzung der SE-Richtlinie eingeschränkt werden kann. Obwohl der Richtlinienzweck eindeutig lediglich auf die Sicherung bestehender Mitbestimmung abzielt, verbietet diese Zwecksetzung doch die Ausweitung nicht. Verbleibende Bedenken an der Rechtsvereinbarkeit sind daher anhand des Primärrechts der Union, hier v.a. anhand der Eigentumsgarantie, zu prüfen

Dieser wesentlichen Prüfung soll ein eigenes Kapitel gewidmet werden, das als Ergebnis – gewissermaßen im Wege einer „doppelkonformen Interpretation" – möglichst den primärrechtskonformen Gehalt von § 35 Abs. 2 Satz 2 und § 38 Abs. 1 SEBG in Fällen von paritätisch mitbestimmten Verwaltungsräten zu Tage fördert.

---

503 EuGH, Slg. 1986, 3755 ff., 3812 – Kommission/BRD.

VI. Eigentumsgarantie der Europäischen Union

Wie gezeigt wurde, verursacht die konkrete Ausgestaltung einer deutschen monistischen SE gemäß der nationalen Umsetzung der Auffangregelung der SE-Richtlinie einen Konflikt, der zu der Kernfrage der vorliegenden Arbeit führt: Kollidiert die uneingeschränkte paritätische Arbeitnehmermitbestimmung im Verwaltungsrat einer SE mit dem den Anteilseignern unionsrechtlich[504] garantierten Eigentumsrecht? Inwieweit eine Ausweitung von Mitbestimmung im Verwaltungsrat gemäß einer primärrechtskonformen Auslegung der SE-Richtlinie im Ergebnis abgeschwächt werden muss, ist dabei insbesondere zu untersuchen.

Dazu wird nach einer Einführung des generellen Grundrechtsschutzes[505] und einer detaillierten Darstellung des Eigentumsschutzes im Unionsrecht geprüft, ob in der Extension der Mitbestimmung ein Grundrechtsverstoß liegt. Erst wenn die Deutungsvariante der Richtlinie, die eine Extension der Mitbestimmung zulässt, als Verstoß gegen das Eigentumsgrundrecht erachtet werden muss, käme eine grundrechtskonforme Auslegung der Richtlinie im Sinne des „Vorher-nicht-mehr-als-nachher/Nachher-aber-auch-nicht-mehr-als-vorher-Prinzips" in Betracht. Vor diesem Hintergrund wird man schließlich im nächsten Kapitel Ideen für eine entsprechende Binnenkreation des monistischen Systems diskutieren können.

1. Der Grundrechtsschutz im Unionsrecht

Grundrechte als primäre Abwehrrechte des Bürgers gegen Staaten dienen dazu, die Freiheitssphäre des Einzelnen vor Eingriffen der staatlichen Gewalt zu schützen. Die Europäische Union ist zwar kein Staat, sondern eine supranationale Union,[506] das Handeln dieser Union, also EU-Hoheitsakte, wie Verordnungen, Richtlinien und Entscheidungen, bedürfen gleichwohl einer Überprüfung anhand

---

504 Denkbar wäre auch eine Prüfung anderer Grundrechte oder auch der Grundfreiheiten. In Betracht kämen etwa die unternehmerische Freiheit oder die Berufsfreiheit. Im Rahmen der vorliegenden Themenstellung soll die Prüfung indes auf das Eigentumsgrundrecht beschränkt werden.
505 Vgl. zur Grundrechtsdogmatik KÜHLING, in: v. BOGDANDY (Hrsg.), Europäisches Verfassungsrecht, S. 581, 596, passim.
506 Nach KOENIG/HARATSCH, Europarecht, Rn. 13, ist es für die Supranationalität des Unionsrechts kennzeichnend, dass es für Mitgliedstaaten und/oder für deren Individuen sowie Körperschaften ohne weiteres unmittelbar verbindlich und anwendbar ist, indem es den nationalen „Souveränitätspanzer" durchstößt, ohne dass die Mitgliedstaaten dem noch völkerrechtlich zustimmen müssten.

eines höherrangigen Maßstabes, denn es entspricht einem aufgeklärten Verständnis hoheitlicher Macht, dass öffentliche Gewalt nicht unbegrenzt walten kann. Die dem Bürger zustehenden Grundrechte können ihn vor zügelloser Hoheitsgewalt schützen, da sie eine Werteordnung geben, die Leitlinien für das Handeln aller hoheitlichen Organe aufstellen. Daher ist es unabdingbar, dass das Unionsrecht als Ordnungsinstrument, das die Ausübung von Hoheitsmacht ermöglicht, auch Grundrechtsschutz gewährleistet, da auf Grund der Hoheitsgewalt der Europäischen Union die Freiheit des Einzelnen beeinträchtigt werden kann.[507] Ein solcher Grundrechtsschutz in der Union ist allgemein anerkannt.[508]

Die Gründungsverträge der Europäischen Gemeinschaften verfügten weder über grundrechtliche Bestimmungen noch enthielten sie gar einen kodifizierten Grundrechtskatalog. Im Jahre 1977 erklärten zwar das Europäische Parlament, der Rat und die Kommission – gemeinsam, feierlich, aber unverbindlich – die generelle Geltung von Grundrechten im Gemeinschaftsrecht.[509] Doch erst die Einheitliche Europäische Akte[510] ließ 1987 eine grundrechtliche Bindung der Europäischen Gemeinschaften ausdrücklich, wenngleich auch vage, auf Primärrechtsebene anklingen, wenn dort in der Präambel formuliert wurde, dass man entschlossen sei, „[...] sich auf die in den Verfassungen und Gesetzen der Mitgliedstaaten, in der Europäischen Konvention zum Schutz der Menschenrechte und Grundfreiheiten und der Europäischen Sozialcharta anerkannten Grundrechte, insbesondere Freiheit, Gleichheit und soziale Gerechtigkeit [zu] stützen [...]".

Im Maastrichter Vertrag[511] gelang dem generellen Grundrechtsschutz der Sprung in den unmittelbaren normativen Teil des Vertrages (damals Art. F EU-Vertrag). Eine Kodifikation europäischer Grundrechte ist schließlich in der „Charta der Grundrechte der Europäischen Union", die anlässlich des Gipfels der Staats- und Regierungschefs in Nizza, am 7. Dezember 2000 feierlich verkündet wurde, erstmals erfolgt.[512] Die Charta der Grundrechte der Europäischen Union vom 7. Dezember 2000 war zunächst lediglich als politische Erklärung

---

507 KOENIG/HARATSCH, Europarecht, Rn. 83.
508 DAUSES, Braucht die Europäische Gemeinschaft Grundrechte? – Stand und Bedeutung des Grundrechtsschutzes im Europäischen Gemeinschaftsrecht, in: Dauses/ Mevissen/ Verny/ von der Heide (Hrsg.), Zur Umsetzung von EG-Recht, S. 13–24.
509 ABl. 1977 Nr. C 103, S. 1; vgl. auch HILF, Die Gemeinsame Grundrechtserklärung des Europäischen Parlaments, des Rats und der Kommission vom 5. 4. 1977, in: EuGRZ 1977, S. 158 ff.
510 Einheitliche Europäische Akte v. 28. 2. 1986, ABl. 1987 Nr. L 169, S. 1.
511 Vertrag über die Europäische Union vom 7. 2. 1992, ABl. Nr. C 191, S.1.
512 Die „Charta der Grundrechte der Europäischen Union", ABl. Nr. C 364 vom 18. 12. 2000, S. 1, wird im Folgenden auch als Grundrechtecharta bezeichnet und mit „GRCh" abgekürzt.

ohne rechtliche Bindungswirkung am Rande des Gipfels von Nizza durch das Europäische Parlament, den Rat und die Kommission – nicht durch die Mitgliedstaaten – verkündet worden.[513]

Eine Rechtsverbindlichkeit der Charta wird nun durch den Vertrag von Lissabon eingeführt.[514] Die Charta ist allerdings nicht Bestandteil des EU-Vertrags in der Fassung des Vertrags von Lissabon. Der Text der Charta wurde gleichsam ausgegliedert und es wird mit einem Verweis auf diesen Text gearbeitet. Da die Charta von 2000 insbesondere auf britisches Drängen hin im Konvent bzw. der Regierungskonferenz 2003/2004 verändert wurde, ist die Charta in dieser Fassung des Verfassungsvertrages Ende 2007 erneut verkündet worden. Dies geschah am 12. Dezember 2007, einen Tag vor der Unterzeichnung des Vertrags von Lissabon. Auf diese neue Fassung bezieht sich der Verweis im EU-Vertrag in der Fassung des Vertrages von Lissabon.[515] So bestimmt Artikel 6 Abs. 1 des EU-Vertrages in der Fassung von Lissabon, die am 1. Dezember 2009 in Kraft getreten ist: *„Die Union erkennt die Rechte, Freiheiten und Grundsätze an, die in der Charta der Grundrechte der Europäischen Union vom 7. Dezember 2000 in der am 12. Dezember 2007 in Straßburg angepassten Fassung niedergelegt sind; die Charta der Grundrechte und die Verträge sind rechtlich gleichrangig."*

a) Die Anerkennung von Unionsgrundrechten

Der Europäische Gerichtshof deutete jedoch bereits 1969 im Urteil *Stauder*[516] an, dass er sich im Rahmen der ihm zugewiesenen Aufgaben zur Wahrung der Grundrechte verpflichtet fühlt. Seitdem geht er in ständiger Rechtsprechung[517] von der Geltung der Grundrechte als ungeschriebene allgemeine Rechtsgrundsätze[518] in der Unionsrechtsordnung aus. Dogmatisch zählen sie – soweit sie ihrem Inhalt nach in diesen Rang einzustufen sind – zum Primärrecht.[519] Die zu diesen Rechtsgrundsätzen zu zählenden Grundrechte sind daher auch dogma-

---

513 ABl. EU Nr. C 364 v. 18.12.2000.
514 MAYER, Der Vertrag von Lissabon und die Grundrechte, in: EuR 2009 Beiheft 1, S. 89, 90.
515 Die am 12. Dezember 2007 neu verkündete Charta der Grundrechte findet sich mit Erläuterungen in ABl. EU Nr. C 303 v. 14.12.2007.
516 EuGH, Slg. 1969, 419, 425 – Stauder.
517 Die Bestätigung der dogmatischen Herleitung erfolgte in EuGH, Slg. 1970, 1125, Rn. 4 – Internationale Handelsgesellschaft.
518 Zur Zuständigkeit des EuGH zur Entwicklung allgemeiner Rechtsgrundsätze vgl. BLECKMANN, Probleme der allgemeinen Rechtsgrundsätze im Europäischen Gemeinschaftsrecht, in: Bleckmann (Hrsg.) 1986, S. 83, 91.
519 STREINZ, Europarecht § 5 I 2, Rn. 354.

tisch als dem Sekundärrecht übergeordnetes Recht zu klassifizieren. Der konkrete Inhalt des Grundrechtsschutzes soll dabei nach der Rechtsprechung des Europäischen Gerichtshofs im Wege eines wertenden Rechtsvergleichs aus den gemeinsamen Verfassungsüberlieferungen der Mitgliedstaaten[520] unter Berücksichtigung der Hinweise erfolgen, welche die internationalen Verträge über den Schutz der Menschenrechte liefern, an deren Abschluss die Mitgliedstaaten beteiligt waren oder denen sie beigetreten sind.[521] Das ist insbesondere die Europäische Menschenrechtskonvention[522] (EMRK).[523] Der Gerichtshof benutzt dazu die folgende Formel:

„Die Grundrechte gehören zu den allgemeinen Rechtsgrundsätzen, die der Gerichtshof zu wahren hat. Bei der Gewährleistung dieser Rechte hat der Gerichtshof von den gemeinsamen Verfassungsüberlieferungen der Mitgliedstaaten auszugehen, sodass in der Gemeinschaft keine Maßnahmen als rechtens anerkannt werden können, die unvereinbar sind mit den von den Verfassungen dieser Staaten geschützten Grundrechten. Auch die internationalen Verträge über den Schutz der Menschenrechte, an deren Abschluss die Mitgliedstaaten beteiligt waren oder denen sie beigetreten sind, können Hinweise geben, die im Rahmen des Gemeinschaftsrechts zu berücksichtigen sind."[524]

Der EuGH gewährleistet damit Grundrechtsschutz[525] gegen Maßnahmen der Europäischen Union. In der Praxis bedeutet diese Grundrechtbindung, dass die Organe der Union bei der Erfüllung ihrer Aufgaben die Grundrechte zu beachten haben.[526] Besondere Relevanz entfaltet die Grundrechtsbindung der Organe der

---

520 Für die dogmatische Begründung dieser Rechtsprechung sind die Ausführungen des Generalanwalts Roemer von Bedeutung, der sich in seinen damaligen Schlussanträgen einer im Schrifttum vertretenen Auffassung anschloss, wonach „durch wertende Rechtsvergleichung gemeinsame Wertvorstellungen des nationalen Verfassungsrechts, insbesondere der nationalen Grundrechte, zu ermitteln seien, die als ungeschriebener Bestandteil des Gemeinschaftsrechts beachtet werden müssten". Vgl. EuGH Slg. 1969, S. 419, 427 f. – Stauder.
521 EuGH Rs. 4/73, Slg. 1974, S. 491, 507, Rz. 13 – Nold/Kommission; EuGH Rs. 136/79, Slg. 1980, S. 2033, 2057, Rz. 18 – National Panasonic.
522 Amtl. Übersetzung der Europäischen Menschrechtskonvention, BGBl. 1956 II, S. 1880.
523 HOBE, Europarecht, Rn. 240.
524 EuGH, Slg. 1979, S. 3727, Rn. 15 – Hauer.
525 Nach der Rechtsprechung des EuGH sind folgende Unionsgrundrechte festgestellt: Menschenwürde, Achtung der Privatsphäre, der Wohnung und des Briefverkehrs, Gleichheitsgrundsatz, Religionsfreiheit, Vereinigungsfreiheit, Handelsfreiheit, Berufsfreiheit, Eigentum, das Verbot von Diskriminierung auf Grund des Geschlechts, der allgemeine Gleichheitssatz, Meinungs- und Veröffentlichungsfreiheit, das Verbot der Rückwirkung von Strafgesetzen und die Grundrechte im gerichtlichen Verfahren.
526 STREINZ, Europarecht, § 5 I 2, Rn. 367.

Union dann, wenn diese Rechtsakte erlassen, die unmittelbar wirksam und rechtlich verbindlich sind, also insbesondere beim Rechtsakt der Verordnung. Besondere Relevanz hat die Grundrechtsbindung der Organe mithin auch beim SE-Statut, da es auf einer Verordnung beruht.

b) Die Einschränkung europäischer Grundrechte

Naturgemäß können auch europäische Grundrechte eingeschränkt werden, denn nach der Rechtsprechung des EuGH hat sich der Geltungsanspruch der Grundrechte sowohl „in die Struktur und Ziele der Gemeinschaft einzufügen"[527] als sich auch in Einklang zu bringen mit den sich aus dem Allgemeinwohl ergebenden Sachzwängen, ohne dabei den Wesensgehalt der Grundrechte anzutasten.[528]

Aus diesem allgemeinen Vorbehalt lassen sich drei allgemeine Schranken formulieren,[529] an denen Eingriffe in Unionsgrundrechte zu messen sind:
- die Rechtfertigung des Grundrechtseingriffs durch die dem Allgemeinwohl dienenden Ziele der Union;
- die Verhältnismäßigkeit des Grundrechtseingriffs im Hinblick auf den mit ihm verfolgten Zweck;
- die Garantie des Wesensgehalts des geschützten Grundrechts.

Die Ausfüllung dieser Wertungskriterien, insbesondere die zur Abwägung heranzuziehenden Interessen, darf dabei allein nach unionsrechtlichen Gesichtspunkten erfolgen.[530]

2. Das Eigentumsgrundrecht im Unionsrecht

Zur primärrechtskonformen Auslegung im Sinne der Fragestellung dieser Arbeit bedürfen die generellen Aussagen zum Komplex der EU-Grundrechte nun der Spezifikation hinsichtlich des unionsrechtlich garantierten Eigentumsgrundrechts. In der Europäischen Union, die auf Grund ihres Ursprungs als ein der „offenen Marktwirtschaft mit freiem Wettbewerb" (so ausdrücklich Art. 4 EG, ab dem 1. Dezember 2009: Art. 119 Abs. 1 AEUV[531]) verpflichteter Integrationsverband eine stark wirtschaftliche Ausrichtung aufweist, zählt das Eigen-

---

527 EuGH Rs. 11/70, Slg. 1970, S. 1135 – Internationale Handelsgesellschaft.
528 EuGH C-84/95, Slg. 1996, S. I-3953 – Bosphorus; C-280/93, Slg. 1994, S. I-5065 – Bananenmarktordnung; Rs. 4/73, Slg. 1974, S. 508 – Nold.
529 BORCHARDT, Die rechtlichen Grundlagen der Europäischen Union, Rn. 148.
530 BORCHARDT, Die rechtlichen Grundlagen der Europäischen Union, Rn. 148.
531 Der Vertrag von Lissabon, der am 1. Dezember 2009 in Kraft getreten ist, hat den EG-Vertrag, der nun „Vertrag über die Arbeitsweise der Europäischen Union" (AEUV) heißt, geändert.

tumsgrundrecht zu den zentralen Grundrechten.[532] Das Primärrecht der Union verfügt gleichwohl auch hinsichtlich des Eigentums nur über wenige ausdrückliche eigentumsrechtliche Bezüge. So bestimmt Art. 345 AEUV: „Die Verträge lassen die Eigentumsordnung in den verschiedenen Mitgliedstaaten unberührt." In Art. 36 Satz 1 AEUV ist von „gewerblichem und kommerziellem Eigentum" die Rede.[533] Diese Bezüge haben allerdings keinen individualrechtlichen Gehalt.[534]

Ein individualrechtliches Institut der unionsrechtlichen Eigentumsgarantie zu schaffen, ist in der Vergangenheit die Aufgabe des Europäischen Gerichtshofes gewesen.[535] Mit dem Vertrag von Lissabon gilt zwar nun grundsätzlich auch das in Art. 17 Abs. 1 der Charta der Grundrechte der EU kodifizierte Eigentumsgrundrecht. Art. 17 Abs. 1 der Charta bestimmt insoweit: „*Jede Person hat das Recht, ihr rechtmäßig erworbenes Eigentum zu besitzen, zu nutzen, darüber zu verfügen und es zu vererben. Niemandem darf sein Eigentum entzogen werden, es sei denn aus Gründen des öffentlichen Interesses in den Fällen und unter den Bedingungen, die in einem Gesetz vorgesehen sind, sowie gegen eine rechtzeitige angemessene Entschädigung für den Verlust des Eigentums. Die Nutzung des Eigentums kann gesetzlich geregelt werden, soweit dies für das Wohl der Allgemeinheit erforderlich ist.*" Es bleibt jedoch abzuwarten, in welchem Maße die Grundrechtecharta in der Praxis zum Tragen kommen wird. Doch auch vor dem Vertrag von Lissabon vermochte die Charta trotz ihrer fehlenden Verbindlichkeit zumindest mittelbare Relevanz zu entfalten, indem sie – wie verschiedene Schlussanträge von Generalanwälten bestätigen – zur Bestätigung und zur Bekräftigung von Inhalts- und Schrankenbestimmung des Eigentums herangezogen wurden.

Traditionell und umfassend ergibt sich die Dogmatik des unionsrechtlichen Eigentumsgrundrechts jedoch immer noch maßgeblich aus der Rechtsprechung des EuGH.[536] Seit dem Leiturteil *Hauer* des EuGH wird das Eigentumsrecht der Unionsrechtsordnung danach auch für das Eigentumsgrundrecht aus den gemeinsamen Verfassungskonzeptionen der Mitgliedstaaten entwickelt, wie sie

---

532 CALLIESS, in: Ehlers (Hrsg.), Europäische Grundrechte und Grundfreiheiten, § 16 Eigentumsgrundrecht, Rn. 1.
533 Weitere Bezüge wiesen Art. 86–91 des Vertrags zur Gründung der Europäischen Atomgemeinschaft (EAGV) und Art. 83 des Vertrages zur Gründung der Europäischen Gemeinschaft für Kohle und Stahl (EGKSV) auf.
534 RENGELING, Grundrechtsschutz, S. 42.
535 Vgl. MÜLLER-MICHAELS, Eigentumsschutz in der Europäischen Union, S. 36.
536 ALBER, in: EuGRZ 2001, S. 349 ff. m. w. N.

sich insbesondere im Zusatzprotokoll[537] zur Europäischen Menschenrechtskonvention vom 20. März 1952 widerspiegeln,[538] dem damit bei der Konturierung des EU-Eigentumsrechts Bedeutung zukommt. Der EuGH verwendet Art. 1 des 1. ZP EMRK allerdings nur als Erkenntnisquelle und stellt „Hinweise" hieraus dar.[539] Mehr als auf Text und Rechtsprechung zum Zusatzprotokoll kommt es daher darauf an, wie der EuGH die dort entwickelten und formulierten Prinzipien für die Eigentumsgarantie des Unionsrechts fruchtbar gemacht hat. Besondere Beachtung verdient insoweit, was sich im Text von Art. 1 des Zusatzprotokolls nur teilweise ausdrücklich findet: die Systematik der Eingriffsrechtfertigung. Diese besteht zum einen in einer Rechtfertigung, die sich ergibt, weil ein Eingriff im „öffentlichen Interesse" (Abs. 1) oder im „Allgemeininteresse" ist. Beide Begriffe sind weit zu verstehen[540] und werden im Übrigen vom Europäischen Menschenrechtsgerichtshof synonym[541] verwendet. Zum anderen – und diese Rechtfertigungsform hat keinen Niederschlag im Text gefunden, sondern wurde vom Gerichtshof entwickelt – erfordert die Rechtfertigung eines Eingriffs in die Eigentumsgarantie ein *gerechtes Gleichgewicht zwischen Gemeinwohlinteressen und Individualinteressen*. Es muss mithin eine echte Abwägung vorgenommen werden und auch das Verhältnismäßigkeitsprinzip bei der Rechtfertigung berücksichtigt werden.[542] Dabei ist das erforderliche Gleichgewicht zwischen Gemeinwohlinteressen und geschützten Individualinteressen dann gestört, wenn dem Eigentümer eine besondere und unmäßige Last aufgebürdet wird. Dies formuliert der Gerichtshof[543] wie folgt: „*[...] the court must determine whether a fair balance was struck between the demands of the general interest of the community and the requirements of the individual's fundamental rights.*" Dass das Allgemeininteresse weit zu verstehen ist und die Verhältnismäßigkeit eines Eingriffs erst gestört ist, wenn ein besonderes Missverhältnis zu Ungunsten des Individualinteresses des Eigentümers vorliegt, entfaltet jedoch – wie bereits einleitend angeklungen ist –

---

537 Die Konvention selbst enthält keine Eigentumsgarantie, weil sie zum Abschluss gebracht wurde, bevor die sich als besonders schwierig herausgestellte Eigentumsklausel zu Ende geführt werden konnte. Vgl. WEBER, in: Die Grundrechte – Handbuch der Theorie und Praxis der Grundrechte, Bd. II, S. 336.
538 EuGH Rs. 44/79, Slg. 1979, S. 3727/3745 – Hauer; EuGH Rs. 41/79, Slg. 1980, S. 1979/1996 – Testa; Rs. C-90 u. 91/90, Slg. 1991, S. I-3617/3637 – Neu.
539 EuGH Rs. 44/79, Slg. 1979, S. 3727, 4746, Rn. 19 – Hauer.
540 Gerichtshof, James u.a., Series A Nr. 98, § 46; Hentrich, Series A Nr. 296-A, § 39.
541 REINIGHAUS, Eingriffe in das Eigentumsrecht nach Artikel 1 des Zusatzprotokolls zur EMRK, S. 126.
542 Gerichtshof, Urteil Building Societies, Reports 1997-VII, § 80.
543 Gerichtshof, Urteil Sporrong und Lönnroth, Series A Nr. 52, § 69.

keine schematische Relevanz für die Rechtfertigung eines Eingriffs in das unionsrechtlich garantierte Eigentumsrecht. Daher ist das Ergebnis festzuhalten, nunmehr der Blick aber dem unionsrechtlichen Grundrechtsschutz im Gewand der durch den EuGH entwickelten Grundzüge zuzuwenden.

Der Europäische Gerichtshof hat in ständiger Rechtsprechung[544] festgestellt, dass das Eigentumsrecht zu den allgemeinen Grundsätzen des Unionsrechts gehört. Seit dem Urteil *Schräder*[545] vom 11. Juli 1989 formuliert der EuGH im Wesentlichen wie folgt: „Das Eigentumsrecht gehört zu den allgemeinen Grundsätzen des Gemeinschaftsrechts. Diese Grundsätze können jedoch keine uneingeschränkte Geltung beanspruchen, sondern müssen im Hinblick auf ihre gesellschaftliche Funktion gesehen werden. Folglich kann die Ausübung des Eigentumsrechts „[...] *Beschränkungen unterworfen werden, sofern diese Beschränkungen tatsächlich dem Gemeinwohl dienenden Zielen der Gemeinschaft entsprechen und nicht einen im Hinblick auf den verfolgten Zweck unverhältnismäßigen, nicht tragbaren Eingriff darstellen, der die so gewährleisteten Rechte in ihrem Wesensgehalt antastet.*" Damit ist die zentrale Formel[546] zur Bearbeitung der in dieser Arbeit aufgeworfenen Frage eingeführt. Im Folgenden soll sie im Detail dargestellt werden, um die eigentliche Prüfung vorzubereiten. Voraussetzung für diese Prüfung ist vorab die Beschreibung des Schutzbereichs.

---

544 EuGH Rs. C-143/88 u. a., Slg. 1991, S. I-415, 552, Rn. 73 – Zuckerfabrik Süderdithmarschen; EuGH Rs. C-44/98, Slg. 1991, S. I-5119, 5157, Rn. 28 – von Deezen; EuGH Rs. C-177/90, Slg. 1992, S. I-35, 63 f., Rn. 16 – Kühn; EuGH Rs. C-280/93, Slg. 1994, S. I-4973, 5065, Rn. 78 – Deutschland/Rat ; EuGH Rs. C-306/93, Slg. 1994, S. I-5555, I-5581, Rn. 22 – Winzersekt; EuGH Rs. C-44/94, Slg. 1995, S. I-3115, 3152, Rn. 55 – Fishermens's Organisation; EuGH Rs. C-248/95 u. a., Slg. 1997, S. I-4475, Rn. 72 – SAM Schifffahrt; EuGH Rs. C-200/96, Slg. 1998, S. I-1953, 1978 f., Rn. 21. – Metronome Musik (diese Formel findet nicht nur für das Eigentumsrecht, sondern auch für Eingriffe in die Berufsfreiheit Verwendung; eine sachliche Differenzierung ist damit allerdings nicht verbunden).

545 EuGH Rs. 265/87, Slg. 1989, S. 2237, 2268, Rn. 15 – Schräder.

546 Diese Formel ist im Wesentlichen und in nur marginal variierenden Formulierungen als der Kern des gemeinschaftlichen Eigentumsgrundrechts zu erachten. Zur (wohl berechtigten) Kritik an dem wenig ausdifferenziert entwickelten grundrechtlichen Eigentumsschutz, der mit der Knappheit dieser Formel einhergeht, vgl. LEISNER, a. a. O., der in pointierter Weise die immer noch bestehenden – aber vielfach ignorierten – dogmatischen und technischen Mängel des gemeinschaftlichen Eigentumsschutzes anprangert.

a) Der Schutzbereich des Eigentumsrechts

Wie im deutschen Verfassungsrecht[547] ist auch der Schutzbereich des Eigentumsgrundrechts auf Unionsebene normgeprägt. Eigentum ist mithin (bis auf einen bestimmten durch Privatnützigkeit und Institutsgarantie umgrenzten Kern) eine Schöpfung der Rechtsordnung.[548] In diesen Schutzbereich fallen alle vermögenswerten Positionen, die entweder das Ergebnis des Einsatzes von Kapital oder Arbeitskraft darstellen und dem Einzelnen in einer dem Sacheigentum vergleichbaren Weise rechtlich zugeordnet sind.[549] Die konkrete Inhaltsbestimmung dessen, was danach zum Eigentumsrecht zählt, also vom Eigentumsschutz des Eigentumsgrundrechts umfasst ist, wird dabei zuvorderst von den mitgliedstaatlichen Rechtsordnungen bestimmt.[550] Im Unionsrecht wird jedoch dieser Schutzbereich zusätzlich durch Normen des Unionsrechts mitgeprägt.[551] Wenn der Schutzbereich des EU-Eigentumsrechts maßgeblich durch die mitgliedstaatliche Rechtsordnung geprägt wird, so knüpft die Inhaltsbestimmung des Eigentums insbesondere an das einfache nationale, insbesondere bürgerliche Recht (der Mitgliedstaaten) an.[552]

Der Schutzbereich des Anteilseigentums an einer SE mit Sitz in Deutschland kann daher mit dem Anteilseigentum an einer nationalen deutschen AG weitgehend synchron bestimmt werden. Es kann mithin der nach nationalem Recht geschützte Bereich herangezogen werden. Erfolgt die Normprägung des Eigentumsschutzes im Unionsrecht anhand des materiellen bürgerlichen Rechts, so ist zur Beschreibung des Schutzbereiches der unionsrechtlichen Eigentumsposition im vorliegenden Prüfungszusammenhang der Blick folglich dem deutschen Aktiengesetz zuzuwenden. Dabei ist insbesondere die Inhaltsbestimmung der Eigentumsposition des Anteilseigners, also des Aktionärs, von Interesse.

b) Das Schutzgut Mitgliedschaftsrecht

Dazu ist der Schutzbereich des mitgliedstaatlich vermittelten unionsrechtlichen Eigentums der Aktionäre unter Berücksichtigung des im vorliegenden Zusam-

---

547 Vgl. zur dogmatischen Struktur der Eigentumsgarantie im deutschen Verfassungsrecht SCHWERDTFEGER, Eigentumsgarantie, passim.
548 EHLERS, in: VVDStRL 1992, S. 211; HUBER, Politische Studien, Sonderheft 1, 2000, S. 45, 46, 49 f. m. w. N.
549 KÖNIG, in: Bitburger Gespräche 2004/1, S. 135 m. w. N.
550 Vgl. Art. 295 EG.
551 CALLIESS, in: Ehlers (Hrsg.), Europäische Grundrechte und Grundfreiheiten, § 16 Eigentumsgrundrecht, Rn. 2.
552 KINGREEN, in: Callies/Ruffert (Hrsg.), Art. 6 EUV, Rn. 142.

menhang vorrangig interessierenden Teilbereichs einzugrenzen: Das Schutzgut der Aktionäre ist gesellschaftsrechtliches Anteilseigentum, das in der Aktie seinen verkörperten Ausdruck findet. Eine Aktie vermittelt dabei generell mitverwaltungsrechtliche und vermögensrechtliche Elemente. Einige unterteilen die Rechte aus der Mitgliedschaft[553] auch selbst in Vermögens-[554] und Verwaltungsrechte. Im vorliegenden Zusammenhang interessieren insbesondere die *mitgliedschaftlichen* Rechte des Aktionärs in Form der Verwaltungsrechte.

Im Mitgliedschaftsrecht verkörpert sich v.a. das *Herrschaftsrecht* der Aktionäre.[555] Neben anderen Verwaltungsrechten – etwa dem Recht zur Teilnahme an der Hauptversammlung, dem Auskunftsrecht und dem Recht zur Anfechtung von Hauptversammlungsbeschlüssen – zählt es zum Kernbestand des Mitgliedschaftsrechts. Diese Herrschaft ist Interessenverfolgung durch Lenkung, die man qualitativ mit der „ununterbrochenen Legitimationskette" des Demokratieprinzips vergleichen kann und als Ausdruck der Privatnützigkeit des eingesetzten Kapitals und als Kehrseite des den Investor treffenden wirtschaftlichen Primärrisikos unabdingbares Eigentümerrecht ist.[556]

Eine Eigentümlichkeit des Anteilseigentums ist, dass die für das Sacheigentum typische Koinzidenz von Rechtsinhaberschaft, Herrschafts- und Nutzungsmacht einerseits sowie Herrschaft und Verantwortung bzw. Haftung andererseits in signifikanter Weise aufgelockert ist.[557] Es weist die Besonderheit auf, dass es vom Berechtigten in der Regel nicht unmittelbar genutzt werden kann und dass dem Inhaber die Verfügungsbefugnisse – abgesehen von der Veräußerung und der Belastung des Rechts selbst – nur mittelbar über die Gesellschaftsorgane zustehen. Das Herrschaftsrecht des Aktionärs kommt daher in der Regel nur auf mittelbare Weise, etwa durch sein Stimmrecht bei der Wahl von Organmitgliedern, zum Ausdruck. Die Auswahl des Leitungspersonals tritt so gewissermaßen an die Stelle der direkten Verwaltung in eigener Person, die praktisch unmöglich

---

553 Zum eigentumsrechtlichen Schutz des Mitgliedschaftsrechts des Aktionärs im deutschen GG vgl. SCHÖN, Der Aktionär in Verfassungsrecht, in: FS Ulmer 2003, S. 1359, 1361, passim.
554 Vermögensrechte der Aktionäre sind etwa Dividendenrechte (§ 58 Abs. 4 AktG), das Bezugsrecht (§ 186 AktG) und das Recht auf den Abwicklungsüberschuss (§ 271 AktG).
555 HÜFFER, Aktiengesetz, § 11 Rn. 3.
556 VON PLESSEN, Qualifizierte Mitbestimmung und Eigentumsgarantie, 1969, S. 39 f.; BÖCKENFÖRDE, in: Isensee/Kirchhof, Handbuch des Staatsrechts, Bd. II, 3. Aufl., 2004,
§ 24 Rn. 11 ff.; BADURA, Qualifizierte Mitbestimmung und Grundgesetz, 1985, S. 41.
557 Vgl. SUHR, Eigentumsinstitut und Aktieneigentum, 1966, S. 83 ff.

ist und somit ersetzt wird durch die unternehmensrechtliche Ausformung einer Willenbildungsautonomie.[558]

Tritt an die Stelle einer natürlichen Eigenherrschaft die notwendige und institutionelle Fremdherrschaft, so muss wenigstens der mittelbare Einfluss auf die Willensbildung der Unternehmenseinheit gesichert sein. Daher muss die Auswahl derer, welche die Herrschaft an Stelle der Anteilseigner ausüben, grundsätzlich durch die Aktionäre selbst erfolgen oder wenigstens sichergestellt sein, dass sich die von den Aktionären bestimmten Personen über die Leitung der Gesellschaft bestimmen und sich im Zweifel gegenüber anderen durchsetzen können. Andernfalls würde das Herrschaftselement des Mitgliedschaftsrechts der Anteilseigner leer laufen und soweit verkümmern, dass bis auf die grundsätzliche Investitions- und Deinvestitionsentscheidung sowie den Vermögensrechten nichts verbliebe. Dies rückte den Aktionär in die Nähe eines partiarischen Darlehensgebers, der er aber eben nicht ist.

Dies gilt v.a. wenn man sich vergegenwärtigt, dass das Wesen des Aktionärs deutscher Tradition sich nicht in der „vermögensfixierten" Investition erschöpft, sondern auch die längerfristige unternehmerische Orientierung und damit ein eigentliches Gestaltungsbedürfnis hierbei eine bedeutende Rolle spielt, die eher „halten und gestalten" als „ex und hopp" im Sinn haben.[559]

Es ist daher festzuhalten, dass die Auswahl des Verwaltungspersonals und die Letztentscheidungsmacht dieses Personals über die Gesellschaftsleitung zum eigentumsrechtlichen Schutzbereich gehört.

Die Verwässerung dieser (mittelbaren) Leitung durch die Anteilseigner, wie sie sich bei uneingeschränkter Übertragung der paritätischen Mitbestimmung in den Verwaltungsrat einer SE ergibt, ändert dabei den Schutzbereich nicht. Auch wenn dieser Effekt aus der SE-Richtlinie resultiert, handelt es sich nicht um Normprägung sondern – dazu sogleich – um Eingriff.

Auch bei Maßnahmen des Unionsgesetzgebers ist zwar zwischen eigentumskonstituierenden – gewissermaßen grundrechtsprägenden – und eigentumsbeeinträchtigenden Normen zu differenzieren. Die generelle und pflichtneutrale Regelung der Nutzung des Eigentums durch den Unionsgesetzgeber könnte aber nur solange Normprägung und nicht Eigentumseingriff sein, wie sie sich nicht auf durch frühere eigentumskonstituierende Vorschriften entstandene Rechtspositionen erstreckt und die darin enthaltene Befugnis verkürzt. So ist es aber im

---

558 RITTNER, Funktion des Eigentums, S. 55.
559 Anders als im angloamerikanischen börsenkursorientierten System war im „deutschen Gesellschaftsrecht eben ‚Voice' schon immer wichtiger als ‚Exit'"; vgl. MERKT, Die monistische Unternehmensverfassung für die Europäische Aktiengesellschaft aus deutscher Sicht, in: ZGR 2003, S. 652.

vorliegenden Fall, denn das Anteilseigentum der Aktionäre einer SE wird nicht etwa neu konstituiert. Zwar ist die SE als unionsrechtliche Rechtsform neu. Die SE ist aber ein Gesellschaftstypus, der nur zu einem geringen Teil durch die SE-VO, im Wesentlichen aber durch das Aktienrecht des Sitzmitgliedstaates geprägt ist.[560] Das Recht der SE schafft v.a. keine ureigene neue Eigentumsform, sondern setzt vielmehr das national bereits (seit Langem) geprägte Anteilseigentum voraus. In Art. 2 Abs. 2 SE-VO wird insoweit etwa die „Aktie" als traditioneller Inbegriff des verkörperten Anteilseigentums vorausgesetzt.

3. Der Eingriff in das Eigentumsgrundrecht

Da nun Schutzbereich des Eigentumsgrundrechts von Aktionären beschrieben wurde, kann jetzt geprüft werden, inwiefern im vorliegenden Zusammenhang ein Eingriff in dieses Schutzgut zu bejahen sein könnte. Dabei wird der Eingriff in das *unionsrechtlich* garantierte Eigentum durch die Regelungen der SE-RL geprüft.

a) Die Eingriffsform der Ausübungsbeschränkung

Hinsichtlich eines Eingriffs in die EU-Eigentumsposition unterscheidet der Europäische Gerichtshof zwei Eingriffsalternativen: Die erste liegt nach der Rechtsprechung des EuGH seit dem Urteil *Hauer* vor, wenn eine eigentumsfähige Position *entzogen* wird, die zweite, wenn die Nutzung, Verfügung oder Verwertung einer unionsrechtlich garantierten Eigentumsposition Beschränkungen unterworfen wird (*Ausübungsbeschränkung*).[561] Dies kann unmittelbar durch eine Einzelfallregelung, also konkret-individuell, aber auch durch eine Norm, also abstrakt-generell, erfolgen.[562] In der deutschen Verfassungsterminologie kann man diese Beschränkung als Inhalts- und Schrankenbestimmung bezeichnen.[563] Der EuGH spricht in den von ihm verwendeten Schrankenklauseln durchgängig von der Beschränkung der Ausübung des Eigentumsrechts.[564] Nicht verbindlich geklärt ist dabei jedoch, unter welchen Voraussetzungen keine Beschränkung

---

560 OECHSLER, in: Münchener Kommentar AktG, Art. 1 SE-VO, Rn. 1-2.
561 DUPP/GRZESZICK, in: König/Rieger/Schmitt (Hrsg.), Europa der Bürger, 1998, 111, 119.
562 CALLIESS, in: Ehlers (Hrsg.), Europäische Grundrechte und Grundfreiheiten, § 16 Eigentumsgrundrecht, Rn. 18.
563 KÖNIG, in: Bitburger Gespräche 2004/I, S. 138.
564 Weshalb diese Schrankenklausel mit MÜLLER-MICHAELIS, Grundrechtlicher Eigentumsschutz in der Europäischen Union. S. 44 ff., auch „Ausübungsbeschränkung" oder mit SCHILDKNECHT, Grundrechtsschranken in der Europäischen Gemeinschaft, S. 22, „Ausübungsschranke" genannt werden kann.

der Ausübung, sondern eine Eigentumsentziehung vorliegt, denn der EuGH verzichtet regelmäßig auf eine Begründung für das Vorliegen eines Eingriffs. Gleichwohl lässt sich die Beschränkung der Ausübung des Eigentums näher konkretisieren. Nach der Terminologie im Urteil *Hauer* liegt demnach wenigstens so lange keine Eigentumsentziehung vor, wie „es dem Eigentümer unbenommen bleibt, über sein Gut zu verfügen und es jeder anderen nicht untersagten Nutzung zuzuführen". Eine Ausübungsbeschränkung besteht demgegenüber insbesondere in einer zeitlichen, räumlichen oder sachlichen *Einschränkung der Benutzung* des Eigentums.[565]

Im zu prüfenden Kontext handelt es sich daher nicht um eine Eigentumsentziehung, sondern um eine Ausübungsbeschränkung, denn durch die konfliktauslösenden Regelungen wird dem Aktionär ja nicht sein ganzes Anteilseigentum genommen, mithin die Eigentumsposition entzogen, vielmehr bleiben ihm etwa die Vermögensrechte Position vollumfänglich erhalten. Dem Verkauf der Aktie – also einer anderweitigen wirtschaftlichen Nutzung – steht die Regelung im Prinzip nicht entgegen.

b) Eingriff: einschränkungslos paritätische Oberleitung

Die (einfache) Auslegung von § 35 Abs. 2 Satz 2 SEBG und § 38 Abs. 1 SEBG anhand von Artikel 7 SE-RL in Verbindung mit Teil 3 Buchst. b Unterabs. 1 und 4 des Anhangs der SE-Richtlinie führt zu einer uneingeschränkten paritätischen Mitoberleitung der Arbeitnehmervertreter im Verwaltungsrat einer SE. Diese (absolute) Gleichstellung von Arbeitnehmer- und Anteilseignervertretern im paritätisch mitbestimmten Verwaltungsrat in einer deutschen SE, könnte einen Eingriff in die unionsrechtlich geschützte Eigentumsgarantie ihrer Aktionäre bedeuten.

Auf Grund des national geprägten Schutzbereichs des Eigentums sind auch im Hinblick auf die unionsrechtliche Vereinbarkeit von paritätischer Mitbestimmung und Anteilseigentum v.a. solche Effekte als Eingriff anzusehen, die das Anteilseigentum zu Gunsten der Mitbestimmung über das Maß hinaus beschränken, welches das Mitbestimmungsurteil des Bundesverfassungsgerichtes von 1979 definiert hat. Nach der Formel des v.g. Mitbestimmungsurteils[566] ist die Grenze zulässiger Inhalts- und Schrankenbestimmung danach jedenfalls gewahrt, „*wenn die Mitbestimmung der Arbeitnehmer nicht dazu führt, dass über das im Unternehmen investierte Kapital gegen den Willen aller Anteilseigner*

---

565 Vgl. zum Abgrenzungsproblem MÜLLER-MICHAELS, S. 74 f.; EuGH Rs. 44/79, Slg. 1979, S. 3727, 3746, Rn. 19 u. 30 – Hauer.
566 BVerfGE, NJW 1979, S. 699, 705.

entschieden werden kann, wenn diese nicht auf Grund der Mitbestimmung die Kontrolle über die Führungsauswahl im Unternehmen verlieren und wenn ihnen das Letztentscheidungsrecht belassen wird."

Übertragen auf die Situation im Verwaltungsrat der SE stellen sich folglich insbesondere die folgenden zwei Fragen:
- Inwieweit beeinträchtigt die nominal-paritätische Besetzung des Verwaltungsrats mit Arbeitnehmervertretern das *Letztentscheidungsrecht* der Anteilseignervertreter?
- Inwieweit beeinträchtigt die einschränkungslose Mitwirkung von Arbeitnehmervertretern an der Oberleitung der Gesellschaft das Recht der Anteilseigner, diejenigen Personen, die ihr Unternehmen *führen*, im Ergebnis selbst *auszuwählen* (Führungsauswahl)?

aa) Das Letztentscheidungsrecht der Anteilseigner

Bei Stimmengleichheit gibt grundsätzlich die Stimme des Vorsitzenden den Ausschlag (Art. 50 Abs. 2 Satz 1 SE-VO). Wird die Hälfte der Mitglieder des Verwaltungsorgans von den Arbeitnehmern bestellt, so darf gem. Art. 45 Abs. 1 Satz 2 SE-VO nur ein von der Hauptversammlung der Aktionäre bestelltes Mitglied zum Vorsitzenden gewählt werden. Danach wäre das Letztentscheidungsrecht der Anteilseignervertreter auch bei nominaler Parität im Verwaltungsrat gesichert, wenn alle Anteilseignervertreter an der Abstimmung teilnehmen und *einheitlich* abstimmen.[567] Ergänzend wird dies national sogar noch gem. § 35 Abs. 3 SEAG dadurch, dass der Vorsitzende des Verwaltungsrats eine zusätzliche Stimme hat, wenn ein geschäftsführender Direktor, der zugleich Mitglied des Verwaltungsrats ist, aus rechtlichen Gründen gehindert, an der Beschlussfassung im Verwaltungsrat teilzunehmen. Das Letztentscheidungsrecht der Anteilseignervertreter ist damit jedoch gleichwohl in Gefahr, wenn auch nur *ein* Anteilseignervertreter an einer Abstimmung nicht teilnimmt oder abweichend abstimmt.[568]

Dazu weisen *Kämmerer* und *Veil* zu Recht darauf hin, dass es sich bei der Anteilseignerbank nicht um einen monolithischen Block handle.[569] Tatsächlich würden auch die Anteilseigner mit ihren Unternehmen unterschiedliche Interes-

---

567 Wegen des Stichentscheids des Vorsitzenden des Aufsichtsrats, der den Anteilseignervertretern in Pattsituationen das Übergewicht sichert (§ 29 Abs. 2, § 31 Abs. 4 MitbestG 1976) sah das Bundesverfassungsgericht das Letztentscheidungsrecht der Vertreter der Anteilseigner im paritätisch besetzten Aufsichtsrat als erfüllt an.
568 BRAUN, Die Sicherung der Unternehmensmitbestimmung im Lichte des europäischen Rechts, S. 101; KÄMMERER/VEIL, in: ZIP 2003, S. 369, 372; HORN, in: DB, S. 147, 152; HOPT, in: ZIP 2005, S. 461, 471.
569 KÄMMERER/VEIL, in: ZIP 2005, S. 369, 373.

sen verfolgen. Die verordnete Zusammensetzung des Verwaltungsrats zwingt sie jedoch, ihre individuellen Interessen auszublenden zu Gunsten einer Frontbildung gegen eine womöglich einheitlich vertretene Position der Arbeitnehmer. Dass dies nicht stets gelingen könne, liege auf der Hand: Konstellationen, in denen die Anteilseigner die faktische Betriebsherrschaft an die Arbeitnehmer verlieren, ließen sich durchaus denken. Solche Fälle seien auch in Familiengesellschaften vorstellbar (das „schwarze Schaf" der Familie, das Gefallen daran finde, gegen die übrigen Mitglieder des Clans zu votieren). Hinzu komme eine strukturelle Wahrscheinlichkeit situativer Mehrheiten, wenn sich die Anteilseignervertreter in grundsätzlichen Führungsangelegenheiten uneinig seien oder ein Anteilseignervertreter in der Sitzung nicht erscheine. Nach *Kämmerer* und *Veil* dürfe der Kurs des Unternehmens, daher nicht (allein) am Stichentscheid des Vorsitzenden des Verwaltungsrats hängen.

Die Abhängigkeit des Letztentscheidungsrechts im Verwaltungsrat einer SE von (i) der Vollzähligkeit der Anteilseignervertreter, (ii) der Einheitlichkeit ihrer Stimmabgabe und (iii) dem Stichentscheid des Vorsitzenden stellt qualitativ eine weitergehende Beschränkung des Anteilsrechts dar. Es ist evident: Das Risiko, dass die Mehrheit der Anteilseignervertreter überstimmt wird, steigt gegenüber der Situation im Aufsichtsrat[570] signifikant an, weil im Verwaltungsrat nicht nur über einen eng bestimmten Fragenkreis sondern im Prinzip über sämtliche[571] Fragen der Unternehmensführung entschieden wird. Im Aufsichtsrat ist das Konfliktpotenzial hingegen strukturell deutlich geringer. Es beschränkt sich v.a. auf die Funktionen des Aufsichtsrats als Kontrollorgan. Auf Entscheidungen des Aufsichtsrats für die *Leitung* des Unternehmens kommt es nur in genau bestimmten Einzelfällen an. Die paritätische Zusammensetzung des Verwaltungsrats bezieht sich dagegen auf ein Organ, das mit der gesamten Führung des Unternehmens beauftragt ist. Der Umstand, dass vom Verwaltungsrat gem. § 40 Abs. 1 SEAG mindestens ein, bzw. gem. § 38 Abs. 2 SEBG zwei geschäftsführende Direktoren bestellt werden müssen, die zudem nicht selbst unbedingt Mitglied des Verwaltungsrats sein müssen, rechtfertigt dabei keine grundlegend andere Bewertung. Auch wenn die Geschäftsführung der Gesellschaft an geschäftsführende Direktoren delegiert ist, verbleiben unzählige Führungsentscheidungen, die vom Verwaltungsrat zu treffen sind. Die eigentliche Leitungsfunktion liegt beim Verwaltungsrat.[572] Es kommt hinzu, dass der Verwaltungsrat geschäftsführende Direktoren, die insoweit mit einem GmbH-Geschäftsführer

---

570 BVerfGE, NJW 1979, S. 699, 705.
571 FRODERMANN, in: Jannott/Frodermann (Hrsg.), Handbuch der Europäischen Aktiengesellschaft 2005, Kap. V, Rn. 222 a.E.
572 HENSSLER, in: GS Heinze 2005, S. 338.

vergleichbar[573] sind, anweisen und jederzeit ohne wichtigen Grund abberufen können.

Das Letztentscheidungsrecht der Anteilseignerseite steht danach im Grundsatz bei sämtlichen Führungsentscheidungen unter dem Vorbehalt, dass sich alle Anteilseignervertreter auf eine einheitliche Abstimmung einigen.[574] Das kann in der Praxis mit hoher Wahrscheinlichkeit zu erheblichen Komplikationen führen: Man stelle sich nur den – im Unternehmensalltag nicht ungewöhnlichen – Fall einer unter den geschäftsführenden Direktoren (die zugleich Mitglieder im Verwaltungsrat sind) hochkontrovers gesehenen Strategie- oder Geschäftsführungsentscheidung vor, über die im Verwaltungsrat entschieden werden muss. Soll eine Minderheit unter den geschäftsführenden Direktoren (ein „Abweichler" genügt), die sich dem Mehrheitsvotum der Anteilseignervertreter partout nicht anschließen will, die Durchsetzung der Anteilseignerseite vereiteln können oder gar der Arbeitnehmerseite zur Durchsetzung verhelfen?

Dies kann das Letztentscheidungsrecht – v.a. im Hinblick auf Geschäftsführungsmaßnahmen im Tagesgeschäft oder bei Entscheidungen über die Unternehmensstrategie- und Planung – bis hin zur faktischen Vereitelung beeinträchtigen und steht zudem auch im Widerspruch zu einer praktikablen und effektiven Unternehmensführung sowie einer „leistungsfähigen Geschäftsführung" wie sie der SE gem. Erwägungsgrund Nr. 14 der SE-Verordnung „an die Hand" gegeben werden soll.

Die nominal-paritätische Besetzung des Verwaltungsrats mit Arbeitnehmervertretern beschränkt das *Letztentscheidungsrecht* der Anteilseignervertreter damit auf Grund der faktischen Notwendigkeit des ständigen Einvernehmens aller Anteilseignervertreter in allen Leitungsfragen in einer Weise, dass sie insoweit als Eingriff in das Anteilseigentum anzusehen ist.

bb) Die eigene Auswahl der Unternehmensführung

Teil des geschützten Anteilseigentums ist zudem das uneingeschränkte Recht der (wenigstens mittelbaren) Führungsauswahl. Auswahl der Führung bedeutet in dem Sinne die Auswahl derjenigen Personen, die die Oberleitung der Gesellschaft ausüben. Das sind im monistischen System die Mitglieder des Verwaltungsrats. Im dualistischen System sind dies die Mitglieder des Vorstands.[575] Im

---

573 TEICHMANN, in: Lutter/Hommelhoff (Hrsg.), SE-Kommentar, Anh. Art. 43 SE-VO, Rn. 66.
574 MÜLLER-BONANNI/MELOT DE BEAUREGARD, in: GmbHR 2005, S. 195, 199.
575 Im dualistischen System geht Auswahl der Personen im unternehmerischen Leitungsorgan Vorstand mittelbar von statten, indem zunächst die Hauptversammlung die Hälfte der Mitglieder des Aufsichtsrats wählt. Der Aufsichtsrat – von der Hauptversammlung,

monistischen System der SE wird jedoch ein Teil der Verwaltungsratsmitglieder nicht von den Anteilseignern sondern von den Arbeitnehmern ausgewählt. In diesem Umfang müssen die Anteilseigner auf die Führungsauswahl verzichten. Damit wird die Oberleitung also zum Teil in die Hände der Arbeitnehmer gelegt. Soweit sich die Anteilseignervertreter im Verwaltungsrat bei *Entscheidungen* der Oberleitung (sicher) durchsetzen können, dürfte zwar im Ergebnis das Recht der Führungsauswahl durch die Anteilseigner insoweit Genüge getan. Die Unternehmensführung und unternehmerische Oberleitung erschöpft sich allerdings evidentermaßen nicht in *Entscheidungen*. In erheblichem, wenn nicht gar in weit überwiegendem, Umfang besteht die Unternehmensführung und unternehmerische Planung in der praktisch sehr bedeutsamen[576] *Vorbereitung* und *Vorberatung* (sowie Durchführung) von Entscheidungen. Der Verwaltungsrat würde daher in seiner mitbestimmten Zusammensetzung über alle Fragen der Unternehmensleitung in aller Breite unter Mitwirkung der Arbeitnehmervertreter beraten, ohne dass den Anteilseignervertretern ein institutionalisierter Raum verbliebe, innerhalb dessen sie sich mit wesentlichen Bereichen ohne die Arbeitnehmervertreter befassen könnten. Diese Auswirkungen der Mitbestimmung stellen v.a. im Hinblick auf die Funktionsfähigkeit des Gesellschaftsorgans Verwaltungsrat eine Beeinträchtigung der Anteilseigner in ihrer gesellschaftsrechtlich vermittelten Unternehmenstätigkeit[577] dar. Gerade auch wegen der Sicherung der Effizienz der Unternehmensleitung ist die unternehmerische Mitbestimmung seit jeher am Aufsichtsrat (und nicht etwa am Vorstand) angeknüpft.[578]

Insofern führt eine einschränkungslose Mitbestimmung im Verwaltungsrat, also einer in jeder Hinsicht (absolute) Gleichstellung der Arbeitnehmervertreter im Verwaltungsrat, mindestens im Hinblick auf den wesentlichen Bereich der Entscheidungsvorbereitung, zu einer Effizienzschwächung und Mitführung

---

also den Eigentümern, gewählt – bestellt sodann den Vorstand (§ 84 Abs. 1 AktG) wobei auf Grund des Zweitstimmrechts des Aufsichtsratsvorsitzenden (§ 29 Abs. 2 MitbestG), der gem. § 27 Abs. 2 MitbestG regelmäßig ein Vertreter der Anteilseignerseite ist, sichergestellt wird, dass die Zusammensetzung des Vorstandes letztlich durch die Anteilseignerseite bestimmt ist.

576 Die faktische „Macht des Vorformulierten" und Vorgedachten darf nicht unterschätzt werden und wiegt in der Praxis schwer.
577 Schon der Verfassungsstreit um die deutsche Mitbestimmung hat gelehrt, dass es für die grundrechtliche Beurteilung der Mitbestimmung auf deren Auswirkung für den Einfluss der Anteilseigner auf die gesellschaftsrechtlich vermittelte Unternehmenstätigkeit ankommt. Vgl. BADURA, in: FS Rittner 1991, S. 8.
578 ROTH, in: ZfA 2004, S. 431, 433; OETKER, in: Großkomm. AktG, Vorbem. MitbestG, Rn. 2; Begründung zu § 70 BRG, Verhandlungen der verfassungsgebenden Deutschen Nationalversammlung, Drucks. 928, 22.

durch die Arbeitnehmervertreter, auch wenn sich die Anteilseignervertreter bei Entscheidungen stets durchsetzen könnten.[579]

Die uneingeschränkte Gleichstellung von Mitgliedern des Verwaltungsrats, die nicht von den Anteilseignern, sondern von Arbeitnehmern ausgewählt wurden, beschränkt das Recht der Anteilseigner zur *Führungsauswahl* auf Grund der Mitwirkung der Arbeitnehmervertreter v.a. an der Vorbereitung von Entscheidungen der Oberleitung in einer Weise, dass ihre uneingeschränkte Gleichstellung insoweit als Eingriff in das Anteilseigentum anzusehen ist.

Wären die von Arbeitnehmern in den Verwaltungsrat gewählten Mitglieder vollkommen gleichberechtigt neben den Vertretern der Anteilseigner zur Oberleitung des Unternehmens berechtigt, so bedeutete dies, dass es eben nicht (mehr) die Anteilseigner wären, die ausschließlich die Personen bestimmen, welche die Oberleitung und damit die Herrschaft im Unternehmen ausüben dürfen.

Dabei ist insbesondere die aktive Herrschaft schutzwürdig, zu der die gestalterischen Verwaltungsmaßnahmen zählen. Führt man sich vor Augen, dass die Idee und die Kreation von Maßnahmen der Unternehmensplanung der Ausgangspunkt jeglicher Unternehmensgestaltung, jeder aktiven Unternehmensherrschaft ist, wird deutlich, dass insbesondere eine Organisation der Unternehmensführung, die eine drittbestimmungsfreie Kreation der Unternehmensplanung nicht zulässt, einen Eingriff in den Schutzbereich des Eigentumsrechts der Aktionäre darstellt. Oder positiv gewendet: Die von Aktionären bestimmten Personen müssen die Unternehmensoberleitung weitmöglichst drittbestimmungsfrei und gewissermaßen *„anteilseignerintim"* wenigstens vorbereiten können.

4. Die Rechtfertigung des Eingriffs

Die beschriebenen Eingriffe in das Eigentumsrecht der Aktionäre stellen jedoch keine Verletzung des Eigentumsgrundrechts dar, wenn sie sich rechtfertig lassen. Auch die unionsrechtliche Eigentumsgarantie beansprucht keine uneingeschränkte Geltung.[580] Vielmehr muss auch sie im Hinblick auf ihre gesellschaft-

---

579 ROTH, in: ZfA 2004, S. 431, 445 sieht darin einen Verstoß gegen das unionsrechtlich gebotene Erfordernis des *„effet utile"*, weil der nationale Gesetzgeber die durch die Verordnung gegebene Wahlmöglichkeit zwischen Aufsichts- und Verwaltungsratssystem nicht durch eine ineffiziente Ausgestaltung des Verwaltungsrats nach nationalem recht praktisch auf den Aufsichtsrat beschränken.

580 Dies ist eine Parallelität zur deutschen Grundrechtsprüfung, bei der auch gilt: Wird ein Grundrecht nachteilig betroffen, ist es damit nicht automatisch auch verletzt.

liche Funktion gesehen werden.[581] Daher hat der Europäische Gerichtshof eine Schrankensystematik entworfen, wonach die Schwere eines Eingriffs und dessen Rechtfertigung beurteilt werden kann: Bleibt der Eingriff in das Eigentumsrecht unterhalb der danach maßgeblichen Schwelle, so ist er gerechtfertigt und verletzt das Grundrecht nicht. Zur Bestimmung dieser Schwelle hat der Europäische Gerichtshof[582] wie folgt formuliert:

Das Eigentumsrecht kann Beschränkungen unterworfen werden, sofern „die in den umstrittenen Regelungen enthaltenen Einschränkungen tatsächlich dem allgemeinen Wohl dienenden Zielen der Gemeinschaft entsprechen" und „sie nicht einen im Hinblick auf den verfolgten Zweck unverhältnismäßigen, nicht tragbaren Eingriff darstellen, der das so gewährleistete Recht in seinem Wesensgehalt antastet".

Diese Formel entspricht dem, was auch die Grundrechtecharta im Wortlaut vorsieht. Gemäß Art. 17 Abs. 1 Satz 3 GRCh müssen Nutzungsbeschränkungen zur Wahrung des Allgemeininteresses erforderlich sein. In Verbindung mit der allgemeinen Schrankenregelung des Art. 52 Abs. 1 GRCh ist auch die Garantie des Wesensgehalts, wie es die Formel der Rechtsprechung vorschreibt, von der Grundrechtecharta umfasst.[583]

Die nach der Rechtsprechung des EuGH mögliche Einschränkung des Eigentumsrechts durch unionsrechtliche Regelungen ist demnach nur möglich, wenn die einschränkende Regelung ihrerseits die wertsetzende Bedeutung des Grundrechts berücksichtigt. Demzufolge muss das regulatorische Ziel auf das Wohl der Allgemeinheit gerichtet sein, zudem muss das Mittel, welches die Union einsetzt, geeignet und notwendig sein, um dieses Ziel zu fördern, und schließlich darf das Ziel (Rechtsgut), welches durch die Regulation gefördert wird, in seiner Wertigkeit nicht außer Verhältnis[584] zur Intensität des Eingriffs in das grundrechtlich geschützte Rechtsgut stehen. Die Prüfung der Verhältnismäßigkeit durch den Europäischen Gerichtshof fällt dabei im Vergleich zur Rechtsprechung des BVerfG und des EGMR traditionell eher knapp aus und beschränkt sich häufig auf die Elemente der Geeignetheit und Erforderlichkeit einer Maßnahme, weil man dem Unionsgesetzgeber unter Hinweis auf seine politische Verantwortung einen weiten Ermessensspielraum zugesteht, so dass eine

---

581 EuGH Rs. 265/87, Slg. 1989, S. 2237, Rn. 15 – Schräder ; EuGH, Slg. 1998, S. I-8001, Rn. 79 – Generics.
582 Ständige Rechtsprechung; vgl. nur EuGH, Metronome, Slg 1998, S. I-1953, Rn. 21; EuGH, Slg. 1998, S. I-8001, Rn. 79 – Generics.
583 GRABENWARTER, in: Bonner Komm. GG, Anhang zu Art. 14: Europarecht, S. 18.
584 Vgl. zur Abwägung in der deutschen Grundrechtsprüfung: SCHLINK, Abwägung im Verfassungsrecht, 1976.

eigentliche Abwägung der miteinander in Konflikt stehenden Interessen eher kursorisch vorgenommen wird.[585]

Die der EuGH-Formel immanente Zielbetrachtung erscheint aus deutscher Verfassungsperspektive zunächst nicht fremd. Gleichwohl ist ein entscheidender Unterschied zu berücksichtigen, denn im Gegensatz zu einer nationalen Grundrechtsprüfung legt der EuGH seit dem Urteil *Hauer* – naturgemäß – einen *europäischen Maßstab* bei der Allgemeinwohlprüfung zu Grunde.[586] Die Formulierung, dass die in den umstrittenen Regelungen enthaltenen Einschränkungen tatsächlich „dem allgemeinen Wohl dienenden *Zielen der Gemeinschaft*" entsprechen müssen, impliziert, dass zwischen mitgliedstaatlichen und unionsrechtlichem Gemeinwohl zu unterscheiden ist.[587] Daher kann es wegen des auf diese Weise unterschiedlich konturierten Gemeinwohls auch zu unterschiedlichen Ergebnissen bei mitgliedstaatlichen Grundrechtsprüfungen einerseits und unionsrechtlichen Grundrechtsprüfungen andererseits kommen. In der vorliegenden Fragestellung ist das *unionsrechtliche* Gemeinwohl zu bestimmen, weil die Prüfung an einem EU-Maßstab auszurichten sein wird.

a) Die Prüfung anhand des Allgemeinwohls

Um prüfen zu können, ob die umstrittene Regelung dem Allgemeinwohl[588] dient, muss zunächst das Allgemeinwohl bestimmt werden. Unionsrechtlich dient dem allgemeinen Wohl, was zur Erreichung von unionsrechtlichen Zielen oder zur Erfüllung unionsrechtlicher Zwecke beiträgt. Ob eine unionsrechtliche Regelung wie die von Buchst. b Unterabs. 3 von Teil 3 Anh.-SE-RL dem unionsrechtlichen Wohl dient, bestimmt sich also danach, ob sie zur Erreichung von unionsrechtlichen Zielen oder zur Erfüllung unionsrechtlicher Zwecke beiträgt.

Ziele und Zwecke der Union können dem Recht der Union in seinen sämtlichen Erscheinungsformen entnommen werden. Zur Bestimmung des unionsrechtlichen Allgemeinwohls sind daher sowohl das Sekundärrecht, insbesondere

---

585 Vgl. zur Prüfungspraxis des EuGH in Bezug auf die Verhältnismäßigkeit KISCHEL, in: EuR 2000, S. 380 ff.

586 CALLIESS, in: Ehlers (Hrsg.), Europäische Grundrechte und Grundfreiheiten, § 16 Eigentumsgrundrecht, Rn. 10.

587 PERNICE/MAYER, in: Grabiz/Hilf (Hrsg.), Das Recht der Europäischen Union, Bd. 1, nach Art. 6 EUV, Rn. 135.

588 Den Begriffen „Allgemeinwohl", „Allgemeininteresse", „allgemeines Wohl" und „öffentliches Interesse" werden in der Rechtsprechung des EuGH und des EGMR keine unterschiedlichen Bedeutungen beigemessen. Demnach werden sie synonym verstanden.

aber auch das Primärrecht der Union heranzuziehen. Im Einzelnen kann demnach der Prüfungsfundus grundsätzlich anhand der folgenden Rechtsfelder strukturiert werden: die Regelungen des Rechtsaktes, der die umstrittene Regelung aufweist, die Ziele und Zwecke (etwa die Präambel und die Begründungserwägungen) der umstrittenen EU-Rechtsetzung, die allgemeinen Vertragsziele sowie die besonderen Vorschriften der jeweiligen Politik.

aa) Die Zielbestimmung nach dem Sekundärrecht

Die Ziel- und Zwecksetzung der umstrittenen Regelung des unionsrechtlichen Rechtsaktes betrifft im vorliegenden Zusammenhang Artikel 7 SE-RL und Teil 3 Buchst. b Unterabs. 1 und 4 des Anhangs der SE-RL. Art. 7 Abs. 1 SE-RL bestimmt: *„Zur Verwirklichung des in Artikel 1 festgelegten Ziels führen die Mitgliedstaaten [...] eine Auffangregelung zur Beteiligung der Arbeitnehmer ein, die den im Anhang niedergelegten Bestimmungen genügen muss."* Daraus ergibt sich, dass die umstrittene Regelung der Verwirklichung des in Artikel 1 der SE-RL bestimmten Ziels dient. Artikel 1 Abs. 1 SE-RL lautet: *„Diese Richtlinie regelt die Beteiligung der Arbeitnehmer in der Europäischen Aktiengesellschaft [...], die Gegenstand der Verordnung (EG) Nr. 2157/2001 ist."* Demnach kann aus dieser Norm der Richtlinie als Ziel die *Regelung der Beteiligung der Arbeitnehmer in der SE* bezeichnet werden. Dieser Befund wird durch Art. 1 Abs. 2 SE-RL bekräftigt, der, anders als Art. 7 Abs. 1 SE-RL, nicht den direkten Regelungsauftrag an die Mitgliedstaaten darstellt, sondern auch eine materielle Aussage für die Richtlinie trifft. Dort heißt es: *„Zu diesem Zweck wird in jeder SE gemäß dem Verhandlungsverfahren nach den Artikel 3 bis 6 oder unter den in Artikel 7 genannten Umständen gemäß dem Anhang eine Vereinbarung über die Beteiligung der Arbeitnehmer getroffen."* Es ist daher festzuhalten: Die Richtlinie dient dem Zweck, die Beteiligung der Arbeitnehmer an der SE zu regeln. Aus dieser insoweit einzigen[589] Zweckbestimmung innerhalb des normierten Teils der SE-RL ergibt sich, dass für deren Zweckbestimmung die SE-VO eine erhebliche Rolle spielt, denn ohne diese macht die SE-RL keinen Sinn. Die Regelung der Beteiligung der Arbeitnehmer in der SE wird nämlich durch die SE-RL nicht isoliert vorgenommen. Vielmehr regelt sie die Beteiligung der Arbeitnehmer in der Europäischen Aktiengesellschaft so, *wie sie Gegenstand der SE-VO ist*. Demnach lässt sich formulieren: Die SE-RL hat im Wesentlichen den Zweck, einen bestimmten Aspekt – nämlich die Beteiligung der Arbeitnehmer

---

589 Eine schärfere Akzentuierung der Zielbestimmung muss demnach aus den Erwägungsgründen der Richtlinie heraus erfolgen, wie sie im Zusammenhang mit den Zielen und Zwecken der umstrittenen gemeinschaftlichen Rechtsetzung im nächsten Prüfungspunkt erfolgt.

zu regeln, und zwar außerhalb der SE-VO, aber nicht losgelöst von ihr, da das Beteiligungsobjekt – die SE – erst kraft SE-VO existiert. Daraus ergibt sich, dass auch die SE-RL nicht losgelöst vom Zweck der SE-VO beurteilt werden kann. Dies folgt auch logisch aus der SE-Idee. Am Anfang stand das Ziel der Schaffung einer europäischen Gesellschaft. Erst danach und daraus ergab sich die Notwendigkeit der Regelung der Arbeitnehmerbeteiligung. Der Prüfungsgesichtspunkt der Ziel- und Zweckbestimmung gem. den Regelungen der SE-RL müsste demnach um die Ziel- und Zweckbestimmung gem. den Regelungen der SE-VO ergänzt werden. In den Artikeln der SE-VO findet sich zu den umstrittenen Regelungen jedoch keinerlei ausdrückliche Aussage. Bedeutung bekommt der Befund, dass die SE-VO maßgebliche Bedeutung für die Ziel- und Zweckbestimmung entfaltet, daher erst im nächsten Prüfungspunkt, bei dem der Blick nicht auf die eigentlichen Normen, sondern auf die Erwägungsgründe gerichtet wird. Insofern wird dort auf die Erwägungsgründe sowohl der SE-VO als auch der SE-RL eingegangen.

Aus den Erwägungsgründen der SE-RL lassen sich die folgenden Ziel- und Zweckformulierungen zur Beschreibung des von der Rechtssetzung verfolgten Zwecks herleiten: Die Bestimmungen der Richtlinie dienen der Förderung der Ziele der Union im *sozialen* Bereich, insbesondere auf dem Gebiet der Beteiligung der Arbeitnehmer,[590] der *Sicherung erworbener Rechte* der Arbeitnehmer über ihre Beteiligung an Unternehmensentscheidungen,[591] der Gewährleistung, dass die Gründung einer SE *nicht zur Beseitigung oder zur Einschränkung der Gepflogenheiten* der Arbeitnehmerbeteiligung führt[592] sowie der Ergänzung der Bestimmungen der SE-VO[593] und der *Erhaltung der Mitbestimmungsrechte, sofern und soweit* es in einer oder in mehreren der Gründungsgesellschaften Mitbestimmungsrechte gibt.[594] Damit lässt sich die Zielsetzung der SE-RL und ihrer Regelungen derart beschreiben, dass sie die Sicherung von erworbenen Mitbestimmungsrechten zum Zweck hat (Mitbestimmungskonservierung).

Aus den Erwägungsgründen der SE-VO lassen sich die folgenden Ziel- und Zweckformulierungen zur Beschreibung des von der Rechtssetzung verfolgten Zwecks ableiten: Die Bestimmungen dienen der Verwirklichung des Binnenmarktes[595] und der unionsweiten Reorganisation der Produktionsfaktoren,[596] sie geben Unternehmen die Möglichkeit, die Neuordnung ihrer Tätigkeit auf Uni-

---

590 Erwägungsgrund der SE-RL Nr. 3 Satz 1, 1. HS.
591 Erwägungsgrund der SE-RL Nr. 18 Satz 1.
592 Erwägungsgrund der SE-RL Nr. 3 Satz 1, 2. HS.
593 Erwägungsgrund der SE-RL Nr. 3 Satz 2.
594 Erwägungsgrund der SE-RL Nr. 7.
595 Erwägungsgrund der SE-VO Nr. 1 Satz 1 und Nr. 8.
596 Erwägungsgrund der SE-VO Nr. 1 Satz 1.

onsebene zu planen und zu betreiben[597] und das Wirtschaftspotenzial bereits bestehender Unternehmen mehrerer Mitgliedstaaten durch Konzentrations- und Fusionsmaßnahmen zusammenzufassen.[598] Des Weiteren besteht ihr Zweck darin, wirtschaftlich einheitliche Unternehmen durch die Schaffung einheitlicher Struktur- und Funktionsweisen auch juristisch zu vereinheitlichen,[599] eine einheitliche Leitung von Gesellschaften europäischen Zuschnitts zu ermöglichen,[600] der SE alle Möglichkeiten einer leistungsfähigen Geschäftsführung an die Hand zu geben und gleichzeitig deren wirksame Überwachung sicherzustellen,[601] der SE die Wahl des Leitungssystems zu überlassen[602] sowie ein „Recht der Arbeitnehmer auf Beteiligung bei den den Geschäftsverlauf der SE betreffenden Fragen und Entscheidungen zu gewährleisten". Dabei sagt die Formulierung „Beteiligung bei den den Geschäftsverlauf der SE betreffenden Fragen und Entscheidungen" allerdings nichts über Maß und Intensität einer Beteiligung der Arbeitnehmer an der Oberleitung aus.

Zusammenfassend kann man daher sagen, dass es Ziel und Zweck der SE-Rechtsakte ist, unter Wahrung bestehender Mitbestimmung eine in möglichst umfassender Hinsicht wettbewerbsfähige, besonders binnenmarkttaugliche Kapitalgesellschaft unionsweiten Zuschnitts zu schaffen.

bb) Die Zielbestimmung nach dem Primärrecht

Da nun dargestellt wurde, welche Ziele sich direkt aus den Regelungen von Verordnung und Richtlinie sowie deren Erwägungsgründen ergeben, soll sich jetzt den allgemeinen Zielen des Vertrages zugewendet werden.[603] Der Gestaltungsbedarf der EG und damit die Motivation für alle Unionsmaßnahmen ergibt sich nämlich stets wegen und gemäß der Ziele des Vertrages. Aus diesem Grunde kann die Erörterung des Allgemeinwohls im Zusammenhang mit den umstrittenen Regelungen nicht bei den Regelungen selbst und ihren Erwägungsgründen stehen bleiben. Vielmehr müssen die allgemeinen Ziele in Bezug genommen

---

597 Erwägungsgrund der SE-VO Nr. 1 Satz 2.
598 Erwägungsgrund der SE-VO Nr. 2 Satz 1.
599 Erwägungsgrund der SE-VO Nr. 6.
600 Erwägungsgrund der SE-VO Nr. 7.
601 Erwägungsgrund der SE-VO Nr. 14 Satz 2.
602 Erwägungsgrund der SE-VO Nr. 14 Satz 3.
603 Dass die Gemeinschaft über solch allgemeine Ziele verfügt, versetzt sie überhaupt erst in den besonderen Status einer Gemeinschaft mit autonomem Handlungsprogramm, da die Ziele den EG-Vertrag nach der Rechtsprechung des EuGH von einem „normalen Abkommen" abheben und ihm „Verfassungsqualität" verleihen. Vgl. EuGH, Slg. 1991, S. I-6079 Rn. 17 – Gutachten 1/91 EWR I; EuGH, Rs. 26/62, Slg. 1963, S. 1 (25) – van Gend & Loos; Rs. 6/64, Slg. 1964, S. 1251 (1269) – Costa/ENEL.

werden; denn die Aufgaben und allgemeinen Ziele der Union ziehen dem politischen Ermessen des Unionsgesetzgebers eine rechtliche Grenze und determinieren das Ermessen im Rahmen ihrer Handlungskompetenzen.[604] Daher wird man sogar weitergehend sagen können: Die allgemeinen Ziele des Vertrages dürfen nicht nur nicht außer Acht gelassen werden, sie dienen sogar – auch in dem Sinne höherrangig[605] – als übergeordnete Zieldefinition und gehen den Zielen einzelner Unionsmaßnahmen im Konfliktfalle[606] jedenfalls so weit vor, als sie niemals vollständig zurückgestellt oder preisgegeben werden dürfen.[607] Die allgemeinen Ziele des Vertrages können daher als übergeordnete Definitionshilfe bei der Bestimmung des Unionsinteresses, eben des europäischen Allgemeinwohls dienen, weil das Unionsinteresse bedeutsames Element des Abwägungsvorgangs bei der Zielauswahl eines sekundären Rechtsaktes und Grenze im Rahmen der Verhältnismäßigkeitsprüfung sekundärrechtlicher Eingriffe in die Rechtssphäre eines Individuums[608] ist.[609] Die allgemeinen Ziele des Vertrags ergeben sich v.a. aus den im Primärrecht bestimmten Aufgaben[610] der Europäischen Union.[611]

---

604 EuGH, Rs. 1/69, Slg. 1969, S. 277 Rn. 4/5 – Italien/Kommission.

605 Freilich darf nicht übersehen werden, dass der EuGH den Organen der EG bei der Zielverwirklichung, mithin bei der Setzung sekundären Rechts, ein weites politisches Ermessen einräumt. Vgl. die frühe Entscheidung EuGH, Rs. 9/56, Slg. 1958, S. 9 (43) – Meroni/Hohe Behörde; aber auch Rs. 139/79, Slg. 1980, S. 339 Rn. 23 Maizena/Rat.

606 Für die Lösung von Zielkonflikten wird eine Optimierungspflicht angenommen, die mit der in Deutschland bekannten verfassungsrechtlichen Pflicht der praktischen Konkordanz (vgl. HESSE, Grundzüge des Verfassungsrechts der Bundesrepublik Deutschland, 20. Aufl. 1995, Rn. 317) vergleichbar ist; vgl. STREINZ, in: STREINZ (Hrsg.), EGV, Art. 2 Rn. 38.

607 Vgl. im Zusammenhang mit dem EGKS GA LAGRANGE, SchlA Rs. 13/57, Slg. 1958, 271 (372) – Wirtschaftsvereinigung Eisen- und Stahlindustrie u. a./Hohe Behörde.

608 Vgl. Art. 52 GRC, der sich an die Rechtsprechung des EuGH anlehnt und insofern erhellend in Abs. 11 Satz 2 formuliert: „Unter Wahrung des Grundsatzes der Verhältnismäßigkeit dürfen Einschränkungen nur vorgenommen werden, wenn sie notwendig sind und den von der Union anerkannten dem Gemeinwohl dienenden Zielsetzungen oder den Erfordernissen des Schutzes der Rechte und Freiheiten anderer tatsächlich entsprechen."

609 HATJE, in: SCHWARZE (Hrsg.), Art. 2 EGV Rn. 4.

610 Den Begriffen „Aufgabe", „Aufgaben", „Ziele" und „Zwecke" kann im EG-Vertrag kein feststellbarer Bedeutungsunterschied zugemessen werden, vielmehr sind darunter allgemeine Ziele zu verstehen, sodass Aufgaben und Vertragsziele gleichgesetzt werden dürfen. Vgl. v. BOGDANDY, in: GRABITZ/HILF (Hrsg.), Das Recht der Europäischen Union, Bd. I, Art. 2 EGV, Rn. 2; ZULEEG, in: VON DER GROEBEN/SCHWARZ (Hrsg.), Europäische Gemeinschaft, Bd. 1, Artikel 2 EG, Rn. 1.

611 In der ursprünglichen Fassung der Römischen Verträge von 1957 handelte es sich noch um die Europäische Wirtschaftsgemeinschaft. Die Umbenennung durch den Vertrag

Wesentliche Aufgabe der Union ist die Förderung eines beständigen Wachstums. Das Wachstumsziel fügt sich in die Grundmaxime ein, wonach die Union eine *offene Marktwirtschaft* mit *freiem Wettbewerb* ist.[612] Diese Zielbestimmungen konkretisieren sich in den Mitteln, mit denen sie primär verfolgt werden sollen. Zu den bedeutenden Vertragszielen gehören der Gemeinsame Markt, die Wirtschafts- und Währungsunion.

Eine deutlich herausgehobene Stellung[613] nimmt dabei seit jeher die Errichtung und die permanente Fortentwicklung des Gemeinsamen Marktes ein. Seine Wahrung und Fortbildung stellen nach wie vor den herausragenden[614] Schwerpunkt der Aktivität der Unionsorgane dar.[615] Der Gemeinsame Markt soll Gelegenheit zu wirtschaftlichen Operationen unter freien Marktteilnehmern unionsweit zu vergleichbaren Bedingungen ermöglichen. Die wirtschaftlichen Entscheidungen der freien Marktbürger sollen im Gemeinsamen Markt nach *ökonomischen Effizienzgesichtspunkten* fallen und nicht durch die Unterschiedlichkeit der nationalen Rechtsordnungen bestimmt werden. Für die Beurteilung der umstrittenen Regelungen im Recht der SE lässt sich danach folgende Frage herauskristallisieren: Befördern die umstrittenen Regelungen wirtschaftliche Entscheidungen nach Gesichtspunkten ökonomischer Effizienz oder tragen sie im Gegenteil eher zu Entscheidungen bei, die auf Grund von Unterschieden in den nationalen Rechtsordnungen erfolgen? Im Ergebnis vergleichbar stellt auch nach der Rechtsprechung des EuGH der Begriff des Gemeinsamen Marktes *„auf die Beseitigung aller Hemmnisse im innergemeinschaftlichen Handel mit dem Ziel der Verschmelzung der nationalen Märkte zu einem einheitlichen Markt, dessen Bedingungen denjenigen eines wirklichen Binnenmarktes möglichst nahe kommen"*, ab.[616] Die Union strebt bei der Vervollkommnung des Gemeinsamen Marktes – auch in Form des Binnenmarktes[617] – eine Wirtschaftsverfassung[618]

---

von Maastricht trägt der Tatsache Rechnung, dass sich die EG nicht auf eine Wirtschaftsunion beschränkt. Wenn von den allgemeinen Zielen des Vertrages die Rede ist, so darf dieser Hinweis einleitend nicht fehlen.

612 Vgl. EuGH, Rs. 25/76, Slg. 1977, S. 1875 Rn. 20 – Metro/Kommission; HATJE, in: SCHWARZE (Hrsg.), Art. 2 EGV, Rn. 16.
613 Vom EuGH wird der gemeinsame Markt als „wesentlicher Gegenstand des Vertrages" bezeichnet, vgl. EuGH, Rs. 126/86, Slg. 1987, S. 3697, Rn. 10 – Giménez Zaera.
614 EuGH, Rs. 15/81, Slg. 1982, S. 1409, Rn. 33 – Schul.
615 v. BOGDANDY, in: GRABITZ/HILF (Hrsg.), Das Recht der Europäischen Union, Bd. I, Art. 2 EGV, Rn. 37.
616 EuGH, Rs. 15/81, Slg. 1982, S. 1409, Rn. 33 – Schul.
617 Zur begrifflichen Unterscheidung von Gemeinsamem Markt und Binnenmarkt vgl. STREINZ, Europarecht, § 18 II, Rn. 948 ff. Auf das Verhältnis der beiden Begriffe, ob sie etwa deckungsgleich, teildeckungsgleich und inwieweit jeweils der eine Begriff weiter als der andere ist, kommt es im vorliegenden Zusammenhang nicht an. Wesentlich

mit eindeutig liberaler Prägung[619] an. Der Gemeinsame Markt bedeutet nicht nur Einheit nach außen, sondern vor allem auch Freiheit nach innen.[620] Der ordnungsrechtliche Standard des Marktes, welcher der konstituierenden Zielsetzung des EG-Vertrages entstammt, setzt die wirtschaftlichen Freiheitsgrundrechte voraus[621] und bestimmt somit bereits in der Grundlegung der Union deren Hauptausrichtung: im Zweifel für die Freiheit. Zu den Freiheitsgrundrechten gehört dabei ganz wesentlich das Eigentumsrecht, da es die Zuordnung von Sachen und die weitgehend in das Belieben – die Freiheit – des Individuums gestellte Herrschaft darüber zum Gegenstand hat. Nur eine besonders freiheitsbetonte Akzentuierung der unionsrechtlichen Eigentumsgarantie in Form der Anerkennung eines freiheitsfreundlich zu verstehenden Unionswohls im Zuge der Definition des Allgemeinwohls bei der Einschränkung des Eigentumsgrundrechts entspricht daher der Logik eines Gemeinsamen Marktes als herausgehobenes Ziel der Europäischen Union.

Die Verwirklichung eines Raumes ohne Binnengrenzen, wird als Kernstück der europäischen Integration bezeichnet. Die inhaltliche Dimension dieser Zielsetzung erschließt sich auch aus seiner Historie: So zieht sie sich seit dem durch Art. 13 der Einheitlichen Europäischen Akte (EEA)[622] in den damaligen Vertrag eingefügten Art. 8a EWG[623] wie ein roter Faden durch die europäische Integration. Das unterstreicht den Befund, dass nur ein markt- und damit notwendig *freiheitsbetontes* Allgemeinwohlverständnis mit der Zielsetzung der Union im

---

     ist nur, was beiden Begriffen – gerade auch übereinstimmend – für das unionsrechtliche Ziel- und Zweckprogramm und damit für die Definition eines unionsrechtlichen Allgemeinwohls entnommen werden kann. Zur Abgrenzung vgl. auch v. BOGDANDY, in: GRABITZ/HILF (Hrsg.), EU-Kommentar, Art. 14, Rn. 7, 8. Hier wird dieser Auffassung gefolgt, die unter Binnenmarkt die Vertiefung des Gemeinsamen Marktes versteht.

618 Zu Veränderungstendenzen auf Grund des Entwurfs des Verfassungsvertrags MÜLLER-GRAFF, Wandel des Europäischen Wirtschaftsverfassungsrechts?, in: ZHR 2004, S. 1 ff.

619 BASEDOW, Wirtschaftsverfassung, in: Walter Eucken Institut, Vorträge und Aufsätze 137; MÜLLER-GRAFF, Unternehmensinvestitionen und Investitionssteuerung im Marktrecht, S. 266–360; OPPERMANN, Europäische Wirtschaftsverfassung, in: MÜLLER-GRAFF/ZULEEG (Hrsg.), Staat und Wirtschaft in der EG, S. 53–71.

620 Vgl. IPSEN, Europäisches Gemeinschaftsrecht, S. 551.

621 Der EuGH bezeichnet dies als „Grundprinzip des Gemeinschaftsrechts", Rs. 1/72, Slg. 1972, S. 457, Rn. 19 – Frilli/Belgischer Staat.

622 Einheitliche Europäische Akte (EEA) vom 28. Februar 1986, ABl. 1987 Nr. L 169.

623 Art. 14 war vor seiner Umbenennung im Rahmen der Vertragsrevision des Vertrages über die Europäische Union Art. 8 a, nach der Neubezifferung durch den Vertrag von Maastricht Art. 7 a.

Einklang steht. Die marktwirtschaftliche Grundausrichtung der Union wurde auch in Art. 4 EG (jetzt: Art. 119 AEUV) deutlich, demzufolge die Wirtschaftspolitik der Union auf dem Binnenmarkt beruht und „dem *Grundsatz einer offenen Marktwirtschaft* [...] verpflichtet" ist.

Das Primärrecht statuiert mit Art. 98 EG (jetzt: Art. 120 AEUV) expressis verbis eine marktwirtschaftliche Ordnung.[624] Kategorischer formuliert Art. 98 Satz 2 EG (jetzt: Art. 120 Satz 2 AEUV): „*[...] die Gemeinschaft (jetzt: die Mitgliedstaaten und die Union) [handelt] im Einklang mit dem Grundsatz einer offenen Marktwirtschaft mit freiem Wettbewerb, wodurch ein effizienter Einsatz der Ressourcen gefördert wird.*" Aus dem Ziel des materiell einschlägigen Politikbereichs der Union lässt sich damit deren eindeutig marktwirtschaftliche Ausrichtung[625] unterlegen, die dadurch gekennzeichnet ist, dass die Wirtschaftssubjekte dezentral wirtschaften und dabei *privatautonom* selbst gesteckte Ziele verwirklichen.[626] Im Zentrum des marktwirtschaftlichen Systems steht der Ausgleich von Angebot und Nachfrage durch *individuelle* Entscheidungen der Marktpartner,[627] deren Voraussetzung dabei die sichere Verfügbarkeit von Tauschobjekten ist, wie es insbesondere das private Eigentum an Produktionsmitteln darstellt, das danach auch als konstituierendes Element einer marktwirtschaftlichen Ordnung bezeichnet wird.[628]

Damit lässt sich die Ziel- und Zweckbestimmung des Vertrags als materielle Ausfüllung des unionsrechtlichen Allgemeinwohls wie folgt zusammenfassen: Die Union bezweckt die Schaffung, Förderung und Optimierung eines marktwirtschaftlichen Wirtschaftsraums mit freien Marktteilnehmern, die – unionsweit – den Entscheidungen bezüglich des Einsatzes privater Produktionsfaktoren privatautonom und im Wesentlichen auf Grund von ökonomischen Effizienzgesichtspunkten treffen können, wobei zu den Produktionsfaktoren insbesondere auch wettbewerbsfähige, besonders binnenmarkttaugliche und nach dem Prinzip individueller Entscheidungsbildung konstruierte Rechtsformvehikel gehören.

cc) Die fehlende Allgemeinwohlrechtfertigung

Die Rechtfertigung des mit der uneingeschränkten paritätischen Mitbestimmung im Verwaltungsrat einhergehenden Eingriffs in das geschützte Anteilseigentum setzt voraus, dass die Ausweitung der Mitbestimmung (v.a. auf die Unterneh-

---

624 STREINZ, EUV/EGV, Art. 98, Rn. 6.
625 Für das Grundprinzip der Marktwirtschaft im Verfassungsrecht der Gemeinschaft vgl. grundlegend BASEDOW, Wirtschaftsverfassung, S. 15 ff. und 26 ff.
626 MUSSLER, Die Wirtschaftsverfassung der EG im Wandel, 1998, S. 35.
627 HATJE, in: v. BOGDANDY (Hrsg.), Europäisches Verfassungsrecht, S. 683, 696.
628 EUCKEN, Grundzüge der Wirtschaftspolitik, insb. S. 256 und 271.

mensoberleitung) den dem allgemeinen Wohl dienenden Zielen der Union entspricht. Dies bestimmt sich nach den zuvor gefundenen Allgemeinwohlzielen danach, ob die mit der Ausweitung der Mitbestimmung auf die Unternehmensoberleitung verbundene Beschränkung des Anteilseigentums
- die Mobilisierung von Produktionsfaktoren zur Erzielung einer ausgewogenen Entwicklung begünstigt,
- sich in die Maximen „offene Marktwirtschaft" und „freier Wettbewerb" einfügt und
- wirtschaftliche Entscheidungen nach Gesichtspunkten ökonomischer Effizienz befördert anstatt zu Entscheidungen beiträgt, die auf Grund von Unterschieden in den nationalen Rechtsordnungen erfolgen.

Die mit der Ausweitung der Mitbestimmung auf die Unternehmensoberleitung verbundene Beschränkung des Anteilseigentums dient diesen Zielen erkennbar nicht. Der Eingriff kann daher bereits deshalb keine Rechtfertigung finden, weil nicht im Einklang mit dem unionsrechtlichen Allgemeinwohl steht.

Die Ausweitung der Mitbestimmung auf die Oberleitung fügt sich v.a. schwerlich in die Maxime der offenen Marktwirtschaft mit freiem Wettbewerb ein. Sie läuft ihr vielmehr sogar entgegen: Die primäre Dispositionbefugnis des Eigentümers über sein Eigentum ist in einer freiheitlichen Marktwirtschaft konstitutiv. Nichteigentümer an der primären Dispositionsbefugnis maßgeblich teilhaben zu lassen bedeutet die Grundlage der Marktwirtschaft in Frage zu stellen. Bei Anteilseignern reduziert sich die v.g. Dispositionsbefugnis zwar v.a. darauf, dass die von ihnen selbst ausgewählten Personen zumindest im Ergebnis die Oberleitung über ihre Gesellschaft bestimmen. Wenigstens dieser Rest darf ihnen nicht genommen werden. Die Arbeitnehmer an der Oberleitung des Unternehmens der Anteilseigner maßgeblich zu beteiligen, würde daher die Grundlage der Marktwirtschaft in Frage stellen.

Die Ausweitung der Mitbestimmung auf die Oberleitung dürfte ferner auch kaum wirtschaftliche Entscheidungen nach Gesichtspunkten ökonomischer Effizienz befördern. Im Gegenteil: Sie dürfte eher zu Entscheidungen beitragen, die auf Grund von Unterschieden in den nationalen Rechtsordnungen erfolgen. So ist bekannt, dass unternehmerische Entscheidungen mitunter wegen der Mitbestimmung anders getroffen werden, als dies die ökonomische Effizienz an sich gebieten würde.[629]

---

629 SCHWARK, Globalisierung, Europarecht und Unternehmensmitbestimmung, in: AG 2004, S. 173, 180.

b) Die Verhältnismäßigkeitsprüfung

Zusätzlich hält die Ausweitung der Mitbestimmung auf die Oberleitung auch einer Verhältnismäßigkeitsprüfung nicht stand:
Der EuGH beschreibt das Prüfungspensum der Verhältnismäßigkeitsprüfung, wie gezeigt wurde, mit folgenden Worten: Die Regelung darf *„nicht einen im Hinblick auf den verfolgten Zweck unverhältnismäßigen, nicht tragbaren Eingriff darstellen, der das so gewährleistete Recht in seinem Wesensgehalt antastet".* Eine Unverhältnismäßigkeit der Regelung ergibt sich daher nach den allgemeinen Grundsätzen dann, wenn die zur rechtfertigenden Beschränkungen *ungeeignet* sind, das regulatorische Ziel zu erreichen. Des Weiteren muss die Beschränkung zur Zielerreichung *erforderlich,* d.h. notwendig, sein, und schließlich darf das regulatorische Ziel in seiner Wertigkeit nicht außer Verhältnis zur Intensität des Eingriffs in das grundrechtlich geschützte Rechtsgut stehen (*Proportionalität*).

Erklärtes Ziel der SE-Richtlinie ist die *Sicherung erworbener Arbeitnehmerrechte.* Die Gründung einer SE soll *nicht zur Beseitigung oder zur Einschränkung der Gepflogenheiten* der Arbeitnehmerbeteiligung führen, *sofern und soweit* es in einer oder in mehreren der Gründungsgesellschaften Mitbestimmungsrechte gibt.

Die uneingeschränkte Erstreckung der Mitbestimmung auf das leitende Verwaltungsorgan, ist zur Erreichung des regulatorischen Ziels, die erworbenen Mitbestimmungsrechte der Arbeitnehmerrechte in der SE zu konservieren, unzweifelhaft geeignet. Wie bereits an anderer Stelle gezeigt wurde, führt es sogar zu einer *„Übererfüllung".*

aa) Die Mitbestimmungsausweitung ist nicht erforderlich

Sehr fraglich ist es indes, ob die Regelung zur Erreichung des Zwecks der Mitbestimmungskonservierung auch notwendig ist. Unter Notwendigkeit wird dabei allgemein ein Übermaßverbot in dem Sinne verstanden, dass kein milderes Mittel denkbar ist, welches den gleichen Erfolg bringen würde. Es sind aber sehr wohl mildere Mittel denkbar. Um das Ziel der Mitbestimmungskonservierung zu erreichen, ist es nicht notwendig, auch für Fälle paritätisch mitbestimmter dualistischer Gründungsgesellschaften durch eine uneingeschränkte paritätische Mitbestimmung im Verwaltungsrat vorzusehen. Die Regelung müsste hier differenzieren und Einschränkungen vorsehen, was rechtstechnisch durchaus möglich und nicht mit mehr Schwierigkeiten verbunden wäre als die schematische Übertragung der Mitbestimmung, die nicht differenziert, ob ein Wechsel des Verwaltungssystems stattfindet oder nicht.

Der mit der uneingeschränkten Ausweitung der Mitbestimmung auf die Oberleitung verbundene Eingriff in das geschützte Anteilseigentum ist daher auch nicht notwendig, um das Ziel der Wahrung der ursprünglichen Mitbestimmungen zu erreichen und daher auch insoweit nicht zu rechtfertigen.

bb) Die Zweifel auch an der Angemessenheit

Interpretiert man Teil 3 Buchst. b Anh.-SE-RL dahingehend, dass die Rechtsstellung von Arbeitnehmervertretern im Verwaltungsrat mit derjenigen der Anteilseignervertreter absolut deckungsgleich ist, so bestehen ferner auch erhebliche Zweifel an der Angemessenheit der Regelung. Diese wäre nämlich nur dann gegeben, wenn das damit verfolgte regulatorische Ziel in seiner Wertigkeit nicht außer Verhältnis zur Intensität des Eingriffs in das grundrechtlich geschützte Rechtsgut stünde, mithin die Proportionalität zwischen Wirkung und Eingriff gewahrt würde. In den Worten der nationalen Grundrechtsdogmatik lässt sich dies wie folgt formulieren: Für den Grundrechtsträger muss nach einer Gesamtabwägung zwischen der Schwere des Eingriffs und dem Gewicht sowie der Dringlichkeit der diesen rechtfertigenden Gründe die Grenze des Zumutbaren noch gewahrt sein.[630]

Grundrechtsträger sind bei der aufgeworfenen Fragestellung die Aktionäre der SE, deren Verwaltungsrat mit Arbeitnehmervertretern besetzt würde, die über die gleiche Stellung im Verwaltungsrat verfügen würden wie die Anteilseignervertreter. Dies stellt einen so schweren Eingriff in das garantierte Eigentumsgrundrecht dar, dass das Ziel, die Mitbestimmung zu wahren, kaum das Gewicht aufweisen dürfte, dass mit dem Eingriff noch die Grenze des Zumutbaren noch gewahrt ist. Mit der absoluten Gleichberechtigung der Arbeitnehmervertreter im Verwaltungsrat geht schließlich (ohne Not) deren Mitzuständigkeit für die Unternehmensoberleitung und -planung einher. Im Ergebnis kann die Angemessenheit jedoch dahinstehen, da die Rechtfertigung der Eingriffe bereits an den Kriterien des Allgemeinwohl und der Erforderlichkeit scheitert.

5. Richtlinien- und Primärrechtskonformität

Ausgehend von der Feststellung, dass die §§ 35 und 38 SEBG ihrem Wortlaut nach zu einer Ausweitung der Mitbestimmung führen, wurde gezeigt, dass auch die richtlinienkonforme Auslegung dieser Vorschriften v.a. anhand von Wortlaut und Zweck der SE-Richtlinien daran zunächst nichts zu ändern vermag und auf Grund der Richtlinie keine teleologische Reduktion der Ausweitung der Mitbe-

---

630 Vgl. etwa OSSENBÜHL, in: Festgabe zum 10-jährigen Jubiläum der Gesellschaft für Rechtspolitik, 1984, S. 315.

stimmung geboten ist. Zwar schießt die Ausweitung der Mitbestimmung über den von der Richtlinie verfolgten Zweck der Bestandssicherung hinaus. Für sich genommen steht die Bestandssicherung einer „*Über*sicherung" jedoch nicht entgegen. Die Richtlinie ist unter dem Gesichtspunkt Sinn und Zweck insofern mehrdeutig, als sie sowohl die Deutung zulässt, dass die Mitbestimmung im Verwaltungsrat (lediglich) *mindestens* die Qualität derjenigen im Aufsichtsrat der Gründungsgesellschaft aufweisen muss, als auch die Interpretation, dass die Stellung der Arbeitnehmervertreter im Verwaltungsrat möglichst *genau* die Qualität derjenigen im Aufsichtsrat der Gründungsgesellschaft aufweisen muss also nicht nur keine geringere, sondern auch *keine höhere* Qualität aufweisen darf.

An dieser Stelle setzt die primärrechtskonforme Auslegung die Richtlinie an: Anhand des Primärrechts wird eine verbindliche Auswahl unter den in Betracht kommenden v.g. Auslegungsvarianten getroffen. Anhand der primärrechtskonform ausgelegten SE-Richtlinie sind sodann die Vorschriften des SEBG erneut richtlinienkonform auszulegen um zu ermitteln, inwieweit Korrekturen der Richtlinie anhand des Primärrechts auf die Vorschriften des SEBG durchschlagen und so den Inhalt der Vorschriften des SEBG abschließend zu ermitteln.

a) Die primärrechtskonforme SE-Richtlinie

Da die Auswahl der maßgeblichen Deutung der Richtlinienbestimmung danach zu erfolgen hat, welche der Deutungen mit dem Primärrecht in Einklang steht,[631] ist jedenfalls die Auslegungsvariante als primärrechtswidrig zu verwerfen, die zu einer wesentlichen Extension der Mitbestimmung im Verwaltungsrat führen würde. Dabei soll mit der Formulierung „wesentliche Extension" angedeutet werden, dass sich eine unwesentliche Extension möglicherweise noch im Rahmen des Primärrechts bewegen würde.

Mit dem Primärrecht nicht vereinbar ist danach eine absolute Gleichstellung der Arbeitnehmervertreter im Verwaltungsrat mit den Anteilseignervertretern, wenn die Stellung der Arbeitnehmervertreter aus der Mitbestimmung im Aufsichtsrat einer Gründungsgesellschaft herrührt. Unzweifelhaft primärrechtskonform wäre andererseits jedoch eine strikte 1:1-Übertragung der Mitbestimmung aus dem Aufsichtsrat in den Verwaltungsrat, wenn man die Stellung der Arbeitnehmervertreter also nicht an die Stellung der Anteilseignervertreter im Verwal-

---

631 Die Konkretisierung, bei der eine Richtlinienvorschrift mit denen des höherrangigen Primärrechts in Einklang steht, ist evident einer solchen vorzuziehen, bei der das nicht der Fall ist.

tungsrat, sondern an die Stellung der Arbeitnehmer im Aufsichtsrat der maßgeblichen Gründungsgesellschaft anknüpfen würde.

Allgemein kann festgehalten werden, dass ein Verständnis der SE-RL, das zu einer Mitbestimmungsqualität im Verwaltungsrat führen würde, das die im Aufsichtsrat der maßgeblichen Gründungsgesellschaft nicht übersteigt, primärrechtskonform wäre. Eine Mitbestimmungsqualität, die den Arbeitnehmervertretern schematisch und ungeachtet derjenigen in der Gründungsgesellschaft die Rechtsstellung der Anteilseignervertreter im Verwaltungsrat beschert, hingegen primärrechtswidrig wäre.

Zwischen diesen beiden Polen der primärrechtlich zulässigen Anknüpfung der Gleichstellung an die Stellung der Arbeitnehmervertreter im Aufsichtsrat in der Gründungsgesellschaft und der unzulässigen uneingeschränkten Anknüpfung der Gleichstellung an die Stellung der Anteilseigner im Verwaltungsrat ist das (gerade noch) zulässige Maß zu beschreiben. Diese kann anhand der folgenden Formeln geschehen, die aus den Eingriffen, die in Ziffer 3. Buchst. b) herausgearbeitet wurden, abgeleitet sind:
- Bei nominal-paritätischer Besetzung des Verwaltungsrats mit Arbeitnehmervertretern reicht die Absicherung des *Letztentscheidungsrechts* der Anteilseignervertreter im Verwaltungsrat allein bei Stimmengleichheit nicht aus. Das Letztentscheidungsrecht ist nur dann effektiv abgesichert, wenn sich bei allen Leitungsfragen die Mehrheit der Anteilseignervertreter durchsetzen kann, weil ansonsten alle Anteilseignervertreter (einschließlich der geschäftsführenden Direktoren) ständig und in allen Leitungsfragen einvernehmlich abstimmen müssten, was in der Praxis mit unverhältnismäßigen Schwierigkeiten verbunden ist.
- Die Gleichstellung von Arbeitnehmervertretern mit Anteilseignervertretern im Verwaltungsrats reicht im Übrigen grundsätzlich nur soweit, wie den Arbeitnehmervertretern dadurch nicht im Hinblick auf die Mitwirkung an der Leitung eine Stellung zuwächst, die Aufsichtsratsmitgliedern einer SE-Gründungsgesellschaft nicht zustand. Insoweit ist ihre Stellung gegenüber Mitgliedern des Verwaltungsrats, die von den Anteilseignern ausgewählt wurden, wegen des Rechts der Anteilseigner zur *Führungsauswahl* einzuschränken. Eine uneingeschränkte Mitwirkung an der Vorbereitung von Entscheidungen der Oberleitung, die über das Maß in einem Aufsichtsrat hinausgehen würde, ist daher zu vermeiden.

b) Die richtlinienkonformen §§ 35, 38 SEBG

Nach der primärrechtskonform einschränkend ausgelegten Richtlinie sind auch die §§ 35, 38 SEBG entsprechend einschränkend auszulegen: Die Regelungen

des SEBG sind demnach einschränkend so auszulegen, dass bei Übertragung einer paritätischen Mitbestimmung im Aufsichtsrat auf den Verwaltungsrat einer SE sichergestellt ist, dass
- sich die Mehrheit der Anteilseignervertreter bei Leitungsentscheidungen effektiv durchsetzen kann und
- Arbeitnehmervertreter so weit wie möglich nicht in die Vorbereitung von Leitungsentscheidungen einbezogen werden.

Auf welche Weise diese Gebote zur Normreduktion rechtspraktisch umgesetzt werden könnten ist Gegenstand des folgenden letzten Kapitels dieser Arbeit.

VII. Die Corporate Governance im mitbestimmten Verwaltungsrat

Es wurde gezeigt, dass aus unionsgrundrechtlichen Gründen die Integration der paritätischen Mitbestimmung in den Verwaltungsrat eine SE nicht ohne Einschränkungen möglich ist. Daher stellt sich nunmehr die Frage, wie vor dem Hintergrund dieser negativen Feststellung eine positive Gestaltung vorgenommen werden kann. Dieser Frage soll in diesem letzten Kapitel nachgegangen und unter zusätzlicher Berücksichtigung moderner Corporate-Governance-Aspekte rechtspraktische Vorschläge für eine grundrechtsfeste Unternehmensführung in mitbestimmten SE-Verwaltungsräten diskutiert werden.

1. Zur Corporate Governance im Allgemeinen

Wenn die gewinnorientierte Bewirtschaftung des Eigentums nicht durch den Eigentümer, sondern durch Dritte erfolgt, wie es bei den großen und oftmals börsennotierten Kapitalgesellschaften naturgemäß der Fall ist, entsteht eine letztlich wohl kaum zu bewältigende Herausforderung: die Vermeidung von – fahrlässiger oder vorsätzlicher – Misswirtschaft durch diejenigen, die fast alle Kapitalmacht ausüben, einen etwaigen Kapitalverlust jedoch in der Regel nicht zu verschmerzen haben. Diese Erkenntnis ist nicht neu und wurde schon von Adam Smith in die Worte gekleidet: *„Being the managers of the business of other people's money rather than of their own, it cannot well be expected that they should watch over it with the same anxious vigilance with witch the partners in a private co-partnery frequently watch their own."*

Eine der Hauptaufgaben der Corporate Governance ist daher, einerseits die Macht des Managements zur Geschäftsführung und andererseits ihre Rechenschaft für die Geschäftsführung zu garantieren.[632] Der Begriff „Corporate Governance" wird im Detail zwar sehr unterschiedlich definiert, seit dem für die Begriffsbildung wohl verantwortlichen Cadbury-Bericht vom Dezember 1992 bezeichnet man mit Corporate Governance im Wesentlichen jedoch das System der Leitung und Überwachung von Gesellschaften.[633] Damit betrifft der Verwal-

---

632 MONKS/MINOW, Corporate Governance, S. 196.
633 Report of the Committee on the Financial Aspects of Corporate Governance (Cadbury Report), London, 1992. Eine umfassende Definition liefern die OECD-Grundsätze aus dem Jahr 1999: „Corporate governance involves a set of relationships between a company's management, its board, its shareholders and other stakeholders. Corporate governance also provides the structure through which the objectives of the company are

tungsrat, der das Organ der Leitung und Überwachung der monistisch eingerichteten SE darstellt, den Kernbereich der Corporate Governance. Die praktischen Umsetzungsüberlegungen bezüglich der Mitbestimmung im monistischen System sollen daher in die Diskussion um eine moderne Corporate Governance eingebettet sein. Lösungsansätze für die grundrechtlich harmonische Integration der Mitbestimmung in den Verwaltungsrat können nur sinnvoll erörtert werden, wenn sie Erkenntnissen moderner Corporate Governance gerecht werden. Diese Erkenntnisse sind indes mannigfach, da eine Vielzahl von staatlichen und nichtstaatlichen Gremien, Institutionen und Organisationen[634] auf nationaler,[635] europäischer[636] und internationaler Ebene Gedanken, Leitsätze und Kodizes hervorgebracht haben. Im Rahmen dieser Arbeit soll dies nicht im Einzelnen Darstellung und Würdigung erfahren. Daher wird das weite Feld der Corporate Governance nur so weit einbezogen, wie es unmittelbar für die Binnenstruktur des Verwaltungsrats relevant ist. Konkret soll die Berücksichtigung der Corporate Governance daher im unmittelbaren Zusammenhang mit den Vorschlägen erfolgen.

---

set, and the means of attaining those objectives and monitoring performance are determined." Abgedruckt u. a. in AG 1999, S. 340 ff.

634 HOMMELHOFF, Die OECD-Principles on Corporate Governance – Ihre Chancen und Risiken aus dem Blickwinkel der deutschen Corporate-Governance-Bewegung, in: ZGR 2001, S. 238 ff.

635 Deutscher Corporate-Governance-Kodex der Regierungskommission in der Fassung v. 2. Juni 2005. Abrufbar unter: http://www.corporate-governance-code.de; WAGNER, Corporate Governance in Spanien: Das Gesetz zur Transparenz börsennotierter Aktiengesellschaften, in: RIW 2004, S. 258 ff.; LUTTER, in: ZGR 2001, S. 224 ff.

636 Vgl. die Mitteilung der Kommission an den Rat und das Europäische Parlament vom 21. Mai 2003 betreffend „Modernisierung des Gesellschaftsrechts und Verbesserung der Corporate Governance in der Europäischen Union – Aktionsplan". Abrufbar unter: http://europa.eu.int/comm/internal_market/de/company/company/modern/in-dex.htm. Vgl. MAUL/LANFERMANN/EGGENHOFER, in: BB 2003, S. 1289 ff.; MAUL/LANFERMANN, Europäische Corporate Governance – Stand der Entwicklung, in: BB 2004, S. 1861–1868; MAUL/LANFERMANN, EU-Kommission nimmt Empfehlungen zu Corporate Governance an. Schaffung unabhängiger und transparenter Aufsichtsräte – Vergütung von Organmitgliedern, in: DB 2004, S. 2407–2409; VAN HULLE/MAUL, Aktionsplan zur Modernisierung des Gesellschaftsrechts und Stärkung der Corporate Governance, in: ZGR 2004, S. 484–505; TEICHMANN, Corporate Governance in Europa, in ZGR 2001, S. 645–679; grundsätzlicher WYMERSCH, Unternehmensführung in Westeuropa – Ein Beitrag zur Corporate-Governance-Diskussion, in AG 1995, S. 299 ff.; ferner HABERSACK, Europäisches Gesellschaftsrecht im Wandel, Bemerkungen zum Aktionsplan der EG-Kommission betreffend die Modernisierung des Gesellschaftsrechts und die Verbesserung der Corporate Governance, in: NZG 2004, S. 1 ff.

2. Die wesentlichen Umsetzungsvorgaben

Zur Vorbereitung des Versuchs[637] konkrete rechtspraktischer Umsetzungsvorschläge für eine grundrechtskonforme Integration paritätischer Mitbestimmung in den Verwaltungsrat zu unterbreiten, sollen zunächst nochmals die wesentlichen Vorgaben für die Umsetzung, wie sie dies Arbeit bisher gezeigt hat, wie folgt zusammengefasst werden:

a) Monorgane Leitung der Gesellschaft

Es darf (neben der Hauptversammlung) nur *ein* einziges Organ geben. Dieses Organ ist für die Oberleitung einschließlich Tagesgeschäftsführung wie für die Überwachung zuständig und verantwortlich. Gemäß § 22 Abs. 1 SEAG hat insoweit uneingeschränkt Folgendes zu gelten: *„Der Verwaltungsrat leitet die Gesellschaft, bestimmt die Grundlinien ihrer Tätigkeit und überwacht deren Umsetzung."*

b) Sichere Durchsetzung der Anteilseigner

Die Mehrheit der Anteilseignervertreter muss sicher in der Lage sein, sich bei Entscheidungen im Verwaltungsrat durchzusetzen, und zwar insbesondere auch in Fällen, in denen eine Minderheit geschäftsführender Direktoren abweichend votiert.

Für die Beschlussfassung sind im Einklang mit § 1 SEAG die Vorschriften der SE-Verordnung anzuwenden. Danach gibt zwar die Stimme des Vorsitzenden des Verwaltungsrats in Pattsituationen den Ausschlag. Art. 50 Abs. 2 SE-VO bestimmt dazu: *„Sofern die Satzung keine einschlägige Bestimmung enthält, gibt die Stimme des Vorsitzenden des jeweiligen Organs bei Stimmengleichheit den Ausschlag."* Der Verwaltungsratsvorsitzende ist in paritätisch mitbestimmten Gesellschaften immer ein Anteilseignervertreter. Art. 45 Satz 2 SE-VO bestimmt: *„Wird die Hälfte der Mitglieder des Verwaltungsorgans von den Arbeitnehmern bestellt, so darf nur ein von der Hauptversammlung der Aktionäre bestelltes Mitglied zum Vorsitzenden gewählt werden."* Das bedeutet, dass sich die Anteilseignerseite vermittels des Doppelstimmrechts des von ihr bestellten Verwaltungsratsvorsitzenden bei Entscheidungen in Pattsituationen durchsetzen kann (Letztentscheidungsrecht). Dieser Umstand, der für die nationale Verfassungsmäßigkeit des Mitbestimmungsgesetzes von 1976 eine überragende Rolle

---

637 ROTH, in: ZfA 2004, S. 431, 451 bezeichnet die Integration der Mitbestimmung in den Verwaltungsrat nicht ganz zu Unrecht „als Quadratur des Kreises".

gespielt hat, gewährleistet die Durchsetzungsfähigkeit der Anteilseignerseite in Pattsituationen zwischen Anteilseigner- und Arbeitnehmerseite.

Der Ausschlag des Vorsitzenden bei Stimmengleichheit vermag die Durchsetzungsfähigkeit der Anteilseignerseite im Verwaltungsrat indes nicht im erforderlichen Maße effizient abzusichern. Anders als der Aufsichtsrat entscheidet der Verwaltungsrat nicht nur über (vergleichsweise) wenige und bestimmte Beschlussgegenstände, sondern seiner Definition nach im Prinzip über alles und jedes. Insbesondere entscheidet der Verwaltungsrat auch über die Tagesgeschäftsführung (man denke nur an sein Weisungsrecht gegenüber geschäftsführenden Direktoren) genau so wie über die Grundlinien der Tätigkeit und die Überwachung. Vor allem im Hinblick auf die Tagesgeschäftsführung und die sonstige Oberleitung der Leistung ist es eine unzumutbare Hürde, die Durchsetzung der Anteilseignerseite immer davon abhängig zu machen, dass die gesamte Anteilseignerseite vollzählig und einheitlich abstimmt. Im dualistischen System wird die Oberleitung der Gesellschaft im Vorstand mehrheitlich entschieden. So muss es im Prinzip auch im Verwaltungsrat sein: Die Mehrheit der Anteilseignervertreter muss in der Lage sein, sich gegenüber der Minderheit auch aus den eigenen Reihen durchzusetzen.

Dass der Vorsitzende des Verwaltungsrats gem. § 35 Abs. 3 SEAG über eine (weitere) Stimme verfügt, wenn ein geschäftsführender Direktor, der zugleich Mitglied des Verwaltungsrats ist, aus rechtlichen Gründen gehindert ist, an der Beschlussfassung im Verwaltungsrat teilzunehmen, ändert an diesem Befund im Ergebnis nichts. Das Letztentscheidungsrecht der Anteilseigner muss auch dann gesichert sein, wenn einzelne geschäftsführende Direktoren vom Mehrheitsvotum der Bank der Anteilseigner abweichen. Darauf, dass einzelne geschäftsführende Direktoren einem Stimmverbot unterliegen kommt es insoweit nicht an.

c) Die exklusive Vorbereitung der Oberleitung

Neben der sicheren Durchsetzungsfähigkeit der Arbeitnehmervertreter bei *sämtlichen* Entscheidungen, ist es erforderlich, dass die Arbeitnehmervertreter von der Vorbereitung der Oberleitung der Gesellschaft so weit wie möglich ausgenommen sind. So ist ein mitbestimmter Verwaltungsrat einer SE nur insoweit zulässig, wie die Vorbereitung aller Facetten der Leitung, einschließlich des laufenden Geschäfts und der Oberleitung der Anteilseignerseite vorbehalten bleibt.

aa) Die Delegierbarkeit des Tagesgeschäfts

Die laufenden Geschäfte kann innerhalb der gesetzlichen Vorgaben des nationalen Ausführungsgesetzes dem Kompetenzbereich der Arbeitnehmervertreter im

Verwaltungsrat weitgehend vorenthalten werden. So bestimmt § 40 SEAG, dass der Verwaltungsrat einen oder mehrere geschäftsführende Direktoren bestellen kann. Dabei ist es sogar möglich, dass der Verwaltungsrat eigene Mitglieder zu geschäftsführenden Direktoren bestellt, die gem. § 40 Abs. 2 SEAG die Geschäfte der Gesellschaft führen.[638] Bleiben bei der Bestellung durch den Verwaltungsrat Arbeitnehmervertreter im Verwaltungsrat unberücksichtigt, wäre damit dem Gebot genüge getan, dass die Arbeitnehmervertreter von der Vorbereitung der Geschäftsführung ausgenommen sind.

Soweit sichergestellt ist, dass sich die Mehrheit der Anteilseignerseite bei Minderheitsvoten im eigenen Lager im Verwaltungsrat stets sicher durchsetzen kann, können die Arbeitnehmervertreter des Weiteren auch über die Bestellung/Abberufung der geschäftsführenden Direktoren bzw. bei der Ausübung des Weisungsrechts keinen ungebührlichen unmittelbaren Einfluss ausüben.

Die Delegation des Tagesgeschäfts allein reicht allerdings nicht aus, um dem Gebot genüge zu tun, dass Arbeitnehmervertreter von der Vorbereitung der Geschäftsführung soweit wie möglich auszunehmen sind

bb) Die Vorbereitung und Vorberatung der Oberleitung

Es ist darüber hinaus zu gewährleisten, dass die Arbeitnehmervertreter auch jenseits der delegierten Tagesgeschäftsführung von der Vorbereitung und Vorberatung der Oberleitung weitmöglichst ausgenommen sind.

d) Sicherung der bisherigen Mitbestimmung

Die Sicherung der Mitbestimmung auf dem höchsten Niveau der Gründungsgesellschaften muss gleichzeitig allerdings ebenfalls weiterhin gewährleistet sein. Das bedeutet, dass Arbeitnehmervertreter nicht von der Vorbereitung solcher Bereiche ausgenommen werden dürfen, die in einem dualistischen System vom Aufsichtsrat wahrgenommen werden. Arbeitnehmervertreter im Verwaltungsrat sind daher v.a. auch an der Vorbereitung von Entscheidungen zu beteiligen, die den Bereich Kontrolle und Überwachung betreffen, soweit Arbeitnehmervertreter auch im Aufsichtsrat an der Vorbereitung dieser Entscheidungen mitwirken würden.

---

638 In Österreich bestimmt insoweit noch klarer § 56 Satz 1 des Gesetzes über das Statut der Europäischen Gesellschaft (Societas Europaea – SE) – (SE-Gesetz – SEG), BGBl. Nr. 67/2004: „Die geschäftsführenden Direktoren führen die laufenden Geschäfte der Gesellschaft." Doch auch in der deutschen Vorschrift sind mit Geschäftsführung die laufenden Geschäfte und nicht etwa die Geschäftsführung im die Leitung umfassenden Sinne gemeint.

3. Eine mögliche rechtspraktische Umsetzung

Eine mögliche rechtspraktische Umsetzung der Vorgaben kann vor diesem Hintergrund in einer zusätzlichen Absicherung der Durchsetzungsfähigkeit der Anteilseignervertreter bei Entscheidungen und einer Aufgabenteilung durch Ausschussbildung liegen.

a) Die Absicherung der Durchsetzungsmacht

Zunächst ist die gebotene einschränkende Auslegung von § 34 Abs. 2 SEBG, wonach sich die Mehrheit der Anteilseignervertreter bei Leitungsentscheidungen auch bei hälftiger Besetzung des Verwaltungsrats mit Arbeitnehmervertretern effektiv durchsetzen können muss, durch eine zusätzliche Absicherung der Durchsetzungsmacht der Vertreter der Anteileigner rechtspraktisch umzusetzen.

aa) Vorschläge im Schrifttum

Bereits vor der nationalen Umsetzung und Ausführung von SE-Richtlinie bzw. SE-Verordnung wurden für die Einschränkung der Ausweitung der Mitbestimmung im Verwaltungsrat auf Grund der Mitwirkung der Arbeitnehmervertreter an Leitungsentscheidungen im Verwaltungsrat Vorschläge diskutiert:

Zur Einschränkung der „überschießenden Tendenz" der Mitbestimmung im Verwaltungsrat hat *Kallmeyer* eine Differenzierung des Stimmrechts bei Arbeitnehmervertretern einerseits und bei Anteilseignervertretern andererseits vorgeschlagen. Dies könne zwanglos dadurch geschehen, dass den Arbeitnehmervertretern im Verwaltungsrat bei allen Leitungsentscheidungen einschließlich Weisungsbeschlüssen ein Stimmverbot auferlegt werde, sie also insoweit nur eine beratende Funktion ausüben.[639] Dies hält *Jacobs* für unvereinbar mit § 38 Abs. 1 SEBG (Anhang Teil 3 lit. b Abschnitt 4 SE-RL), wonach die Korrektur über „verringerte Stimmrechte" (Stimmverbote) der Arbeitnehmervertreter im Verwaltungsrat ausgeschlossen sei.

Ebenfalls kritisch werden Stimmverbote von *Teichmann*[640] gesehen, der die Frage, wie bei einer monistisch strukturierten SE das Ziel der Bestellung einer gleichen Anzahl von Arbeitnehmervertretern auf das Modell des Verwaltungsrats zu übertragen ist, statt dessen wie folgt beantwortet: Bezugspunkt des zahlenmäßigen Vorher-Nachher-Vergleichs sei die Repräsentation der Arbeitnehmer im Aufsichtsrat. Dort seien die Arbeitnehmer mit der Hälfte der Mitglieder vertreten. Auf das monistische System unbesehen übertragen bedeute dies, dass

---

639 KALLMEYER, in: ZIP 2003, S. 1535; KALLMEYER, in: ZIP 2004, S. 1444.
640 TEICHMANN, in: BB 2004, S. 35, 57.

die Arbeitnehmer im Verwaltungsrat grundsätzlich über die Hälfte der Sitze verfügen würden. Daraus folge allerdings noch nicht zwingend, dass sich dieser Anteil in einem monistischen Verwaltungsorgan auch auf die dort anzutreffenden geschäftsführenden Direktoren beziehen müsse. Da sich die Zahl der Arbeitnehmervertreter im dualistischen Modell allein auf die nicht geschäftsführenden Personen beziehe, müsse dies auch im monistischen Modell gelten.[641] Sind einer oder mehrere geschäftsführende Direktoren zugleich Mitglieder des Verwaltungsrats, beziehe sich die Parität auf die verbleibenden (nicht geschäftsführenden) Mitglieder des Gremiums. Auffassungen, die stets eine nominale Parität im Verwaltungsrat forderten, würden dem Grundgedanken der Vorher-Nachher-Lösung nicht gerecht. Denn der Verwaltungsrat vereinige in sich all die Personen, die im dualistischen Modell auf Vorstand und Aufsichtsrat verteilt seien. Würden bei der Berechnung der Parität diejenigen Mitglieder des Verwaltungsrates nicht mitgezählt, die zugleich geschäftsführende Direktoren seien, sichere dies den Arbeitnehmern eine Vertretung, die derjenigen im dualistischen Modell gleichwertig sei; denn auch dort blieben selbstverständlich die Mitglieder des Vorstands bei der Berechnung der Parität im Aufsichtsrat außer Betracht. Diese Interpretation folge Erwägungsgrund 18 der Richtlinie, wonach die vor der Gründung bestehenden Rechte der Arbeitnehmer Ausgangspunkt für die Gestaltung ihrer Beteiligungsrechte in der SE sein sollen. Wäre der Verwaltungsrat hingegen strikt paritätisch zu besetzen, also ohne Berücksichtigung der Tatsache, dass einzelne seiner Mitglieder zugleich geschäftsführende Direktoren seien, hätten die Arbeitnehmervertreter in der Gruppe der nicht geschäftsführenden Mitglieder die Mehrheit. Sollten geschäftsführende Direktoren und Vertreter der Anteilseigner in Einzelfragen verschiedener Ansicht sein, läge die Beschlussmehrheit faktisch in den Händen der Arbeitnehmervertreter. Auf den Stichentscheid des Vorsitzenden käme es gar nicht mehr an, denn dieser greife nur bei Stimmengleichheit.

Komme es bei der SE-Gründung zu einem Übergang vom dualistischen System zum monistischen System, und muss über die Auffangregelung die paritätische Mitbestimmung einer deutschen Gründungsgesellschaft übernommen werden, erscheint es auch *Ihrig* und *Wagner*[642] nahe liegend und auch mit dem „Vorher-Nachher-Prinzip" der SE-RL vereinbar, dass sich nur die Gruppe der Mitglieder des Verwaltungsrats, die nicht zugleich geschäftsführende Direktoren

---

641 So auch HENSSLER, in: FS Ulmer 2003, S. 193, 207; RECHERT/BRANDES, in: ZGR 2003, S. 767, 788; EDER, in: NZG 2004, S. 544, 545; SCHERER, Die Qual der Wahl: Dualistisches oder monistisches System? S. 159; a.A. KALLMEYER, in: ZIP 2003, S. 1531; 1534; KÖSTLER, in: ZGR 2003, S. 800, 802.
642 IHRIG/WAGNER, in: BB 2004, S. 1749, 1757.

sind, zur Hälfte aus Arbeitnehmervertretern zusammensetzt. Allerdings lasse sich dies weder auf den Wortlaut von § 35 Abs. 2 S. 2 SEBG stützen, noch auf den Wortlaut der dieser Vorschrift zugrunde liegenden Regelung in Teil 3 des Anhangs zu Art. 7 SE-RL.

bb) Eigener Vorschlag: Qualifizierte Mehrheit

Die dynamische Anpassung des zahlenmäßigen Anteils auf die nichtgeschäftsführenden Mitglieder des Verwaltungsrats ist zwar im Prinzip ein taugliches Instrument, um die Ausweitung der Mitbestimmung im Hinblick auf die Wahrung des Letztentscheidungsrechts der Anteilseignervertreter im Verwaltungsrat zu sichern. Allerdings ist es ein in der Praxis wenig praktikables Instrument, da die Zahl der geschäftsführenden Direktoren nicht definitiv fest ist und während der Amtsperiode schwanken kann. So stellt sich etwa die Frage: Was soll geschehen, wenn während der Amtsperiode ein weiteres Mitglied des Verwaltungsrats zum geschäftsführenden Direktor bestellt wird oder die Zahl der geschäftsführenden Direktoren während der Amtszeit reduziert werden soll?

Zudem ist es schwierig, die Lesart der dynamischen Parität systemgerecht in die SE-Verordnung einzupassen. So spricht etwa Art. 45 SE-Verordnung ausdrücklich davon, dass der Vorsitzende nur dann von den Aktionären bestellt sein muss, wenn die „Hälfte" der Mitglieder vom Verwaltungsrat von den Arbeitnehmern bestellt ist. Damit mag die SE-Verordnung lediglich nur das Übergewicht der Anteilseigner sicherstellen wollen ohne eine Aussage über die zahlenmäßige Besetzung bei paritätischer Mitbestimmung zu treffen.[643] Dem klaren Wortlaut nach ließt es sich aber eindeutig im Sinne einer Aussage über die zahlenmäßig „hälftige" Besetzung.

Danach empfiehlt sich als Lösung, auf qualifizierte Abstimmungsmehrheiten abzustellen, die nicht bei einer zahlenmäßigen Beschränkung ansetzen, sondern situationsbezogen – also dann, wenn die Durchsetzung der Seite der Anteilseigner auf Grund von divergierender Stimmabgabe v.a. geschäftsführender Direktoren konkret gefährdet ist – gewährleisten, dass sich die Mehrheit der Anteilseignervertreter jedenfalls durchsetzt auch wenn einzelne geschäftsführende Direktoren abweichen.

Die gebotene einschränkende Auslegung von § 35 Abs. 2 SEBG, wonach sich die Mehrheit der Anteilseignervertreter bei Leitungsentscheidungen auch bei hälftiger Besetzung des Verwaltungsrats mit Arbeitnehmervertretern effektiv durchsetzen können muss, könnte demnach dadurch umgesetzt werden, dass bei abweichendem Stimmverhalten von geschäftsführenden Anteilseignervertretern *die Mehrheit der Anteilseignervertreter den Ausschlag gibt.* Eine solche Modifi-

---

643 HENSSLER, in: FS Ulmer 2003, S. 193, 207.

kation von Abstimmungsmehrheiten ist durch die teleologische Reduktion der SE-Richtlinie, die zur Absicherung der anteilseigenerseitigen Durchsetzungsmacht auf das Mehrheitserfordernis im deutschen Recht durchschlägt, legitimiert.

Im Einklang mit dem Gleichstellungsgebot des SE-Richtlinie bliebe jedem einzelnen Mitglied des Verwaltungsrats dabei – anders als bei Stimmverboten – die gleiche Stimmkraft; es würde lediglich ein qualifiziertes Mehrheitserfordernis geschaffen. Das Instrument qualifizierter Mehrheitserfordernisse ist gegenüber Stimmverboten oder gar der zahlenmäßigen Beschränkung der Besetzung des Verwaltungsrats mit Arbeitnehmervertretern das mildere Mittel. Im Recht der SE wird dieses Instrument von den Normsetzern zudem selbst angewendet, wenn etwa auf Grund von Art. 45 SE-VO i.V. mit Art. 50 Abs. 2 Satz 1 SE-VO bei Stimmengleichheit die Stimme des Vorsitzenden den Ausschlag gibt oder der Vorsitzende gem. § 35 Abs. 3 SEAG eine zusätzliche Stimme erhält, wenn ein geschäftsführender Direktor, der zugleich Mitglied des Verwaltungsrats ist, aus rechtlichen Gründen gehindert ist, an der Beschlussfassung im Verwaltungsrat teilzunehmen.

Freilich ist auch im Hinblick auf das hier vorgeschlagene qualifizierte Mehrheitserfordernis einzuräumen, dass in der Praxis nicht rechtsicher davon ausgegangen werden kann, dass dieses Instrument trägt und die Gerichte dem folgen werden.[644] Es ist daher nach wie vor nicht zu erwarten, dass sich ein Unternehmen auf dieser Grundlage und im Vertrauen auf eine (lediglich) durch Auslegung gewonnene Einschränkung der hälftigen Mitbestimmung im Verwaltungsrat auf einen paritätisch mitbestimmten Verwaltungsrat einlässt und riskiert, dass Gerichte dem (auch nur zunächst) nicht folgen. Es ist daher zu fordern, dass der Gesetzgeber insoweit handelt. Klarstellend könnte *de lege ferenda* beispielsweise an § 35 SEAG ein Absatz 4 mit folgendem Wortlaut angefügt werden:

„Ist die Hälfte der Mitglieder des Verwaltungsrats von den Arbeitnehmern bestellt, geben bei einer Beschlussfassung die Stimmen der Mehrheit der von der Hauptversammlung der Aktionäre bestellten Mitglieder des Verwaltungsrats den Ausschlag, wenn die Stimme des Vorsitzenden des Verwaltungsrats deshalb nicht den Ausschlag gibt, weil ein oder mehrere Mitglieder des Verwaltungsrats, die zugleich geschäftsführende Direktoren sind, nicht wie die Mehrheit der von der Hauptversammlung der Aktionäre bestellten Mitglieder des Verwaltungsrats abstimmen."

---

644 Das ist allerdings bei den anderen diskutierten Instrumenten (und wohl bei keinem denkbaren Instrument) anders.

b) Einschränkungen bei Leitungsvorbereitung

Zur rechtspraktischen Umsetzung einer möglichst „*anteilseignerintimen*" Vorbereitung der Leitung kommt sodann v.a. eine Aufgabenteilung durch Ausschussbildung unter (weitmöglichem) Teilausschluss von Arbeitnehmervertretern in Betracht.

aa) Vorschläge im Schrifttum

Bereits vor der nationalen Umsetzung und Ausführung von SE-Richtlinie bzw. SE-Verordnung wurden auch für die Einschränkung der Ausweitung der Mitbestimmung im Verwaltungsrat hinsichtlich der Mitwirkung der Arbeitnehmervertreter an der tagtäglichen Oberleitung der Gesellschaft (jenseits der eigentlichen Leitungsentscheidungen) eine Aufgabenteilung und entsprechende Ausschussbildungen diskutiert:

Soweit ersichtlich hielt es wohl *Henssler* als erster für erforderlich, dass es einer Aufgabentrennung innerhalb des Verwaltungsorgans zwischen solchen Mitgliedern bedürfe, denen die Führung der laufenden Geschäfte obliege und solchen Mitgliedern, denen primär eine Kontroll- und Beratungsfunktion zukomme.[645]

Von *Gruber* und *Weller* wurde erstmals ein „unternehmerischer Planungsausschuss" zur Diskussion gestellt.[646] Dem unternehmerischen Planungsausschuss soll – so dieser Vorschlag – der Entwurf und die Konzeption der Unternehmensstrategie obliegen. Er solle die Entscheidungen des Verwaltungsrats über die Unternehmensplanung vorbereiten und vorberaten. Die Bildung eines solchen unternehmerischen Planungsausschusses sei ein geeignetes Instrument, das Mitbestimmungsniveau in einem monistisch strukturierten Unternehmen gegenüber dem in einem dualistisch verfassten Unternehmen vergleichbar zu halten und ein verfassungsrechtlich bedenkliches Anwachsen zu vermeiden.

Von *Reichert* und *Brandes* wurde zudem ein Exekutiv-Ausschuss[647] vorgeschlagen: Die nichtgeschäftsführenden Direktoren sollen danach nicht das Recht haben, auch an der Ausübung des Weisungsrechts gegenüber den geschäftsführenden Direktoren mitzuwirken, soweit es um Fragen des „*day to day*"-Business gehe. Eine Beteiligung von Arbeitnehmervertretern an derartigen Entscheidungen sei dem deutschen Recht grundsätzlich fremd, weshalb auch kein Bedürfnis

---

645 HENSSLER, in: FS Ulmer 2003, S. 193, 210.
646 GRUBER/WELLER, in: NZG 2003, S. 297–301; zustimmend FRODERMANN, in: Jannott/Frodermann (Hrsg.), Handbuch der Europäischen Aktiengesellschaft 2005, Kap. V, Rn. 218.
647 REICHERT/BRANDES, in: ZGR 2003, S. 775, 795 u. 796.

bestehe, die von den Arbeitnehmervertretern bestellten Verwaltungsräte an derartigen Entscheidungen zu beteiligen. Das Weisungsrecht in Fragen des Tagesgeschäfts solle dementsprechend einem Exekutiv-Ausschuss übertragen werden, dem ausschließlich geschäftsführende Mitglieder des Verwaltungsrats angehören. Dieser Ausschuss solle zugleich für die Vorbereitung strategischer Vorgaben sowie für die Unternehmensplanung zuständig sein. Deren Verabschiedung solle jedoch wiederum einem Zustimmungsvorbehalt zugunsten des Gesamtorgans Verwaltungsrat unterliegen.

Auch *Kallmeyer* hat eine Funktionstrennung vorgeschlagen wonach die Vorbereitung von Leitungsbeschlüssen in Ausschüsse verlagert werden soll, an denen die Arbeitnehmervertreter nicht beteiligt sind.[648] Die Zulässigkeit ihrer Besetzung nur mit Anteilseignervertretern folge daraus, dass ihre Zuständigkeit sich nur auf Gegenstände beziehe, die beim deutschen Aufsichtsrat nicht der Mitbestimmung unterliegen.

Von *Roth* wurde unter Verweis auf das französische Vorbild ein Unternehmensausschuss als separater Arbeitnehmerausschuss vorgeschlagen wodurch die Arbeitnehmervertreter aus dem Verwaltungsrat im Grundsatz ausgeschlossen würden und allenfalls selektiv an Sitzungen des Verwaltungsrats teilnehmen würden.[649] Mindestbefugnis dieses Arbeitnehmerausschusses solle das Recht zur Beratung des Verwaltungsrats in allen die Arbeitnehmer betreffenden unternehmerischen Fragen sein.

Gegen ein Ausschussbildung wurde von *Kämmerer* und *Veil*[650] jedoch Folgendes eingewandt: Die monistische SE entziehe sich einer funktionalen Diversifizierung, weil das monistische Modell so der Sache nach in ein dualistisches verwandelt würde. Damit würde die praktische Wirksamkeit der unionsrechtlichen Vorgaben, insbesondere der SE-VO, untergraben. Es verbiete sich bereits aus unionsrechtlichen Gründen, Anteilseigner- und Arbeitnehmervertretern unterschiedlich ausgestaltete Rechtspositionen (Informations- und Stimmrechte) einzuräumen.

Die Bildung von Ausschüssen in größeren Gremien hält *Teichmann* wiederum durchaus für sinnvoll.[651] Er betont jedoch, dass sie von der Sache her gedacht sein und nicht allein der Vermeidung der Mitbestimmung dienen solle. Seiner Auffassung nach überschreiten insoweit der Vorschlag eines „Planungsausschuss", dem allein Vertreter der Seite der Anteilseigner angehören, sowie

---

648 KALLMEYER, in: ZIP 2003, S. 1531, 1535, zustimmend FRODERMANN, in: Jannott/Frodermann (Hrsg.), Handbuch der Europäischen Aktiengesellschaft 2005, Kap. V, Rn. 218.
649 ROTH, in: ZfA 2004, S. 431, 456 ff.
650 KÄMMERER/VEIL, in: ZIP 2005, S. 369, 375.
651 TEICHMANN, in: BB 2004, S. 53, 75,

der Vorschlag, die Arbeitnehmervertreter von der Ausübung des Weisungsrechts in Fragen der täglichen Geschäftsführung auszuschließen, möglicherweise die Grenzen der Gestaltungsfreiheit. Gestaltungen, die darauf abzielen, zentrale Leitungsaufgaben in Ausschüsse zu verlagern, von deren Mitgliedschaft Arbeitnehmervertreter generell ausgeschlossen sind, seien mit den Vorgaben nicht zu vereinbaren.[652]

Nach Auffassung von *Jacobs* scheide die Installation eines Systems von Ausschüssen aus, um mit dessen Hilfe die Mitbestimmung auf die Kontrollaufgaben des Verwaltungsrats zu fokussieren.[653] Neben Schwierigkeiten bei der praktischen Umsetzung hegt er Bedenken, weil sich auf diese Weise eine erzwungene Angleichung des monistischen Systems an das dualistische Modell ergebe, was mit den unionsrechtlichen Vorgaben nicht übereinstimme. Zudem ergebe sich ein Widerspruch zu Anhang Teil 3 lit. b Abschnitt 4 SE-RL und § 38, wonach Anteilseigner- und Arbeitnehmervertreter nicht unterschiedlich ausgestaltete Rechtspositionen haben dürfen.

Arbeitnehmervertreter bei der Besetzung von vorbereitenden Strategie- und Planungsausschüssen grundsätzlich nicht zu berücksichtigen, lehnt auch *Mauch* mit dem Argument ab, dies sei unverhältnismäßig, weil man damit das Ziel der Verhinderung eines zu großen Machtzuwachses der Arbeitnehmer wegen des Letztentscheidungsrechts des Plenums ohnehin nicht erreichen könne.[654]

bb) Eigener Vorschlag: Vorbereitender Leitungsausschuss

Im Hinblick auf die Einschränkung des Machtzuwachses der Arbeitnehmervertreter im Verwaltungsrat sprechen die besseren Argumente jedoch *für* eine Binnendifferenzierung im Verwaltungsrat durch Ausschussbildung. Die Binnendifferenzierung ist – soweit ersichtlich – bisher das einzige Instrument, den Machtzuwachs der Arbeitnehmer im Hinblick auf die Mitwirkung an der Vorbereitung der Oberleitung abzuschwächen. Dabei kommt es weniger auf die Ausschussbezeichnungen an. Ob man einen Ausschuss Exekutiv-, Leitungs-, Planungs-, oder Strategieausschuss nennt, ist nicht entscheidend. Es kommt vielmehr darauf an, die Mitwirkung der Arbeitnehmervertreter an der Vorbereitung von Entscheidungen der (Ober)Leitung ausreichend und zugleich angemessen einzuschränken. Dies kann dadurch erreicht werden, dass im Wege einer vergleichenden Wertung diejenigen Leitungsfragen, die im dualistischen System

---

652 TEICHMANN, in: Lutter/Hommelhoff (Hrsg.), SE-Kommentar, Art. 43 SE-VO, Rn. 67.
653 JACOBS, in: Münchener Kommentar AktG, § 25 SEBG, Rn. 22.
654 MAUCH, Das monistische Leitungssystem in der Europäischen Aktiengesellschaft, Tübingen 2008, S. 166.

allein vom Vorstand vorbereitet und entschieden werden, in *vorbereitende Leitungsausschüsse* des Verwaltungsrats ausgelagert werden, die nicht (zwingend) auch mit Arbeitnehmervertretern besetzt sind. Über die Besetzung von Ausschüssen (mit vorwiegend ehemaligen Aufsichtsratsaufgaben) hinaus wirken die Arbeitnehmervertreter damit nur noch an Entscheidungen des Plenums mit. Bei Entscheidungen können sie sich (wegen der zusätzlichen Absicherung) nicht durchsetzen. Die Ausweitung der Mitbestimmung beschränkt sich damit auf eine (finale) Mitberatung bei Beschlussfassung über Entscheidungen, die (zwingend) vom Plenum getroffen werden, und in einem umfassenderen Informationsrecht der Mitglieder des Verwaltungsrats (Art. 44 Abs. 2 SE-VO).

cc) Ausschluss von Arbeitnehmern keine Diskriminierung

Die Bildung von Ausschüssen fügt sich für sich genommen zunächst harmonisch in § 34 Abs. 4 Satz 1 SEAG ein: Der Verwaltungsrat kann aus seiner Mitte einen oder mehrere Ausschüsse bestellen. Obwohl nach der Gesetzesbegründung[655] zu § 34 Abs. 4 SEAG darauf verwiesen wird, dass sich die Regelung des SEAG an § 107 Abs. 3 AktG orientiert, so ist eine Differenzierung nach der Gruppenzugehörigkeit der Mitglieder des Verwaltungsrats und der Ausschluss von Arbeitnehmervertretern von vorbereitenden *Leitungs*ausschüssen im Verwaltungsräten zudem *sachlich* geboten.

Für Aufsichtsratsausschüsse ist diese Frage der Zusammensetzung zwar nach wie vor umstritten.[656] Anerkannt ist, dass sich dem Mitbestimmungsgesetz kein zwingendes Gebot paritätischer Zusammensetzung entnehmen lässt.[657] Die von Teilen der Literatur vertretene Analogie zu § 27 MitbestG hat sich nicht durchgesetzt.[658] Herrschend ist die Ansicht, dass eine auf sachlichen Erwägungen beruhende, an den Aufgaben des jeweiligen Ausschusses und der Qualifikation des Aufsichtsratsmitglieds orientierte Abweichung vom Paritätsprinzip keinen grundsätzlichen Bedenken unterliegt und eine imparitätische Zusammensetzung des Ausschusses nur dann unzulässig ist, wenn es für die Abweichung vom

---

655 BT-Drucksache 15/3405, S. 38, rechte Spalte.
656 ULMER/HABERSACK, in: Ulmer/Habersack/Henssler (Hrsg.), MitbestG § 32 Rn. 28.
657 BGHZ 83, 144, 148 f.; BGHZ 122, 342, 357; OLG München AG 1995, 466, 467; OLG Hamburg ZIP 1984, 819, 820; ULMER/HABERSACK, in: Ulmer/Habersack/Henssler (Hrsg.), MitbestG § 25 Rn. 126; OETKER, in: Großkomm AktG § 25 MitbestG Rn. 33 ff.; MERTENS, in: Kölner Komm, § 107, Rn. 112; HOPT/ROTH, in: Großkomm AktG, § 107 AktG, Rn. 279; HÜFFER, § 107 AktG, Rn. 21; VETTER, in: Marsch-Barner/Schäfer (Hrsg.), § 28 Rn. 18.
658 Ablehnend BGHZ 83, 144, 148; BGHZ 122, 342, 357; ULMER/HABERSACK, in: Ulmer/Habersack/Henssler (Hrsg.), MitbestG § 25 Rn. 126 m.w.N.

Paritätsgrundsatz an einem sachlichen Grund fehlt.[659] Ebenfalls umstritten ist, ob Arbeitnehmervertretern in sämtlichen Ausschüssen die Möglichkeit zur Mitarbeit durch wenigstens ein Mitglied einzuräumen ist. Der BGH hat in dem völligen Ausschluss der Arbeitnehmervertreter von einem beschließenden Personalausschuss jedenfalls dann keine Diskriminierung der Arbeitnehmervertreter gesehen, wenn dafür im Einzelfall „erhebliche sachliche Gründe" gegeben sind.[660] Nach der wohl herrschenden Lehre ist eine zwingende Repräsentation der Arbeitnehmervertreter im Aufsichtsrat nicht herzuleiten.[661] Dabei wird zwar vertreten, dass ein vollständiger Ausschluss nur aus von der Gruppenzugehörigkeit unabhängigen sachlichen Gesichtspunkten in Betracht komme.[662] Diese Einschätzung ist allerdings auf einen vorbereitenden Leistungsausschuss des Verwaltungsrats einer SE nicht übertragbar.

Dies ergibt sich aus der bereits mehrfach beschriebenen qualitativen Unterschiedlichkeit von Aufsichtsrat und Verwaltungsrat und v.a. daraus, dass die Möglichkeit zur anteilseignerintimen Vorbereitung von (sonst im Vorstand angesiedelten) Leitungsentscheidungen der Mitbestimmung im Verwaltungsrat (u.a.) überhaupt erst ihren unzulässigen Charakter als Eingriff in die unionsrechtliche Eigentumsgarantie nimmt. Es ist ein Instrument, das Mitbestimmungsniveau in einem monistisch strukturierten Unternehmen gegenüber dem in einem dualistisch verfassten Unternehmen vergleichbar zu halten und ein grundrechtswidriges Anwachsen zu vermeiden.

Der primärrechtliche Schutz des Eigentums bleibt gerade dadurch gewährleistet, dass die gebotene teleologische Reduktion der SE-Richtlinie, die auf das deutsche Recht durchschlägt, den Ausschluss von Arbeitnehmern bei der Ausschussbildung legitimiert.

c) Gesamtschau der Vorschläge

Die konsequente Binnendifferenzierung des Verwaltungsrats und „anteilseignerintime" Vorbereitung solcher Leitungsentscheidungen, die im dualistischen System nicht vom Aufsichtsrat sondern vom Vorstand getroffen werden, ergibt danach verbunden mit dem qualifizierten Mehrheitserfordernis, wonach in Ab-

---

659 BGHZ 122, 342, 358 ff.; OLG München AG 1995, 466, 467; OLG Hamburg ZIP 1995, 1673, 1676; OLG Hamburg ZIP 1984, 819.
660 BGHZ 122, 342, 358; zust. für einen u.a. für Entscheidungen nach § 111 Abs. 4 S. 2 zuständigen „Exekutivausschuss" OLG München AG 1995, S. 466, 467
661 MERTENS, in: Kölner Komm., § 107 AktG, Rn. 112; HOPT/ROTH, in: Großkomm AktG, § 107 AktG, Rn. 282, 285; RAISER/VEIL, MitbestG § 25 Rn. 54; OETKER, in: Großkomm AktG, § 25 MitbestG, Rn. 38.
662 HABERSACK, in: Münchener Kommentar AktG, § 107 AktG, Rn. 129.

stimmungen bei abweichenden geschäftsführenden Direktoren die Mehrheit der Anteilseignervertreter den Ausschlag gibt, andererseits eine neuartige mitbestimmte monistische Leitungsverfassung bei der die Arbeitnehmervertreter zwar näher an die Leitung der Gesellschaft heranrücken, das unionsrechtlich verbürgte Eigentumsrecht der Aktionäre zur Auswahl des Führungspersonals, das die Oberleitung ihrer Gesellschaft maßgeblich bestimmt, jedoch nicht verletzt wird.

Wenn die Unternehmensmitbestimmung nach der Konzeption des Mitbestimmungsgesetzes nicht an der Leitung sondern an der Kontrolle anknüpft, weil (nur) diese Anknüpfung durch das berechtigte Interesse der Belegschaft am Fortbestand des Unternehmens, für das sie tätig sind, legitimiert wird, so zielt die Unternehmerische Mitbestimmung im Kern auf die Verhinderung von Fehlentscheidungen ab.[663] Dieses Ziel wird damit in einem binnendifferenzierten Verwaltungsrat (und zwar ohne gravierendere Beeinträchtigung der Seite der Anteilseigner) durchaus sogar effektiver erreicht als im Aufsichtsrat. Über die formalen Zustimmungsvorbehalte des Aufsichtsrats nach § 111 Abs. 4 Satz 2 AktG hinaus wirken die Arbeitnehmervertreter an allen *Entscheidungen* des Plenums des Verwaltungsrats – auch denen der Gesellschaftsleitung einschließlich deren Grundlinien – mit. Auch wenn sie sich dabei nicht durchsetzen können, so können sie doch im Augenblick der finalen Beschlussfassung wenigstens versuchen, die Seite der Anteilseigner für eine andere Entscheidung oder einen Aufschub zu gewinnen – gewissermaßen noch am Brunnenrand dafür sorgen, dass das Kind (aus ihrer Sicht) nicht in den Brunnen fällt.

---

663 HENSSLER, in: FS Ulmer 2003, S. 194, 202.

VIII. Zusammenfassung und Ergebnis

Mit der Europäischen Aktiengesellschaft ist zweifellos eine Rechtsform geschaffen worden, die für die Praxis in Deutschland von Nutzen und Bedeutung ist.[664] Sie eröffnet in Deutschland die Option für eine monistische Leitungsverfassung, wo früher nur das dualistische Verwaltungssystem möglich war. Zwar weist kein Verwaltungssystem entscheidende Vor- oder Nachteile auf. Für bestimmte Einzelfälle kann die Option einer monistischen Leitung indes für Unternehmen durchaus besonderen Reiz entfalten. Es fällt allerdings auf, dass Unternehmen in Deutschland bisher zwar rege für das monistische System optieren, jedoch nicht dann, wenn eine paritätische Mitbestimmung im Verwaltungsrat droht. Das könnte daran liegen, dass bei der monistischen Unternehmensleitung der Verwaltungsrat das Organ der *Oberleitung* ist[665] an dem man Arbeitnehmervertreter nicht uneingeschränkt beteiligen möchte.

Ob im Verwaltungsrat einer SE in Deutschland Arbeitnehmermitbestimmung herrscht, richtet sich im Einzelnen nach den Gegebenheiten in den Ausgangsgesellschaften und dem Ergebnis von Verhandlungen mit den Arbeitnehmern sowie im Falle des Scheiterns dieser Verhandlungen nach einer Auffangregelung, die sich an der Ausgangsgesellschaft mit dem höchsten Niveau der Mitbestimmung orientiert. Es zeichnet sich danach ein rechtlicher Konflikt ab, wenn (uneingeschränkte) paritätische Mitbestimmung im Verwaltungsrat zu verwirklichen ist. Gegenüber der Mitbestimmung im Aufsichtsrat, der kein Leitungsorgan im eigentlichen Sinne ist und der v.a. nicht maßgeblich an der Oberleitung der Gesellschaft durch den Vorstand partizipiert, würde die schematische Integration der Mitbestimmung im Verwaltungsrat zu einer unzulässigen Ausweitung der Mitbestimmung führen.

Die Regelungen der SE-Richtlinie und die diese umsetzenden nationalen Normen betreffend die Mitbestimmung kraft Gesetzes legen im Hinblick auf die Zahl und Qualität der Übertragung der Mitbestimmung dem reinen Wortlaut nach ein absolutes Verständnis nahe. Im Hinblick auf das bei der SE-Mitbestimmung (lediglich) verfolgte sog. „Vorher-Nachher-Prinzip" führt dieses absolute Verständnis zu einer Übersicherung, da die Auffangregelung Arbeitnehmer nicht nur vor einem Verlust von Mitbestimmungsrechten schützt, sondern Vertretern von Arbeitnehmern im Verwaltungsrat eine gegenüber der Stellung von Arbeitnehmervertretern im Aufsichtsrat von Ausgangsgesellschaften verbesserte Rechtsstellung verschafft.

---

664 Vgl. Kapitel III. Ziffer 4.
665 Vgl. Kapitel VI. Ziffer 5.

Diese Ausweitung stellt einen Verstoß gegen die unionsrechtlich vermittelte Eigentumsgarantie dar. Der von der Eigentumsgarantie geschützte Schutzbereich des Anteilseigentums wird durch eine Mitbestimmungsqualität, die den Arbeitnehmervertretern schematisch und ungeachtet der Mitbestimmungsqualität in den Ausgangsgesellschaften die Rechtsstellung der Anteilseignervertreter im Verwaltungsrat bescherte, in unionsrechtlich nicht zu rechtfertigender Weise verletzt. Die Rechtfertigung bestimmt sich dabei am Maßstab des Allgemeinwohls der Europäischen Union. Das Allgemeinwohl besteht in der Schaffung, Förderung und Optimierung eines marktwirtschaftlichen Wirtschaftsraums mit freien Marktteilnehmern, welche – unionsweit – die Entscheidung über den Einsatz privater Produktionsfaktoren privatautonom und im Wesentlichen auf Grund von ökonomischen Effizienzgesichtspunkten treffen können, wobei zu den Produktionsfaktoren insbesondere auch wettbewerbsfähige, besonders binnenmarkttaugliche und nach dem Prinzip individueller Entscheidungsbildung konstruierte Rechtsformvehikel gehören. Die schematische Gleichstellung von Arbeitnehmervertretern und Anteilseignervertretern in Bezug auf die Oberleitung der Gesellschaft wird daher den *unionsrechtlichen* Anforderungen der *Eigentumsgarantie* nicht gerecht.

Eine *nominal-paritätische* Besetzung des Verwaltungsrats mit Arbeitnehmervertretern beschränkt das *Letztentscheidungsrecht* der Anteilseignervertreter auf Grund der faktischen Notwendigkeit des ständigen Einvernehmens aller Anteilseignervertreter in allen Leitungsfragen in einer Weise, dass sie insoweit als Eingriff in das Anteilseigentum anzusehen ist.[666] Bei nominal-paritätischer Besetzung des Verwaltungsrats mit Arbeitnehmervertretern reicht die Absicherung des *Letztentscheidungsrechts* der Anteilseignervertreter im Verwaltungsrat durch den Ausschlag der Stimme des Vorsitzenden allein bei Stimmengleichheit danach nicht aus.

Die primärrechtskonforme Auslegung der SE-Richtlinie gebietet daher, dass das Letztentscheidungsrecht effektiv abgesichert ist. Das ist der Fall, wenn sich bei allen Leitungsfragen (wie im Vorstand der dualistischen deutschen AG) die *Mehrheit der Anteilseignervertreter* durchsetzen kann, weil ansonsten alle Anteilseignervertreter (einschließlich der geschäftsführenden Direktoren) ständig und in allen Leitungsfragen einvernehmlich abstimmen müssten, was in der Praxis mit unverhältnismäßigen Schwierigkeiten verbunden ist.[667]

Danach ist geboten § 35 Abs. 2 SEBG, der den Umfang der Mitbestimmung regelt, dahingehend einschränkend auszulegen, dass sich die Mehrheit der Anteilseignervertreter bei Leitungsentscheidungen auch bei hälftiger Besetzung des

---

666 Vgl. Kapitel VII Ziffer 3. Buchst. b) Doppelbuchst. aa).
667 Vgl. Kapitel VII. Ziffer 5. Buchst. a).

Verwaltungsrats mit Arbeitnehmervertretern effektiv durchsetzen können muss. Rechtspraktisch könnte dies dadurch umgesetzt werden, dass bei abweichendem Stimmverhalten von geschäftsführenden Anteilseignervertretern die Mehrheit der Anteilseignervertreter *den Ausschlag* gibt.[668]

Auch die *uneingeschränkte Gleichstellung* von Mitgliedern des Verwaltungsrats, die nicht von den Anteilseignern sondern von Arbeitnehmern ausgewählt wurden, verletzt die unionsrechtliche Eigentumsgarantie. Sie beschränkt das Recht der Anteilseigner zur *Führungsauswahl* auf Grund der Mitwirkung der Arbeitnehmervertreter v.a. an der Vorbereitung von Entscheidungen der Oberleitung. In erheblichem, wenn nicht gar in weit überwiegendem, Umfang besteht die Unternehmensführung und unternehmerische Planung in der praktisch sehr bedeutsamen *Vorbereitung* und *Vorberatung* (sowie Durchführung) von Entscheidungen. Der Verwaltungsrat würde daher in seiner mitbestimmten Zusammensetzung über alle Fragen der Unternehmensleitung in aller Breite unter Mitwirkung der Arbeitnehmervertreter beraten, ohne dass den Vertretern der Anteilseigner ein institutionalisierter Raum verbliebe, innerhalb dessen sie sich mit wesentlichen Bereichen ohne die Arbeitnehmervertreter befassen könnten. Diese Auswirkungen der Mitbestimmung stellen v.a. im Hinblick auf die Funktionsfähigkeit des Gesellschaftsorgans Verwaltungsrat eine nicht mehr hinnehmbare Beeinträchtigung der den Anteilseignern garantierten Eigentumsrechte dar.[669]

Die primärrechtskonforme Auslegung der SE-Richtlinie gebietet daher eine Begrenzung der Gleichstellung von Arbeitnehmervertretern mit Vertretern der Anteilseignern. Die Gleichstellung darf grundsätzlich nur soweit reichen, wie den Arbeitnehmervertretern dadurch nicht im Hinblick auf die Mitwirkung an der Leitung eine Stellung zuwächst, die Aufsichtsratsmitgliedern einer SE-Gründungsgesellschaft nicht zustand. Insoweit ist ihre Stellung gegenüber Mitgliedern des Verwaltungsrats, die von den Anteilseignern ausgewählt wurden, wegen des Rechts der Anteilseigner zur *Führungsauswahl* einzuschränken. Eine uneingeschränkte Mitwirkung an der Vorbereitung von Entscheidungen der Oberleitung, die über das Maß in einem Aufsichtsrat hinausgehen würde, ist daher zu vermeiden.[670]

Danach ist geboten § 38 Abs. 1 SEBG, der die Rechtsstellung der Arbeitnehmervertreter im Verwaltungsrat regelt, dahingehend auszulegen, dass die Mitwirkung der Arbeitnehmervertreter an der Vorbereitung von Entscheidungen der Oberleitung ausreichend und zugleich angemessen einzuschränken ist.

---

668 Vgl. Kapitel VIII. Ziffer 3. Buchst. a) Doppelbuchst. bb).
669 Vgl. Kapitel VII. Ziffer 3. Buchst. b) Doppelbuchst. aa).
670 Vgl. Kapitel VII. Ziffer 5. Buchst. a).

Rechtspraktisch könnte dies dadurch erreicht werden, dass im Wege einer vergleichenden Wertung diejenigen Leitungsfragen, die im dualistischen System allein vom Vorstand vorbereitet und entschieden werden, in *vorbereitende Leitungsausschüsse* des Verwaltungsrats ausgelagert werden, die nicht (zwingend) auch mit Arbeitnehmervertretern besetzt sind.[671]

Die Strukturoption einer monistisch verfassten Unternehmensleitung bei der mitbestimmten SE bedarf damit einiger Korrekturen, um sie in der deutschen Rechtspraxis handhabbar zu machen. Mit diesen Korrekturen ist dies jedoch möglich, ohne dass die den Anteilseigner garantierte Eigentumsrechte verletzt werden. Sie bietet dabei die Möglichkeit, dies in einer Weise zu tun, welche die Vorteile der deutschen Mitbestimmung und die Erfahrungen mit dem dualistischen Trennungsprinzip mit dem an internationalen Kapitalmärkten be- und anerkannten monistischen Leitungssystem verbindet.[672]

Die Ergebnisse der Arbeit zeigen schließlich zudem, dass gerade auch die Option des monistischen Systems, welche die Europäische Aktiengesellschaft nach Deutschland gebracht hat, an Wissenschaft, Praxis, Verbände und Gesetzgeber nach wie vor die Aufgabe stellt, die *Weiterentwicklung*[673] der Mitbestimmungspraxis in Deutschland voran zu treiben.

---

671 Vgl. Kapitel VIII. Ziffer 3. Buchst. b) Doppelbuchst. bb).
672 HOPT, in: EuZW 2002, S. 1, hofft darauf, dass die Koexistenz des dualistischen und monistischen Systems der Unternehmensleitung – ob mitbestimmt oder nicht – in jedem Mitgliedstaat zu einer rationaleren und internationaleren Diskussion über die Vor- und Nachteile des jeweiligen Systems beitragen wird.
673 Auch in dem Sinne kann durch die Umsetzung der SE-RL die Modernisierung der deutschen unternehmerischen Mitbestimmung bei neuen Gesellschaftsformen ihren Ausgangspunkt nehmen. Vgl. ROTH, in: ZfA 2004, S. 431, 438.

Lebenslauf

Name: Johannes Gruber

Geburtsdatum: 22. September 1975

Geburtsort: Aachen-Würselen

1993 – 1995:	Freier Redakteur, Aachener Zeitung
1995:	Abitur, Bischöfliches Gymnasium St. Ursula, Geilenkirchen
1995 – 1996:	Wehrdienst, Deutsche Marine
1996 – 1997:	Studium der Rechtswissenschaften und der Philosophie, Eberhard-Karls-Universität Tübingen
1997 – 1998:	Studium des Europa- und Völkerrechts, Universidad Pontificia Comillas, Madrid
1998 – 2001:	Studium der Rechtswissenschaften, Ruprecht-Karls-Universität Heidelberg
2001:	Rechtsassessorexamen
2003:	Rechtsreferendarexamen
1997 – 2004:	Stipendiat der Friedrich-Naumann Stiftung (Grund- und Graduiertenförderung)
seit 2004:	Zulassung und Tätigkeit als Rechtsanwalt